Direito Policial Moderno

Direito Policial Moderno

POLÍCIA DE SEGURANÇA PÚBLICA
NO DIREITO ADMINISTRATIVO BRASILEIRO

2017

Lincoln D'Aquino Filocre

DIREITO POLICIAL MODERNO
POLÍCIA DE SEGURANÇA PÚBLICA NO DIREITO ADMINISTRATIVO BRASILEIRO
© Almedina, 2017
AUTOR: Lincoln D'Aquino Filocre
DIAGRAMAÇÃO: Almedina
DESIGN DE CAPA: FBA
ISBN: 978-858-49-3218-4

Dados Internacionais de Catalogação na Publicação (CIP)
(Câmara Brasileira do Livro, SP, Brasil)

Filocre, Lincoln D'Aquino
Direito policial moderno : polícia de segurança pública no direito administrativo brasileiro / Lincoln D'Aquino Filocre. -- São Paulo : Almedina, 2017.
Bibliografia
ISBN: 978-85-8493-218-4

1. Direito Administrativo 2. Direito administrativo - Brasil 3. Poder de polícia 4. Segurança pública 5. Serviços públicos I. Título.

17-05385   CDU-35(81)

Índices para catálogo sistemático:
1. Brasil : Direito administrativo 35(81)

Este livro segue as regras do novo Acordo Ortográfico da Língua Portuguesa (1990).

Todos os direitos reservados. Nenhuma parte deste livro, protegido por copyright, pode ser reproduzida, armazenada ou transmitida de alguma forma ou por algum meio, seja eletrônico ou mecânico, inclusive fotocópia, gravação ou qualquer sistema de armazenagem de informações, sem a permissão expressa e por escrito da editora.

Julho, 2017

EDITORA: Almedina Brasil
Rua José Maria Lisboa, 860, Conj.131 e 132, Jardim Paulista | 01423-001 São Paulo | Brasil
editora@almedina.com.br
www.almedina.com.br

SUMÁRIO

INTRODUÇÃO 7

1 – Polícia de segurança pública 9
   1.2 Conceito de Polícia 10
      1.2.1 Polícia de segurança pública em sentido material 22
      1.2.2 Polícia de segurança pública em sentidos institucional e formal 36
   1.3 Polícia de Segurança Pública e Polícia Judiciária, no sentido material 38

2 – Direito Policial de Segurança Pública 47
   2.2 Segurança Pública e Ordem Pública 49
      2.2.1 Introdução 49
      2.2.2 Segurança Pública 50
      2.2.3 Ordem Pública, no Direito Policial 55
   2.3 – Poder de Polícia de Segurança Pública 63
      2.3.1 Discricionariedade 67
      2.3.2 Autoexecutoriedade 69
      2.3.3 Coercibilidade 70
   2.4 Perigo - conceituação 70
   2.5 Dos bens jurídicos tuteláveis pela atuação policial de segurança pública. 75
      2.5.1 Atuação policial de segurança pública, em sentido amplo 75
      2.5.2 Atuação policial de segurança pública
      de controle dos perigos da criminalidade 82
   2.6 Das atuações da polícia de segurança pública 83
      2.6.1 Introdução 83
      2.6.2 Fundamento jurídico 90
      2.6.3 Atuação de vigilância geral 90
      2.6.4 Atuação restritiva 95
      2.6.5 Atuação ampliativa 97

2.6.6 Atuação positiva 98
2.7 Coação Direta da polícia de segurança pública 105
2.8 Responsabilidade civil do Estado 106

3 – Princípios jurídicos e limites da polícia de segurança pública 111
   3.1 Introdução 111
   3.2 Princípio da legalidade 114
      3.2.1 Reflexos do princípio da legalidade
      nos limites de atuação da polícia de segurança pública 120
      3.2.2 Âmbitos de vinculação e de discricionariedade
      na atuação policial de segurança pública 132
      3.2.3 Etapas cognitiva e prática da atuação policial de segurança pública. 132
         3.2.3.1 Etapa cognitiva 133
         3.2.3.2 Etapa prática 138
   3.3 Princípio da Proporcionalidade 143
      3.3.1 Adequação das medidas policiais 153
      3.3.2 Exigibilidade ou indispensabilidade das medidas policiais 154
      3.3.3 Proporcionalidade, em sentido estrito 155
      3.3.4 Proteção dos direitos fundamentais 156
   3.4 Princípio da Impessoalidade 162
   3.4.1 Limitações da atuação policial pelo princípio da impessoalidade 163
   3.5 Princípio da moralidade 164
      3.5.1 Limitações da atuação policial pelo princípio da moralidade 166
   3.6 Princípio da publicidade 166
   3.6.1 Limitações da atuação policial pelo princípio da publicidade 168
   3.7 Princípio da eficiência 170
   3.7.1 Limitações da atuação policial pelo princípio da eficiência 171
   3.8 Princípios e limites intrínsecos à atuação policial de segurança pública 174

INTRODUÇÃO

Cuidamos de examinar polícia de segurança pública no âmbito do Direito Administrativo, especialmente sob o ângulo dos princípios e limites jurídicos que regem a atividade policial.

Entre nós, normalmente se discute a natureza institucional das corporações de polícia de segurança pública ou as funções a elas atribuídas. Muito superficialmente é pesquisada e debatida a atividade policial do ponto de vista da sua natureza jurídica. No entanto, pouco acrescem as discussões institucionais e funcionais de polícias se for escasso o conhecimento acerca da essência da atividade policial. Somente um aprofundado estudo material de polícia de segurança pública permite estabelecer limites jurídicos e tipos de atuação do Estado - autoridades e agentes policiais - para efetivamente cumprir o seu dever de segurança pública sem prejuízo da liberdade dos cidadãos. Em outras palavras, é precário qualquer debate sobre formas orgânicas ou funcionais de polícias que se descuide da substância que sustenta a atuação policial.

Menos que no passado ainda recente, muito ainda se confunde *segurança pública* com *polícia de segurança pública*. Esta é parte daquela, certamente a mais visível e de importância incontestável, mas jamais será a solução isolada de problemas de insegurança pública inclusive face aos limites jurídico-constitucionais da atuação policial, de modo que remédios políticos de outra ordem – sociais e, ou, econômicos - devem ser ministrados para a elucidação dos temas que orbitam a segurança pública.

Na moderna compreensão de polícia, com contribuição muito especial do direito alemão, a atuação policial se dá em função do *perigo*, e não, no caso da segurança pública, em razão da criminalidade. Este entendimento escapa ao senso comum, e inova a ideia de que a polícia de segurança pública não tem por finalidade dar fim ou sequer controlar criminalidade isoladamente.

Criminalidade é algo demasiadamente amplo, onde nem toda prática criminosa produz perigo. Em segurança pública o que importa é prevenir e reprimir perigo onde quer que ele ocorra. Consequentemente, não interessa em segurança pública todo e qualquer ato em tese criminoso, mas apenas aquele que efetivamente represente perigo para a sociedade. Não é o crime que impulsiona a atividade policial de segurança pública, mas o perigo que ele representa.

1 – Polícia de segurança pública

1.1 Polícia: das origens do termo

O vocábulo *polícia* (*police; police; polizia; polizei*), assim como *política*, procede do grego *politeia* que significava a constituição das cidades-estado (*polis*)[1], o *status* dos cidadãos (de cidade, *civitate*) livres que nelas viviam, bem como a arte de governar ou a arte de tratar da *coisa pública*.[2]

Os diversos significados de *politeia* podem ser assim esquematizados[3]: em sentido individual, como a qualidade e direitos do cidadão – correspondência histórica à noção de cidadania[4]-; em sentido coletivo, as medidas e a interpenetração das funções do Estado; e em sentido geral, ciência dos fins e deveres do Estado, *governo* dos cidadãos por si próprios, governo republicano, tanto oligárquico quanto democrático[5], ou o conjunto de leis

---

[1] Cfr. Soares, *Politeia* (*Polieas*) era também um dos nomes de Júpiter na antiga Grécia e, ao mesmo tempo, o nome do deus do bem comum, *in* p. 54 de SOARES, Rogério Guilherme Ehrhardt. **Interesse Público, Legalidade e Mérito**. Coimbra, 1955.
[2] Cfr. p. 24 de ROLIM, Marcos. **A Síndrome da Rainha Vermelha**: policiamento e segurança pública no século XXI. Rio de Janeiro: Jorge Zahar Ed., 2006. 311p.
[3] Cfr. p. 1 de SOUSA, António Francisco de. **A Polícia no Estado de Direito**. São Paulo, Editora Saraiva, 2009.
[4] Cfr. p. 25 de CRETELLA JÚNIOR, José. **Do Poder de Polícia**. Rio de Janeiro, Forense, 1999.
[5] Enquanto na concepção de Aristóteles a democracia era uma forma degenerada do regime ideal (p. 106 de ARISTÓTELES. **A Política**. São Paulo, Martins Fontes, 1998, 2 ed.), Jacques Moreau identifica a democracia como sinônimo de politeia, que também significaria cidade, reunião de cidadãos, Estado livre (p. 348 de MOREAU, Jacques. **Droit Administratif**. Paris, 1989 *apud* p. 503 de SOUZA JÚNIOR, António Umberto de. Será o Estado pós-moderno em

ou regras impostas ao cidadão, com a finalidade de assegurar a moral e a ordem, mas ainda a limpeza, a organização, a civilidade, visando, enfim, a tranquilidade e a segurança do grupo social.[6] Entre os gregos, polícia então assumia o sentido de constituição republicana e de *todas* as atividades do Estado, assim compreendidas como os serviços a ele inerentes.[7]

O termo *politeia* deu origem ao latim *politia*, com os mesmos significados, mas com ênfase no sentido de organização política e de governo.

Na Europa, o termo *politia*, no período compreendido entre o aparecimento do Estado moderno à implantação do Estado liberal, significou boa administração, boa ordem na cidade ou boa ordem na coletividade,[8] não havendo ainda correspondência com o significado atual de polícia.[9]

Foi especialmente a partir do século XVIII que teve origem uma concepção do termo *polícia* como *força de segurança* para assegurar a ordem pública.[10]

1.2 Conceito de Polícia

Conceituar *polícia* é uma tarefa das mais árduas em função da indeterminação e diversificação histórica do termo. Um dos problemas refere-se, a

---

estado neopolicial? A possível clonagem do Estado pré-liberal a partir da hipertrofia do poder de polícia, *in* **Estudos de Direito de Polícia**. Lisboa, AAFDL, 2003, v. I).

[6] Cfr. MORAES, Bismael B. Uma introdução à segurança pública e à polícia brasileira na atualidade. In: ___. **Segurança pública e direitos individuais**. São Paulo: Editora Juarez de Oliveira, 2000. p. 1-22, p. 3.

[7] Cfr. ALFONSO, "La que hoy llamamos esfera de los asuntos públicos fue muy amplia en Grecia, pues la de los asuntos privados carecía de verdadera identidad propia y no se oponía desde luego a la anterior: la participación en la vida de la polis constituía el ideal ciudadano, de suerte que los aspectos hoy calificables de privados adquirían sentido justamente desde esa participación." ALFONSO, Luciano P.; DROMI, Roberto. **Seguridad pública y derecho administrativo**. Madrid: Marcial Pons, 2001. 410 p, P. 15.

[8] Cfr. SOUSA, António Francisco de. **A Polícia no Estado de Direito**. São Paulo, Editora Saraiva, 2009, P. 1.

[9] Cfr. ALFONSO, "A lo largo de los siglos, el concepto 'policía' ha ido experimentando un proceso continuo de redussión de su ámbito, de suerte que hoy sólo comprende la defesa frente a peligros a través de determinada organización administrativa (cabalmente la denominada como 'policía' en sentido estricto)." (P. 16 de ALFONSO, Luciano P.; DROMI, Roberto. **Seguridad pública y derecho administrativo**. Madrid: Marcial Pons, 2001. 410 p.)

[10] Cfr. António Francisco de Sousa a nova acepção do termo teria sido adaptada do francês *police* (P. 1 de SOUSA, António Francisco de. **A Polícia no Estado de Direito**. São Paulo, Editora Saraiva, 2009).

começar, pela dualidade de concepções representadas, de um lado, pela europeia continental, bem distinta da concepção do direito inglês (Grã--Bretanha e Estados Unidos)[11], vigorando, na primeira, a ideia de polícia essencialmente como um modo típico da atividade administrativa, enquanto no direito anglo-saxônico a polícia é tradicionalmente considerada apenas como um sistema fortemente descentralizado de forças independentes de manutenção da ordem.[12,13]

Acresce a isso haver fundamental – mas ainda pouco explorada e pesquisada, especialmente no Brasil - distinção dos significados de polícia no sentido material (ou funcional), no institucional (ou orgânico), e no sentido formal.[14] O conceito de polícia no sentido material encara a essência e a dinâmica desta atividade do Estado. Diz respeito aos fundamentos do desenvolvimento das operações policiais.

O sentido institucional (ou orgânico) tem a ver com a identificação das autoridades a quem se pode atribuir o papel de polícia – órgãos, agentes e as

---

[11] Cfr. Cretella Júnior, "no Brasil, a distinção da polícia em *judiciária* e *administrativa*, de procedência francesa e universalmente aceita, menos pelos povos influenciados pelo direito inglês (Grã-Bretanha e Estados Unidos) defeituosa e arbitrária, não tem integral aplicação, porque a nossa polícia é mista, cabendo ao mesmo órgão, como dissemos, atividades preventivas e repressivas" in p. 43 de CRETELLA JÚNIOR, José. **Do Poder de Polícia**. Rio de Janeiro, Forense, 1961. NOGUEIRA DE BRITO acrescenta que, não bastasse a pluralidade de significados associados à expressão "polícia" decorrente da diversidade do conceito de polícia nos direitos continentais de regime administrativo e nos direitos anglo-saxônicos, ainda é certo "que existem também diferenças assinaláveis quanto ao conceito em causa entre países susceptíveis de serem enquadrados nos direitos continentais", *in* p. 282 de NOGUEIRA DE BRITO, Miguel. Direito de Polícia, *in* **Tratado de Direito Administrativo Especial.** Coimbra, Almedina, 2009, vol. I.

[12] Cfr. NOGUEIRA DE BRITO, Miguel. Direito de Polícia, *in* **Tratado de Direito Administrativo Especial.** Coimbra, Almedina, 2009, vol. I, p. 282. O autor destaca que "a ausência de um conceito funcional ou material de polícia no direito anglo-saxônico, a par de um conceito institucional ou orgânico aí claramente visível, fica a dever-se, segundo Sérvulo Correia, à inexistência de uma figura como a do acto administrativo e, portanto, do acto de polícia" (CORREIA, Sérvulo. Polícia, *in* **Dicionário Jurídico da Administração Pública**. Separata do VI volume, Dezembro, 1994, p. 394).

[13] No Brasil, consolida-se um sistema misto consagrador de aspectos próprios do modelo europeu continental e do modelo estado-unidense.

[14] Exemplificativamente, os corpos de bombeiros militares são polícia de segurança pública segundo o critério institucional, de acordo com o art. 144, inciso V, da Constituição Federal. Entretanto, a descrição constitucional eminentemente orgânica não autoriza concluir que os corpos de bombeiro militares são polícia de segurança pública específica, em sentido material.

autoridades.[15,16] Enquanto pelo critério material pouco importa saber quais instituições estatais desempenham a atividade policial, ao conceito institucional interessa ter em conta quais autoridades devem ser consideradas policiais, sem preocupações relativas ao tipo de atividade desempenhada.

Sob o ponto de vista formal do conceito de polícia, a relevância está nas atividades exercidas pela polícia em sentido institucional, não se questionando se tais atividades são ou não materialmente policiais.[17,18]

A par da não coincidência dos conceitos, a concepção de polícia tem evoluído. Tradicionalmente se tem a polícia como a atividade estatal cujo fim é a defesa da boa ordem da coisa pública. Para tanto, é o uso de recursos pela autoridade estatal contra perturbações ocasionadas pelas existências individuais. A evolução decorre da introdução da noção de *perigo*, com a readequação conceitual de *ordem pública*.[19]

A ideia de preservação da ordem pública – decomposta na trilogia segurança pública, tranquilidade pública e salubridade pública – predomina na doutrina clássica francesa que tem a polícia como a operação que visa

---

[15] Conforme Sérvulo Correia (CORREIA, Sérvulo. Polícia, in **Dicionário Jurídico da Administração Pública**. Separata do VI volume, Dezembro, 1994, p. 16 e 17), e com foco no direito português, "autoridades de polícia são em geral os órgãos das pessoas colectivas públicas com competência para emanar regulamentos independentes em matéria de polícia administrativa geral e (ou) para determinar a aplicação de medidas de polícia.[Os] serviços de polícia dependem sempre de uma autoridade de polícia e podem conter nas suas estruturas hierárquicas várias outras autoridades de polícia hierarquicamente menor".

[16] Catarina Sarmento e Castro, por sua vez, entende que, sob o ponto de vista orgânico, subjetivo, polícia pode ser tomada como o "conjunto de órgãos e agentes pertencentes a serviços administrativos cuja função essencial consiste no desempenho de tarefas materiais de polícia", *in* p. 16 de CASTRO, Catarina Sarmento e. **A Questão das Polícias Municipais**. Dissertação de Mestrado em Ciências Jurídico-Políticas, na Faculdade de Direito da Universidade de Coimbra, Outubro de 1999.

[17] Cfr. p. 3 de SOUSA, António Francisco de. **A Polícia no Estado de Direito**. São Paulo, Editora Saraiva, 2009. O autor esclarece (p. 3) que "às autoridades policiais, em sentido formal, cabe a prossecução de um conjunto de funções estaduais que poderão ser de *prevenção do perigo*, mas também de *assistência* (por exemplo, actividade de socorro), de *vigilância* ou de *perseguição* do crime e dos criminosos".

[18] No Brasil, as discussões sobre polícia e segurança pública são predominantemente realizadas no campo formal sem, entretanto, haver sequer razoável aprofundamento dos estudos sobre os fundamentos das atividades materiais desenvolvidas pelas instituições policiais. Ou seja, fala-se muito da distribuição de funções entre polícias sem, no entanto, serem conhecidos os fundamentos jurídicos destas funções – natureza, princípios e limites.

[19] Cfr. MAYER, Otto. **Derecho Administrativo Alemán**, Buenos Aires, Depalma, t. II, p. 8.

assegurar aqueles bens, por via geral ou individual, preventivamente e por meio de medidas coativas apropriadas, de modo a restarem afastadas ofensas aos direitos e propriedades dos indivíduos.[20] Com o fim de prevenir atentados à ordem pública, a polícia, na concepção de Jean Rivero, é então composta do conjunto das intervenções administrativas que visam impor, em nome da vida em sociedade, a disciplina à livre ação dos particulares.[21]

A limitação e a regulação das atividades dos particulares,[22] pessoas físicas e jurídicas, bem como o eventual uso da coação, são, então, o cerne da atividade de polícia no sentido clássico de proteção da ordem jurídica. É o que esclarece o representante da doutrina italiana Oreste Ranelletti, para quem, realizada no campo da administração interna, tem a polícia por objetivo proteger de danos o todo social e as suas partes, danos estes provenientes da atividade humana.[23] No mesmo sentido, e seguindo a tendência da doutrina espanhola de substituição do termo polícia pela expressão atividade administrativa de limitação, Ramón Parada compreende tratar-se de atividade administrativa de intervenção de restrição da liberdade e de direitos dos particulares sem, no entanto, substituir com a sua atuação as atividades daqueles particulares.[24] Desta visão não se distancia Juan Ferrer que, partindo do texto constitucional espanhol, considera polícia a atividade de limitação dos direitos dos cidadãos – em essência, a sua liberdade e propriedade – com a finalidade de manutenção da ordem nos mais diversos setores de convivência social. Para tanto, a Administração faz uso de, primeiramente, normas, e, a seguir, de atos de execução dessas normas.[25]

Ainda no contexto clássico de polícia, a titularidade dos poderes coercitivos sobre as atividades do cidadão é exercida pelo Estado mediante restrições legais impostas a atividades abusivas que coloquem em risco a

---

[20] Cfr. p. 318-319 de BONNARD, Roger. **Précis de Droit Administratif**. Paris, LDGJ, 1940.
[21] Cfr. p. 478-479 de RIVERO, Jean. **Direito Administrativo**. Coimbra, Almedina, 1981.
[22] É importante destacar que cada vez mais se faz uso de mecanismos de autorregulação e de controle privado de perigos, fenômeno que tem suscitado problemas de ordem jurídica. Ver, a respeito, p. 91 de DONAIRE, Juan Antonio Carrillo. Seguridad y calidad productiva: de la intervención policial a la gestión de riesgos. **Revista de Administración**. Madrid, 2009, enero-abril, n. 178, p. 89/142.
[23] Cfr. CRETELLA JÚNIOR, José. **Do Poder de Polícia**. Rio de Janeiro, Forense, 1999, p. 33.
[24] Cfr. p. 438 de PARADA, Ramón. **Derecho Administrativo**. Parte General. Madrid, Marcial Pons, 1991-1992, v. 1.
[25] Cfr. p. 592 de FERRER, Juan de la Cruz, et al. **Derecho Administrativo**. Parte Especial. Madrid, Editorial Universitas, 1998, v. II.

ordem pública.[26] Quanto ao indivíduo, ele é livre para agir, valendo-se, para tanto, da sua consciência pré-formada em sociedade. No entanto, se age em desacordo com os interesses da coletividade, fazendo com que estes sofram risco de dano ou experimentem danos, o indivíduo é responsabilizado pelo seu ato na medida em que atuou contrariamente à segurança da vida em sociedade. É então possível dizer que impedir, restringir ou evitar ações desta natureza, ou seja, aptas à produção de danos sociais, ou se já verificados estes, capazes de minorar o dano, constituem a essência da atuação da polícia administrativa.[27] Assim, a definição clássica de polícia comporta, como elemento subjetivo, a segurança coletiva e individual, seu elemento teleológico, e as limitações à liberdade, a título de elemento objetivo.

Para elaborar a definição jurídica de polícia, o professor português Marcello Caetano, com o apoio na doutrina administrativa alemã, inicialmente analisou a finalidade das leis de regular diretamente condutas dos indivíduos, seja para que estes se valham da faculdade de constituir relações jurídicas por iniciativas próprias e em razão de seus interesses, seja para impor a eles a observância de certos deveres de ação ou de abstenção. Nestas situações, é especialmente de mera garantia a atuação interventiva da Administração nas relações e atividades individuais para assegurar a eficácia de direitos, efetivar o cumprimento das obrigações, sancionar nos termos da lei por meio da punição das infrações, ou tem caráter instrumental "para receber prestações devidas às entidades públicas ou facultar aos cidadãos o uso dos bens ou serviços a que tenham direito".[28] Tem-se ali normas correspondentes à liberdades de conduta dos indivíduos, havendo, no caso da sua violação, a responsabilização individual, muito especialmente quando em causa a configuração de grave ameaça social por abalo da paz, da segurança, da ordem ou, em linhas gerais, do desenvolvimento harmônico da coletividade, sob pena de fazer perigar a potência das próprias

---

[26] Cfr. JUNIOR, José Cretella. Polícia e poder de polícia. *In* **Revista Forense**, vol. 299, ano 83, julho/setembro, São Paulo, 1987, p. 10.

[27] Neste sentido, o Parecer do Conselho Consultivo da Procuradoria Geral da República de Portugal nº 9/96-B/Complementar, publicado no Diário da República, II série, de 29 de Janeiro de 2000.

[28] Cfr. MARCELLO CAETANO. **Manual de Direito Administrativo**. Coimbra, Almedina, 1990, V. II, 10ª ed. (revista e atualizada pelo Professor Doutor DIOGO DE FREITAS DO AMARAL), p. 1145 e segs.

leis. Não por outro motivo, não se pode deixar a execução das leis ao acaso dos comportamentos dos indivíduos na medida em que as suas condutas podem intervir negativamente nos interesses públicos dominantes da vida em coletividade. Tal execução da lei importa na imposição de observância das regras de conduta, assim como, no caso de violações, na punição, o que configura uma forma diferenciada de intervenção dos órgãos e agentes estatais nas atividades individuais e faz surgir a definição clássica de polícia como "um modo de actuar da autoridade administrativa que consiste em intervir no exercício das actividades individuais susceptíveis de fazer perigar interesses gerais (entre eles, a segurança pública, a salubridade pública, a concorrência econômica, o respeito pelo ambiente), tendo por objecto evitar que se produzam, ampliem ou generalizem os danos sociais que as leis procuram prevenir".[29] Tem-se, assim, que a atividade de polícia incide sobre a liberdade dos cidadãos e, portanto, sobre os fundamentos do sistema democrático[30]. Nota-se o limite da atuação interventiva estatal nas atividades capazes de fazer perigar interesses gerais, importantes à vida pública – interesses gerais e bens coletivos entendidos como sendo aqueles necessários à convivência coletiva ou à vida em sociedade -, de modo a restar afastada a intervenção nas atividades que afetem interesses privados. Estão em foco, portanto, interesses coletivos e danos sociais constituídos de prejuízos acarretados à vida em sociedade ou que ponham em risco a harmônica convivência dos seus membros, donde surge preocupação com a ordem pública, a tranquilidade pública, a saúde pública, o abastecimento público etc. A atividade policial é, pois, caracterizadamente subordinada e vinculada à lei, para a prevenção e controle das condutas dos indivíduos, potencialmente capazes de impor ameaça aos bens sociais ou públicos referidos.

---

[29] Definição oferecida por MARCELLO CAETANO (p. 1149 de CAETANO, Marcello. **Manual de Direito Administrativo**. Coimbra, Almedina, 1990, V. II, 10ª ed. (revista e atualizada pelo Professor Doutor DIOGO DE FREITAS DO AMARAL), conforme relembrado por Sérvulo Correia (CORREIA, Sérvulo. **Noções de Direito Administrativo**. Lisboa, Danúbio, 1982, v. I, p. 248). Assim, "A polícia é pois actuação de autoridade pressupondo um exercício de poder que limita as condutas dos particulares, o qual é coberto pelo privilégio da execução prévia" (ibidem).

[30] Cfr. p. 592 de FERRER, Juan de la Cruz, et al. **Derecho Administrativo**. Parte Especial. Madrid, Editorial Universitas, 1998, v. II.

A identificação de polícia à ideia de restrição e de poder de autoridade está associada à concepção de *serviço público*.[31] Entretanto, é possível extrair do conceito de polícia um *modo de atividade administrativa* que materialmente se distingue das decisões judiciais e da atividade legislativa na medida em que polícia tem a ver com a atuação da autoridade que pressupõe o exercício de um poder capaz de condicionar atividades alheias, garantido tal poder pela coação, ou seja, por execução prévia.

Como intervenção nas atividades individuais circunscritas às que têm capacidade de ameaçar interesses gerais, à polícia só importa, neste contexto, o que efetivamente constitua ameaça suscetível de alcançar interesses da vida pública, de modo a restar afastado o que apenas afete interesses privados ou a intimidade individual até o ponto em que não comprometa – crie risco – de *perturbação da ordem*, da *segurança*, da *moralidade*, da *saúde públicas*. Neste ambiente, a polícia age como poder definidor e disciplinador das atividades do cidadão em sociedade, em decorrência de que a vida em sociedade demanda um conjunto de intervenções da Administração que imponham disciplina à livre ação dos particulares. Assim, há uma identificação de polícia com as limitações à liberdade natural de agir do indivíduo feitas em nome da liberdade da coletividade.[32] O que se tem é a polícia como representação de uma forma de intervenção no livre exercício das atividades individuais, a implicar, por consequência, que normas de conduta dos particulares existem e, pressupostamente, que estas são eventualmente sujeitas a serem por eles violadas.

Há quem adote conceitos ainda mais alargados de polícia vinculando-a à defesa da sociedade política e a de todas as relações jurídicas. Consequentemente, no sentido orgânico, a polícia estaria associada a "todo o aparelho destinado a garantir a segurança da ordem jurídica e o exercício de direitos do Estado e dos indivíduos".[33]

Outros ainda seguem a tendência de adotar uma definição baseada na admissão de o alcance do bem comum e a subsistência do Estado como fun-

---

[31] Cfr. p. 4 de SOUSA, António Francisco de. **A Polícia no Estado de Direito**. São Paulo, Editora Saraiva, 2009.

[32] Cfr. p. 13 de SOUSA, António Francisco de. **A Polícia no Estado de Direito**. São Paulo, Editora Saraiva, 2009.

[33] Cfr. p. 327-328 de CARREIRA, Carlos Porto. **Lições de Direito Administrativo**. Rio de Janeiro, 1918, *apud* CRETELLA JÚNIOR, José. **Do Poder de Polícia**. Rio de Janeiro, Forense, 1999, p. 39.

damento do conjunto de limitações impostas às atividades dos indivíduos pela Administração.[34] Nestes termos, abre-se vez a que a Administração exerça a função de polícia sempre que, ao seu livre ver, estiver em jogo o bem comum.[35] Nesse sentido, a polícia, em termos gerais, teria por objetivo salvaguardar a ordem coletiva ou um bem comum relevante e pode ser entendida como "a regulamentação administrativa de uma liberdade ou actividade",[36] aí estando inseridas "as normas que regulam directamente as actividades e liberdades dos particulares (por exemplo, autorizações e proibições de certas actividades) e os actos indispensáveis à garantia de aplicação dessas normas".[37]

Modernamente, as transformações do Estado Social demandam a atuação policial não mais essencialmente pautada na *manutenção da ordem pública tradicional* baseada em conceitos como *moralidade pública* e de *perturbação da ordem*, cujos teores, em última análise, definidos pelas autoridades administrativas, mas na manutenção da ordem pública fundada especialmente na garantia estatal de que a própria sociedade se organize e se manifeste.[38] Para tanto, cumpre ao Estado proteger a sociedade de *perigos* ameaçadores de interesses coletivos e de direitos fundamentais. Acaso concretizados danos a estes interesses e direitos, estará em risco a essência do Estado Democrático de Direito.

O traço distintivo hodierno mais marcante – não exclusivo, portanto – da atividade administrativa policial, de forma a destacá-la claramente das demais ordens de atuação da Administração, é o trato com as *condutas e situações perigosas*.[39] É rotineira na doutrina a definição de *conduta peri-*

[34] Cfr. p. 214 de ALMEIDA, Fernando Henrique Mendes de. **Noções de Direito Administrativo**. São Paulo, Saraiva, 1956.
[35] O que pode conduzir a abusos interpretativos dada a imprecisão do que se compreende por *bem comum*.
[36] Cfr. p. 2 de SOUSA, António Francisco de. **A Polícia no Estado de Direito**. São Paulo, Editora Saraiva, 2009.
[37] Cfr. p. 2 de SOUSA, António Francisco de. **A Polícia no Estado de Direito**. São Paulo, Editora Saraiva, 2009.
[38] Cfr. visto no item 2.2.3, o conceito tradicional de ordem pública é alvo de fortes objeções.
[39] Como destaca o Professor SÉRVULO CORREIA, "a doutrina clássica da polícia em sentido funcional fazia assentar a especialidade deste modo de agir da Administração em três pontos. O primeiro era a delimitação dos fins ou interesses públicos a prosseguir graças ao emprego de conceitos do tipo do de *segurança e ordem públicas*. O segundo elemento caracterizador era o conteúdo da actividade, constituído por efeitos limitativos de condutas dos particulares. E o terceiro era o da neutralização de perigos para a sociedade, neutralização essa entendida

gosa como aquela apta a produzir algum *dano*, ou seja, colocar em risco a *ordem pública*.[40] Enquanto classicamente o cerne da polícia é a limitação e a regulação das atividades dos particulares para fins de manutenção da ordem pública, modernamente o núcleo está no controle de perigos para fins de proteção da sociedade. Limitação e regulação das atividades privadas deixam de ser foco da atividade policial e passam a ser instrumento de alcance da finalidade de controle de perigos.

É possível ilustrar a noção de *perigo* relevante à atividade administrativa valendo-se da situação em que presentes dois direitos conflitantes, um deles é prevalente, pela ordem jurídica, na promoção e preservação da dignidade humana. O *perigo* decorre da existência de fatores que importem na possibilidade de imposição de direito não prevalente em detrimento do prevalente, ou seja, numa inversão inadmitida da relação de prevalência constitucionalmente estabelecida. Não se está, necessário ressaltar, diante de *perigo* ilusório ou *putativo* vez que existente a probabilidade efetiva daquela inversão decorrente da conjunção dos fatores que compõem a realidade concreta.[41] Se acontece do direito prevalente ser subjugado, ter-se-á configurado *dano*. Exemplo: uma loja de produtos alimentícios expõe à venda itens impróprios ao consumo humano. A liberdade de iniciativa privada do lojista (art. 170, *caput*, da Constituição Federal do Brasil) e a saúde do consumidor (inciso XXXII, do art. 5º; inciso V, do art. 170 e art. 196, *caput*, todos da Constituição Federal do Brasil) são *bens* decorrentes dos direitos que se fazem presentes e em conflito. Tomada a dignidade humana como parâmetro constitucional de definição do *bem/direito* prevalente (inciso III, art. 1º, da Constituição Federal brasileira), dúvida não há que a saúde deve ser salvaguardada. É o que, afinal, estabelece, na legislação brasileira, a Lei n. 8.078/90 – Código de Proteção e Defesa do Consumidor, no seu art. 6º, inciso I, e artigos 8º a 10º, que fixa o regime legal aplicável à defesa dos consumidores, de maneira a ser restringido

---

de modo a compreender não só as iniciativas policiais puramente preventivas mas também as actividades repressivas destinadas a evitar a continuação e o alastramento de perigos já concretizados". *In*: p. 13 de SÉRVULO CORREIA. Polícia: **Dicionário Jurídico da Administração Pública**. Separata do volume VI, dez. 1994.

[40] Ver a respeito do moderno conceito de ordem pública no item 2.2.3.
[41] Conforme alertado com clareza por Sérvulo Correia na p. 14 de SÉRVULO CORREIA. Polícia: **Dicionário Jurídico da Administração Pública**. Separata do volume VI, dez. 1994.

o direito de comercialização na situação exposta.[42] Conduta tendente à inversão daquela prevalência é conduta *perigosa*, motivo pelo qual a Administração Pública, em autêntico ato policial, apreende e retira do mercado os bens condenados (inciso II, do art. 56, da Lei nº 8.078/90), evitando-se, assim, *danos* à saúde do consumidor.

Cumpre à Administração avaliar corretamente o *perigo* a ser enfrentado, de modo que as medidas policiais protetivas decorrentes não importem em proibido excesso.[43] Necessário, então, que se proceda a uma adequada ponderação da intensidade de perigo na qual se considere a avaliação da situação concreta, o interesse público a ser resguardado e, ou, o direito fundamental subjetivo a ser protegido.[44]

No sentido material, ou seja, quanto ao tipo, conteúdo ou objetivo, a polícia, genericamente considerada, é, então, essencialmente, *a atuação estatal que se sintetiza na titularidade do Estado para, por intermédio da força, se preciso for, proteger a sociedade, ainda que por meio da restrição de liberdades públicas e de direitos fundamentais com fim de assegurar, observados limites constitucionais, a convivência social pautada na dignidade humana*. Face a este critério objetivo, é pressuposto tratar a atividade policial de finalidade própria, distinguindo a polícia das demais formas de atividade administrativa que também buscam a satisfação do interesse público. É neste sentido que Adolf Merkl identifica a polícia como atividade administrativa mediante a qual se persegue a previsão e o desvio de perigos ou perturbações à ordem pública através da ameaça ou do emprego da coação.[45] A coação pode ser ela física ou psicológica, nomeadamente pela ameaça de aplicação de sanções ou de força física.[46]

Sob o ponto de vista institucional, a polícia é a *instituição estatal* – ou o conjunto de órgãos que a compõem - que tem por meta assegurar a exis-

---

[42] Uma noção adequada sobre operações restritivas de direitos pode ser encontrada em COUTINHO, Luíz P. Pereira. Sobre a justificação das restrições aos direitos fundamentais. In: **Revista do CEJ**. Lisboa, 2009, XII, nº 18.
[43] Veja o item 2.6.6.
[44] Cfr. p. 14 de SÉRVULO CORREIA. Polícia: **Dicionário Jurídico da Administração Pública**. Separata do volume VI, dez. 1994.
[45] Cfr. p. 322 de MERKL, Adolfo. **Teoría General Del Derecho Administrativo**. Madrid, Editorial Revista de Derecho Privado, 1935.
[46] Cfr. p. 14 de SOUSA, António Francisco de. **A Polícia no Estado de Direito**. São Paulo, Editora Saraiva, 2009.

tência da sociedade e de cada um dos seus membros.[47] Toma-se a polícia, neste contexto, como sinónimo de forças policiais, "significando o conjunto das forças, dos serviços, dos entes, das instituições ou das autoridades policiais".[48]

No âmbito do sentido formal de polícia, como pouco importa qual a natureza da atividade desempenhada pela autoridade, são relevantes as previsões constantes do regimento orgânico que, de acordo com a lei, definem as autoridades ditas policiais e as atividades por elas levadas a efeito. Não mais que isso.

Na sobreposição parcial com o seu significado no sentido formal, a polícia, em sentido material, genericamente considerada, é a "actividade administrativa de autoridade, que tem por função a prevenção do perigo proveniente da natureza ou da acção humana".[49] Semelhantes elementos estão presentes na definição material de polícia administrativa de Sérvulo Correia[50] que a tem como "actividade da Administração Pública que consiste na emissão de regulamentos e na prática de actos administrativos e materiais que controlam condutas perigosas dos particulares com o fim de evitar que estas venham a ou continuem a lesar bens sociais cuja defesa preventiva através de actos de autoridade seja consentida pela Ordem Jurídica".[51] Desta forma, e nesta perspectiva, não releva saber a quem cumpre desempenhar a função de prevenção do perigo no caso con-

---

[47] Para Chapus, o termo polícia não deve ser entendido como corpo de funcionários públicos, mas como *função* ou *serviço funcional*, de modo a ser assim entendida polícia como a atividade de serviço público que tende a assegurar a manutenção da ordem nos diferentes domínios da vida social, para o que, quanto possível, previne as perturbações que a poderão violar ou pondo-lhes termo, quando já tenham ocorrido (*in* p. 634 de CHAPUS, René. **Droit Administratif Général**, 1996, T.I, 10e ed., 1251 p.).

[48] Cfr. p. 4 de SOUSA, António Francisco de. **A Polícia no Estado de Direito**. São Paulo, Editora Saraiva, 2009.

[49] Cfr. p. 3 de SOUSA, António Francisco de. **A Polícia no Estado de Direito**. São Paulo, Editora Saraiva, 2009.

[50] "Sérvulo Correia considera que a passagem – com a entrada em vigor da Constituição de 1976 – de um Estado de legalidade formal a um Estado de direito democrático não prejudica a validade da construção teórica de Marcello Caetano" *in* p.12924 do Parecer nº 108/2006 da Procuradoria-Geral da República. Diário da República, 2ª série, nº 94, de 16 de Maio de 2007, p. 12 919.

[51] Cfr. SÉRVULO CORREIA. Polícia. **Dicionário Jurídico da Administração Pública**. Lisboa, 1994, separata do v. VI, p. 393 e ss.

creto, mas sim a própria atividade administrativa de prevenção do perigo,[52] ocasionando que somente uma parte das funções de prevenção de perigo – polícia em sentido material – integra a polícia formalmente considerada. Constata-se, por outro lado, que mesmo não integrando a polícia no sentido institucional, certos órgãos desempenham funções policiais de prevenção de perigo e, por isso, identificam-se com a polícia em sentido material. Em contrapartida, há que se acentuar não ser infrequente a situação de alguns órgãos e agentes de polícia, órgãos institucionalmente assim considerados, não desempenharem atividades próprias ao domínio específico da prevenção do perigo.

Comparativamente ao seu sentido clássico, o *termo* polícia em sentido moderno é consideravelmente mais restrito na medida em que mais associado à noção de *prevenção de perigo* e, portanto, sem a amplitude da concepção clássica de ordem pública. No entanto, como se vê, são múltiplos os significados e as definições de polícia a apontar pequenas e profundas divergências doutrinárias. É possível identificar, entretanto, traços comuns no processo evolutivo do conceito[53]: a) a polícia efetivando-se pela limitação da ação individual visando assegurar a convivência em sociedade; b) polícia como poder público, exercido no domínio da Administração - ideia de poder administrativo de garante da sociedade no controle de perigos.

E mais, como conjunto de normas que buscam viabilizar a manutenção da sociedade, tem-se ainda a polícia num *sentido estático*, a perseguir o estado de conservação da sociedade,[54] ao passo que a atuação de aplicação

---

[52] Neste contexto, as autoridades administrativas com funções de regulação das atividades e liberdades dos cidadãos são, de maneira geral, autoridades policiais. António Francisco de Sousa exemplifica: "as autoridades administrativas competentes na área das edificações são um tipo de polícia (polícia administrativa)", P. 3 de SOUSA, António Francisco de. **A Polícia no Estado de Direito**. São Paulo, Editora Saraiva, 2009. Entretanto, esclarece o autor, não apenas a polícia – no sentido formal – incumbe-se da prevenção de perigo. É que "a prestação de certos serviços de prevenção do perigo não integra nem formal, nem materialmente, a polícia. É o caso da actividade desenvolvida pelos bombeiros ou, em geral, pelos serviços da protecção civil", de modo a se poder afirmar que "os sentidos formal e material de polícia não se sobrepõem inteiramente, mas apenas em parte" (p. 3).

[53] Cfr. p. 12-14 de SOUSA, António Francisco de. **A Polícia no Estado de Direito**. São Paulo, Editora Saraiva, 2009.

[54] Cfr. p. 4 de SOUSA, António Francisco de. **A Polícia no Estado de Direito**. São Paulo, Editora Saraiva, 2009. O autor destaca que alguns doutrinadores confundem o sentido estático com o sentido etimológico do termo.

concreta da lei e do Direito pelas autoridades no exercício das suas competências policiais é o seu *sentido dinâmico*.

Seja qual for a atuação policial administrativa no Estado Social, isto é, mesmo quando não essencialmente vinculada a controle de perigos, ela deverá estar baseada na *proteção à sociedade*, denominador comum maior da atuação policial em qualquer seara, razão pela qual polícia administrativa pode ser atual e sinteticamente entendida como a função estatal de proteção da sociedade, especialmente por preveni-la de perigos em última análise ameaçadores dos interesses públicos protegidos e dos direitos fundamentais.

1.2.1 Polícia de segurança pública em sentido material

Os manuais de Direito Administrativo normalmente adotam a clássica composição formal de polícia administrativa em polícias judiciária, especiais e polícia geral, sendo esta incumbida de atividades que não estão a cargo das primeiras, inclusive a segurança pública.

As transformações pelas quais passaram o Estado e o Direito impõem o reconhecimento de uma nova composição de polícia administrativa e, em especial, da polícia de segurança pública, inclusive em função da readequação do conceito de *ordem pública*, fundamental ao entendimento jurídico de polícia.

As demandas do Estado Social estabelecidas a partir da Constituição Federal de 1988 acarretaram o esvaziamento de competências da polícia administrativa geral, até então difusas, em função da necessidade da maior especialização das polícias administrativas. Ao mesmo tempo, observou-se a intensificação da segurança pública, num sentido amplo, como foco material da polícia administrativa geral, muito especialmente em decorrência da solução política de criminalização de condutas como resultante da ineficiência do Estado em resolver demandas econômicas e sociais potencialmente saneadoras de tendências a condutas desviantes.

Como consequência, dois movimentos evolutivos marcantes decorrentes do Estado Social espelham a atual concepção de polícia administrativa brasileira em sentido material. Um é a multiplicação e especificação dos bens ou campos sociais suscetíveis de proteção estatal. O outro resulta da opção pela criminalização das condutas como política de Estado. Enquanto o primeiro acarretou a disseminação de polícias especiais, o segundo forçou a especialização de parte da polícia geral em polícia de segurança em face dos perigos especialmente decorrentes de condutas criminosas. Como resultado prático, as polícias especiais absorveram atividades policiais não incluídas na polícia de segurança pública, ao passo que esta se especializou.

Para uma adequada compreensão do moderno conceito de polícia de segurança pública, em sentido *material*, é importante examinar ainda, mesmo que sucintamente, aspectos originais de polícia administrativa, atualizando-os. De fato, em suas manifestações iniciais o poder de polícia era uma atividade destinada a garantir segurança da população e a manter uma ordem interna – ordem pública clássica no sentido amplo de oposição à desordem –, e a noção de *polícia* equivalia à de *administração*.[55] O *poder de polícia*[56] sintetizava a atividade estatal de garantir e condicionar a liberdade[57] e a propriedade de forma a não se contraporem ao interesse coletivo.

Classicamente, a atividade administrativa de polícia comporta a polícia administrativa propriamente dita[58] e a polícia judiciária.[59] Na pri-

---

[55] P. 69 de MOREIRA NETO, Diogo de Figueiredo. Direito administrativo da segurança pública. In: CRETELLA JÚNIOR, José (Coord.). **Direito administrativo da ordem pública**. 3ª ed. Rio de Janeiro: Forense, 1998. p. 65-86.

[56] Para compreensão de poder de polícia na esfera da polícia de segurança pública, leia o item 2.3.

[57] P. 56 de ALFONSO, Luciano P.; DROMI, Roberto. **Seguridad pública y derecho administrativo**. Madrid: Marcial Pons, 2001. 410 p.: "Esta característica de la actividad de policía de la seguridad pública expresó ya con toda precisión y claridad ya M. Colmeiro en 1865: 'El empleo de estos medios preventivos de mantener el orden público, sofocando en su origen las tentativas y aún el pensamiento de perturbalo, *supone siempre algún grado de restricción de la libertad individual*'."

[58] António Francisco de Sousa relaciona algumas das diversas polícias administrativas, de acordo com o objeto em particular de cada uma: polícia dos costumes, polícia rural, polícia urbana, polícia municipal, polícia das fronteiras, polícia das atividades profissionais, polícia das construções, polícia mortuária – que compreende a polícia funerária, a polícia dos defuntos e a polícia dos cemitérios –, polícia da indústria e do comércio, polícia das águas, polícia das reuniões e manifestações, polícia das loterias, polícia do ambiente, polícia da publicidade, polícia dos cultos, polícia das atividades perigosas e das calamidades públicas, polícia da prostituição, polícia técnica – que integra a polícia científica –, polícia econômica e financeira e polícia de viação ou polícia da circulação (*in* PP. 6-8 de SOUSA, António Francisco de. **A Polícia no Estado de Direito**. São Paulo, Editora Saraiva, 2009).

[59] Para Hauriou, a administração é a concentração de todas as polícias, conforme se vê em PUIG, Manuel Rebollo. La Policía Administrativa y su Singular adaptación ao principio de legalidad, *in* **El Derecho Administrativo em El Umbral Del Siglo XXI**. (Coord. Francisco Sosa Wagner, T. I, Tirant lo Blanch, 2000, p. 1373.

meira, estariam compreendidas as polícias especiais e a polícia geral, nesta incluída a polícia de segurança pública,[60] cujo fim, ainda classicamente, seria a defesa direta e imediata de todos os direitos ideais e patrimoniais contra riscos de desordem provenientes da atividade humana,[61] tomando-se a ordem pública como expressão de um amplo apelo a normas não escritas de moral social e de representações da maioria da população acerca de condutas admissíveis.[62]

Como modalidade específica de ação administrativa,[63,64] ou, no seu conjunto, como ação da Administração visando a manutenção da ordem

---

[60] Marcello Caetano, op. cit. p. 1153 e ss. Em semelhante sentido, o acórdão do Tribunal Constitucional português de nº 557/89, publicado no Diário da República, II Série, de 4 de Abril de 1990, p. 1462 e ss. Enquanto atividades policiais "que têm por objeto a observância e a defesa de determinados setores da ordem jurídica" (op. cit. p. 1154), fazem-se presentes a polícia sanitária (a saúde pública), a polícia econômica (a economia nacional), a polícia dos transportes (os transportes públicos), a polícia de aviação (o uso dos meios de comunicação), a polícia do trabalho (a prestação do trabalho) etc.º Professor Sérvulo Correia considera que as polícias especiais respeitam, em princípio, a "actividades policiais que têm por objecto a observância e a defesa de certos ramos da ordem jurídica" (CORREIA, Sérvulo, op. cit. p. 393 e ss), podendo haver situações em que uma atividade poder qualificar-se material e funcionalmente como de polícia, mas não integrar o conceito em sentido orgânico, especialmente quando em causa serviços que, integrando a estrutura orgânica da Administração Pública, também "prosseguem alguns fins de polícia e que dependem de órgãos ou incluem agentes com competências para a prática de alguns actos de polícia" sem que esses poderes, entretanto, confiram "a tais serviços uma feição predominantemente policial" (Op. cit. p. 407).[Para] Catarina Sarmento e Castro (op. cit. p. 69), o "incremento das funções especiais de polícia está ligado ao desenvolvimento da legislação habilitante reguladora das específicas valências de polícia". Tal legislação, afirma a autora, "surge para fazer face às crescentes necessidades de prevenir os perigos vários derivados da moderna sociedade técnica".

[61] P. 156 de AGIRREAZKUENAGA, Iñaki. **La Coaccion Administrativa Directa**. Instituto Vasco de Administracion Publica, Civitas, 1990, 1ª ed.

[62] Sobre ordem pública e seus conceitos, ver item 2.2.3.

[63] "Um modo de actuar da autoridade administrativa que consiste em intervir no exercício das actividades individuais susceptíveis de fazer perigar interesses gerais (entre eles, a segurança pública, a salubridade pública, a concorrência econômica, o respeito pelo ambiente), tendo por objecto evitar que se produzam, ampliem ou generalizem os danos sociais que as leis procuram prevenir" *in* p. 1149 de CAETANO, Marcello. **Manual de Direito Administrativo**. Coimbra, Almedina, 1990, V. II, 10ª ed. (revista e atualizada pelo Professor Doutor DIOGO DE FREITAS DO AMARAL.

[64] "Actividade da Administração Pública que consiste na emissão de regulamentos e na prática de actos administrativos e materiais que controlam condutas perigosas dos particulares com o fim de evitar que estas venham a ou continuem a lesar bens sociais cuja defesa preventiva através de actos de autoridade seja consentida pela Ordem Jurídica" *in* p. 393 e ss.

e segurança públicas, polícia administrativa clássica é definida, em termos gerais, como o conjunto de atividades administrativas destinadas a salvaguardar a ordem e segurança públicas por meio de medidas indispensáveis, gerais ou especiais.[65]

A *ordem de polícia*[66], o *consentimento de polícia*[67], a *fiscalização de polícia*[68] e a *sanção de polícia*[69] constituiriam, em regra, modos de exercício genérico da polícia administrativa. *Salubridade, meio-ambiente, decoro,* e *estética* seriam, entre outros campos de interesses gerais passíveis de prejuízos por comportamento humano, áreas de atuação da polícia administrativa. A *polícia de costumes, polícia das comunicações, polícia sanitária, polícia de transportes, polícia do comércio e da indústria, polícia de profissões, polícia ambiental, polícia de estrangeiros,* e *polícia de urbanismo* são exemplos de manifestações da Administração naqueles campos de atuação e comporiam a polícia administrativa – polícias especiais e geral.

O Estado Social da Constituição Federal de 1988 exigiu maior participação da Administração Pública na condução de questões sociais,[70] e refletiu mudanças no conceito de ordem pública em função da necessidade de garantir que a sociedade, democraticamente plural e por via dos

de SÉRVULO CORREIA. Polícia. **Dicionário Jurídico da Administração Pública**. Lisboa, 1994, separata do v. VI.

[65] P. 13 de SOUSA, António Francisco de. **A Polícia no Estado de Direito**. São Paulo, Editora Saraiva, 2009.

[66] Limitação imposta para que "não se faça aquilo que pode prejudicar o interesse coletivo ou para que não se deixe de fazer alguma coisa que poderá evitar ulterior prejuízo público", cfr. p. 340 de MOREIRA NETO, Diogo de Figueiredo. **Curso de Direito Administrativo**. 8ª ed. Rio de Janeiro: Forense, 1989.

[67] "Ato administrativo de anuência para que alguém possa utilizar propriedade particular ou exercer atividade privada, naqueles casos em que se entenda que deva ser feito um *controle prévio* da compatibilização do uso do bem ou do exercício da atividade com o interesse coletivo", cfr. p. 340 de MOREIRA NETO, Diogo de Figueiredo. **Curso de Direito Administrativo**. 8ª ed. Rio de Janeiro: Forense, 1989.

[68] Se faz tanto para a verificação do cumprimento das ordens de polícia quanto para observar se não estão ocorrendo abusos nas utilizações de bens e nas atividades privadas que receberam consentimentos de polícia", cfr. p. 342 de MOREIRA NETO, Diogo de Figueiredo. **Curso de Direito Administrativo**. 8ª ed. Rio de Janeiro: Forense, 1989.

[69] Aplica-se a sanção de polícia quando, inobstante todo o mecanismo de fiscalização, for verificada a ocorrência de violações das ordens de polícia, cfr. p. 342 de MOREIRA NETO, Diogo de Figueiredo. **Curso de Direito Administrativo**. 8ª ed. Rio de Janeiro: Forense, 1989.

[70] Não como definidora do ideal à sociedade, de modo a não se poder afirmar um retorno ao Estado de Polícia. Sobre polícia no Estado de Polícia, ver itens 2.3.1 e 3.2.

seus próprios meios, movimentasse e definisse rumos. Não mais se está, portanto, em ambiente de manutenção da ordem pública de oposição a desordem. Em último grau, polícia encarna a função de proteção e de fortalecimento dos direitos e liberdades – especialmente dos direitos e liberdades fundamentais – resultante da proteção da ordem e segurança públicas, criando-se condições indispensáveis ao exercício, no caso concreto, dos direitos e liberdade dos cidadãos.[71] Cumpre ao Estado Social, no novo estágio, proteger ou garantir que a sociedade eleja ela própria soluções, inclusive para questões sociais cuja operacionalização de respostas passe pela Administração Pública, significando tal proteção o afastamento de *perigos*, ou, noutras palavras, a manutenção da ordem pública sob o prisma da modernidade. A novel noção nuclear de *perigo* no conceito de ordem pública torna-se então essencial ao estudo do direito policial administrativo, especialmente por demandar novas perspectivas de análises quanto a licitude da atuação da autoridade policial, e por exigir revisão dos parâmetros de observância dos princípios da legalidade e da proporcionalidade, entre outros.

O Estado Social contido na Constituição Federal demandou a intervenção estatal brasileira em novas searas, tal como o ambiente, a economia, a proteção do consumidor, o urbanismo etc, por se tratarem de espaços suscetíveis a perigos aptos a comprometerem o ambiente democrático de preservação do poder social de eleger rumos. A disseminação das polícias especiais significou que a atividade administrativa controladora de condutas perigosas ultrapassou expressivamente, sem entretanto excluir, o estrito domínio da ordem e da segurança pública,[72] classicamente consideradas. A atuação policial, que se dá por meio das medidas de polícia[73], constituída clássica e essencialmente da intervenção estatal na esfera jurídica de particulares e das suas atividades[74], assume outra dimensão no novo contexto

---

[71] OSSENBÜHL, Fritz. Kernenergie im Spiegel des Verfassungsrechts, *in* **DÖV**, 1 e segs *apud* P. 15 de SOUSA, António Francisco de. **A Polícia no Estado de Direito**. São Paulo, Editora Saraiva, 2009.

[72] Sobre o tema em âmbito do Estado Social genericamente abordado, ver p. 183 de LOMBA, Pedro. Sobre a teoria das medidas de polícia administrativa, *in* **Estudos de Direito Policial**. Lisboa, AAFDL, 2003.

[73] Cfr. item 2.6.

[74] P. 1151 de CAETANO, Marcello. **Manual de Direito Administrativo**. Coimbra, Almedina, 1990, V. II, 10ª ed. (revista e atualizada pelo Professor Doutor DIOGO DE FREITAS DO AMARAL).

da ordem pública sob o ponto de vista de controle dos perigos e passa a ter importância distinta da de outrora, visto que, voltada à *proteção*, exige a atuação de polícias especiais, na medida em que os bens sociais específicos suscetíveis de proteção se multiplicam. À intervenção ordenadora e conformadora dos direitos fundamentais soma-se ainda a proteção contra *perigos da natureza*, de modo que as medidas de polícia definitivamente não mais se voltam essencialmente às tarefas tradicionais de segurança pública.[75]

Se no direito francês, a ordem pública clássica é o conceito central do direito de polícia, estando nela definida a segurança pública,[76] no direito alemão, o conceito de perigo é a base do direito de polícia, de modo que, em sentido material, compreende-se polícia de segurança pública como atividade administrativa por intermédio da qual o Estado controla e reage a perigos visando atender anseios de segurança pública. Diferenciando-se do que ocorre no direito francês, o direito alemão não tem, então, a definição de segurança pública como simples decorrência da noção de ordem pública, mas como um direito social possuidor de autonomia[77] e, por isso, por agora próximo do que exige o direito brasileiro.

Em que pese a variedade dos ramos de atuação policial e a maior extensão conceitual de ordem pública – que já avança, portanto, para muito além dos bens da trilogia clássica francesa da segurança pública, tranquilidade pública e salubridade pública – o poder estatal de polícia ainda se sustenta de forma unitária, mesmo que se queira tomá-lo difusamente a reconduzi-lo a uma genérica atividade administrativa de proteção da sociedade em face de perigos.[78] Hoje, a ampla gama de interesses e de bens a

---

[75] P. 196 de LOMBA, Pedro. Sobre a teoria das medidas de polícia administrativa, *in* **Estudos de Direito Policial**. Lisboa, AAFDL, 2003.

[76] No direito francês, o conceito de ordem pública é composto das definições de *segurança pública, tranquilidade pública* e *salubridade pública*. Ver ordem pública no Direito Policial em maior profundidade no item 2.2.3.

[77] P. 397 de SÉRVULO CORREIA. Polícia. **Dicionário Jurídico da Administração Pública**. Lisboa, 1994, v. VI, p. 393 e ss.

[78] Sobre opinião em contrário, ver Pedro Lomba (p. 183 de LOMBA, Pedro. Sobre a teoria das medidas de polícia administrativa, *in* **Estudos de Direito Policial**. Lisboa, AAFDL, 2003) que se baseia em DORSO, Guido. **L'Ordine Pubblico**, p. 128. Opina o autor que "Na verdade, a Polícia Administrativa não é imune às transformações sentidas pelo Direito Administrativo e à renovação conceptual deste ramo de Direito operada a partir dos seus ramos especiais. A reelaboração de acto ou do contrato administrativo, a reconstrução substancialista do procedimento administrativo em domínios como o Direito do Ambiente, do Urbanismo ou do Direito Económico desafiam a rigidez e a estabilidade da dogmática da Polícia Administrativa".

serem protegidos obriga uma concepção também muito ampla de *poder de polícia* mas ainda assim extremamente útil e necessária.[79] A inclusão da estética das ruas e dos edifícios, o ambiente, a concorrência, entre os outros bens a serem resguardados, significando a ampliação dos bens protegíveis pelo Estado, não permite concluir que o conceito de polícia deixa de ser significativo, ainda que compreendida uma grande variedade de possibilidades de ação.[80] Isto porque a superação da concepção arcaica de ordem pública com contornos morais e não respeitante dos interesses das minorias, e, portanto, não satisfazendo ao moderno Estado democrático, atraiu a nova compreensão de ordem pública baseada na noção de perigo que, por mais ampla que seja, autoriza uma padronização de atuação policial, seja em que área for, preservando a sua unicidade.

Portanto, nesse novo contexto, e sob o ponto de vista material, a polícia de segurança pública, quando amplamente considerada, é uma atividade estatal contra perigos gerados por comportamentos individuais ou fatos da natureza para interesses públicos legalmente reconhecidos, em especial os de proteção dos direitos fundamentais.[81] Configura, assim, a atuação anterior e, ou, posterior a acontecimentos lesivos a bens jurídicos de interessada proteção, com o escopo de evitá-los, suprimi-los ou minorá-los, e se realiza por atos administrativos e operações concretas, tais como medidas preventivas de fiscalização, vistorias, ordem, notificação, autorização, permissão, licença etc, além de medidas de caráter sancionatório como multas, interdições de atividades, fechamento de estabelecimentos, demolição de construções, destruição de objetos etc.[82]

---

[79] Ainda sobre posicionamento divergente, ver P. 195 de LOMBA, Pedro. Sobre a teoria das medidas de polícia administrativa, *in* **Estudos de Direito Policial**. Lisboa, AAFDL, 2003.

[80] Contra o que aqui é defendido, ver Martin Mateo *apud* LOMBA, Pedro. Sobre a teoria das medidas de polícia administrativa, *in* **Estudos de Direito Policial**. Lisboa, AAFDL, 2003, p. 196. Pedro Lomba, p. 196, destaca que Martin Mateo "situa-se naquele espectro da doutrina espanhola que defende a substituição do conceito de actividade de polícia administrativa por uma actividade administrativa de garantia."

[81] Embora se valendo da noção de perigo, Sérvulo Correia, vê a atuação policial limitada a ações preventivas e voltadas a condutas humanas. A respeito, ver p. 14 de CORREIA, Sérvulo. Polícia, *in* **Dicionário Jurídico da Administração Pública**. Separata do VI volume, Dezembro, 1994.

[82] Cfr. p. 493 de MELLO, Celso Antônio Bandeira de. **Curso de Direito Administrativo**. São Paulo, Malheiros, 1996; p. 210 de FARIA, Edimur Ferreira de. **Curso de Direito Administrativo Positivo**. Belo Horizonte, Del Rey, 2000.

Com a evolução e os reflexos da concepção de ordem pública, a divisão clássica da polícia administrativa em polícia judiciária, polícias especiais e polícia geral se complexou no atual modelo de polícia administrativa.[83] Neste contexto, tem-se que o geral e o especial compõem a ordem jurídica global, havendo que se estabelecer uma regra de delimitação de competências entre a polícia administrativa geral, polícias especiais não voltadas ao controle de perigos e polícia de segurança pública, em sentido amplo. A polícia administrativa geral visa o respeito e a defesa da ordem jurídica globalmente considerada,[84] a proteção em face de perigos não objetos das outras atividades policiais e é constituída pelo conjunto dos poderes atribuídos por lei às autoridades administrativas, poderes estes que lhes permitem impor limites a direitos e liberdades dos indivíduos[85], com isto visando fins de caráter geral,[86] não subordinados a nenhum outro serviço público.

Já as polícias especiais não voltadas a controle de perigos têm a ver com bens sociais particularizados, importantes de serem protegidos contra condutas individuais e fatos da natureza não perigosos.[87] Tais bens têm posição central em ramos da administração não prioritariamente policiais e, por isso mesmo, ditos especiais enquanto alvo de policiamento. Ou seja, normalmente os poderes de polícia administrativa especial são conferidos a órgãos ou agentes que possuem outros vários poderes não prioritariamente policiais, de modo que, os serviços administrativos por eles prestados visam, sobretudo, certos e determinados interesses públicos que não exatamente de ação policial, mas que esta atuação policial, se faz, em caráter complementar, importante à consecução dos fins na essência pre-

---

[83] Ver quadros explicativos ao final do item 1.3.
[84] CORREIA, Sérvulo. Polícia, *in* **Dicionário Jurídico da Administração Pública**. Separata do VI volume, Dezembro, 1994, p. 17.
[85] P. 4 de SOUSA, António Francisco de. **A Polícia no Estado de Direito**. São Paulo, Editora Saraiva, 2009.
[86] André de Laubadère, Jean-ClaudeVenezia e Yves Gaudemet desvinculam a atividade policial administrativa geral de qualquer atividade dos particulares. Ou seja, o seu característico está no ocorrer independentemente da atividade particular, alvo da ação policial (LAUDADÉRE, André de; VENEZIA, Jean-Claude; GAUDEMET, Yves. **Traté de Droit Administratif**. LGDJ, 1994, 3ª ed.,t. 1, p. 748).
[87] Marcello Caetano assim definia as polícias especiais: "actividades policiais que têm por objecto a observância e a defesa de determinados sectores da ordem jurídica", CAETANO, Marcello. **Manual de Direito Administrativo**. Coimbra, Almedina, 1990, V. II, 10ª ed. (revista e atualizada pelo Professor Doutor DIOGO DE FREITAS DO AMARAL), p. 1154.

tendidos.[88] Certo é que, as polícias especiais têm sua atuação jungida a conteúdos específicos,[89] além de funcionarem com natureza acessória a outros serviços públicos.[90] Nesse sentido, as polícias especiais não voltadas a perigos são aquelas, por exemplo, vinculadas à fiscalização das posturas municipais relativas à estética urbana.

Ainda quanto à polícia administrativa geral, é essencial destacar que ela tem poder para agir no âmbito de competência originário de uma polícia administrativa setorial quando esta não possa definitivamente intervir, ou não seja possível uma ação tempestiva.[91] Não se tenha, entretanto, a polícia geral como mera atividade de apoio ou auxílio às polícias especiais. Tem campo próprio e autônomo, embora genérico, devendo agir de maneira imediata e direta, não se esquivando da ação em campo próprio da ação policial especial apenas quando esta se mostra impossível ou extemporânea. Tem-se, pois, que a função desempenhada pelas polícias especiais não são próprias ou exclusivas uma vez que a polícia geral, embora por excepcionalidade, não se exclui daquelas mesmas funções. O que se tem é um quadro de ordem *material* no qual se opera uma coordenação abstrata entre as polícias, de modo a impor prestígio ao *princípio de colaboração* no âmbito *funcional*.

Um terceiro braço da atividade policial administrativa, em sentido estrito, ao lado, portanto, das atividades de polícia geral e de polícias espe-

---

[88] Razão pela qual, afirma Sérvulo Correia, "Esses serviços não constituem portanto uma *polícia em sentido orgânico*", embora, ainda segundo autor, existam "exemplos de serviços especializados em certo campo da vida social e, ao mesmo tempo, dotados de competência maioritária ou exclusivamente policiais" (Op. cit. p. 17-18).

[89] No mesmo sentido, Luciano Parejo Alfonso e Roberto Dromi em ALFONSO, Luciano Parejo; DROMI, Roberto. **Seguridad Pública Y Derecho Administrativo**. Buenos Aires, Madrid Marcial Pons, 2001, p. 115.

[90] P. 54-55 de CRETELLA JÚNIOR, José. **Do Poder de Polícia**. Rio de Janeiro, Forense, 1999. Celso Antônio Bandeira de Melo admite a divisão da polícia administrativa em geral e especial nos regimes de inspiração francesa. Critica, no entanto, a sua adoção no Direito brasileiro por entender que "ocorre que no Brasil só existem regulamentos executivos, isto é, para a fiel execução das leis. Foge à alçada regulamentar inovar na ordem jurídica. Para nós, então, não interessa indagar se se trata de segurança, ordem ou salubridade públicas, ou qualquer outro setor, uma vez que se encontram niveladas todas as intervenções da Administração (p. 495-496 de de MELLO, Celso Antônio Bandeira de. **Curso de Direito Administrativo**. São Paulo, Malheiros, 1996).

[91] ALFONSO, Luciano Parejo; DROMI, Roberto. **Seguridad Pública Y Derecho Administrativo**. Buenos Aires, Madrid Marcial Pons, 2001, p. 115-116.

ciais não voltadas a controle de perigos, é a atividade de *polícia de segurança pública, em sentido amplo,* voltada essencialmente a controle de perigos. Nela, três *bens* são essencialmente protegidos: a) a defesa da ordem jurídica; b) a defesa do Estado e das suas instituições – aqui incluída a sua capacidade de funcionamento -; e c) a defesa de bens individuais – decorrentes dos direitos fundamentais -, como a vida, a integridade física, a saúde, a liberdade e o patrimônio.[92] A proteção da ordem constitucional – aí incluídos os princípios constitucionais tais como o da separação de poderes e o da legalidade - é parte integrante do bem *ordem jurídica* protegido sob o prisma da atividade policial de segurança pública, *lato sensu*.[93]

A defesa do Estado, como objeto de atividade policial tem a ver com a existência do Estado e manutenção da capacidade ou inviolabilidade de funcionamento das suas instalações e instituições, seus símbolos – do Estado e dos entes públicos em geral -, as eleições democráticas, a inviolabilidade do domicílio e da paz pública em geral.[94] Sob o ponto de vista formal, a ação policial tem aqui, entretanto, papel subsidiário – ou se reduz às situações emergenciais - na medida em que as funções dos órgãos do Estado não podem sofrer intromissão ao argumento de serem objeto de defesa, razão pela qual cumpre prioritariamente à própria instituição, na perspectiva da sua regulamentação interna, defender-se e defender o seu normal funcionamento.[95]

Por último, na tríade de bens essencialmente protegidos pela polícia de segurança pública *lato sensu*, a inviolabilidade de direitos fundamentais – bens como a dignidade da pessoa humana, a vida, a saúde ou a liberdade

---

[92] P. 31/32 de SOUSA, António Francisco de. **A Polícia no Estado de Direito**. São Paulo, Editora Saraiva, 2009.

[93] António Francisco de Sousa lembra que "diversos preceitos do Código Penal concretizam a protecção da ordem constitucional, como acontece, por exemplo, com as normas que punem os crimes contra o Estado (traição à Pátria, etc)", *in* P. 32 de SOUSA, António Francisco de. **A Polícia no Estado de Direito**. São Paulo, Editora Saraiva, 2009.

[94] P. 35 de SOUSA, António Francisco de. **A Polícia no Estado de Direito**. São Paulo, Editora Saraiva, 2009. No âmbito de proteção destes bens – aos quais ainda se juntam as próprias cerimônias de Estado (festas comemorativas, visitas de Estado, 'juramento da bandeira' do militares, etc.)-, fazem parte da "legislação policial" uma série de diplomas, entre eles o Código Penal.

[95] Polícias do senado federal e do congresso nacional (polícia legislativa). Ver: http://www.senado.gov.br/senado/spol/asp/APS_Principal.asp , inclusive com Súmula do STF.[E] ainda: http://www.apcn.org.br/legislacao/

- e de bens jurídicos individuais,[96] cabe a ressalva de que, em princípio, a garantia da defesa dos direitos dos particulares deve ser por eles alcançada junto ao Judiciário.[97] Para que a proteção de direitos individuais esteja integrada à atuação da polícia de segurança pública, faz-se preciso que tais direitos – como a vida, a integridade física, a saúde ou a honra – estejam protegidos por normas de direito público, o que não é regra relativamente à propriedade privada. Ademais, a intervenção policial deve ser de natureza não definitiva, constituindo-se em segurança provisória do bem ou direitos ameaçados, inadmitindo-se, em princípio, a adoção de medidas dotadas de caráter definitivo.

Além da identificação de novos riscos sociais resultando na multiplicação das polícias especiais (com o esvaziamento da polícia geral clássica), o Estado Social deparou-e com a crescente criminalização de condutas e a consequente especialização também de parte do conteúdo da polícia de segurança pública em *polícia de controle dos perigos vinculados à criminalidade*, daqui em diante tratada como *polícia de controle dos perigos decorrentes da criminalidade*.

No entanto, ao lado das polícias especiais voltadas a controle de perigos nas diversas áreas específicas protegidas pelo Estado, a atividade policial de segurança pública, em sentido amplo, é ainda composta não apenas da *atividade policial de segurança pública voltada a controle de perigos decorrentes da*

---

[96] Cfr. art. 5°, *caput*; art. 144, *caput*, da Constituição Federal do Brasil; art. 27°, n°. 1, da Constituição da República Portuguesa. No mesmo sentido, a jurisprudência do Supremo Tribunal Administrativo – STA, de Portugal. Ac. Do STA de 27.4.1993 (*in AD* 382, 989 e ss.):"...as forças de segurança (PSP e GNR) têm obrigação de defender a propriedade pública e privada...É culposa a abstenção de agir, por desleixo, incúria ou imprevidência das referidas forças quando se tenham demitido do cumprimento da sua obrigação"; AC. Do STA de 4.7.1985 (*AD* 289, 19 e ss.) onde se concluiu pela existência para a PSP de um "dever de defesa da ordem e da propriedade pública e privada". O incumprimento deste dever, ao violar a lei, constitui acto ilícito. Segundo o STA, "procede com culpa o responsável pelas forças da ordem, que, informado da iminência de assalto por populares a residência particular, assalto que pela proximidade dessa residência, é evitável, se abstém de fazer intervir as referidas forças, embora reconhecendo que estas dispõem de capacidade para actuar com êxito".

[97] Valendo-se, para tanto, ora de instrumentos ordinários, ora mecanismos de cautela imediata para os casos de caracterizada urgência. A intervenção policial será cabível quando não se puder alcançar, de forma efetiva, a proteção pretendida pela via judicial, seja porque esta será extemporânea, seja porque apresenta-se excessivamente onerosa (competência subsidiária da polícia).

criminalidade, como se vê também especializada, mas ainda da função de *polícia de segurança pública destinada a controle de perigos genéricos*.

Na definição de papeis, no âmbito da atividade policial de segurança pública de controle de perigos genéricos está aquilo que não se enquadra nas especificidades tanto das atividades especiais voltadas a controle de perigos, quanto na atividade de polícia de controle dos perigos decorrentes da criminalidade.

Ainda quanto a *polícia de segurança pública destinada ao controle de perigos genéricos* e a *polícia de segurança pública para controle dos perigos decorrentes da criminalidade*, tem-se em consideração que demandas econômicas e sociais não atendidas podem acarretar desvios, sejam eles condutas humanas indesejadas, ou o agravamento dos efeitos da sujeição social a uma série de perigos decorrentes em especial de fatos da natureza. Quanto a estes, o Estado se instrumentaliza funcionalmente com a polícia de segurança pública destinada à atividade de reação a perigos genéricos decorrentes de *incêndios*, desmoronamentos, desastres naturais e outras situações assemelhadas, inclusive no resgate de pessoas em *acidentes de trânsito*.

No que concerne aos desvios de conduta, alguns aspectos explicam a especialização policial de controle de perigos decorrentes da criminalidade no Brasil.[98] O país optou politicamente pela incriminação genérica de condutas ditas indesejadas – tipificações criminais - como suposta forma de combatê-las.[99] Trata-se de ver soluções de criminalidade apartadas da

---

[98] Acentuada a tal ponto no Brasil que o sentido orgânico ou institucional de *polícia de segurança pública de controle dos perigos decorrentes da criminalidade* assumiu dimensão não verificada em diversas outras nações, retardando estudos da atuação material de polícia.

[99] É a tradução da transferência de responsabilidade da Administração Pública para a lei penal. Ou seja, transforma-se a conduta indesejada em crime, deixando-a de ser alvo de políticas sociais preventivas, tornando-a objeto de polícia. Isso, aliás, contribui para dissociar a criminalidade das suas reais causas e soluções. Não à toa, a criminalidade passa a ser resultante de conceitos indefinidos – como a "violência da população" – e não da falta de competência estatal em sanar problemas geradores de condutas desviantes. Diante da incompetência do Estado em desenvolver outros métodos que não a da limitação de direitos – punição -, a conduta "condenável" é lançada no rol dos crimes. A incapacidade de lidar com os problemas/ demandas sociais mais complexas – e, por vezes nem tão complexas, mas trabalhosas -, leva à criminalização das condutas. Constata-se um ciclo vicioso: cumpre ao Estado combater os perigos > diante da incompetência estatal, criminalizam-se condutas > aumenta a criminalidade > demanda-se, então, maior combate ao perigo representado pela criminalidade > reforça-se a exigência de atuação do Estado no controle de perigos (no caso, com especialização da polícia de segurança pública de controle dos perigos decorrentes da criminalidade) > como polícia

responsabilidade social do Estado. O Estado brasileiro, na matéria, manteve-se num estágio *pré Estado Social* ao não efetivar ações sociais e econômicas concretas para minoração da criminalidade. Há, a bem da verdade, um choque entre a estrutura jurídica constitucional que prevê instrumentos de ampla ação de um Estado Social e o que se efetiva na realidade com a criminalização das condutas como decorrência da omissão estatal.

O descompromisso estatal com políticas sociais e econômicas visando controle de criminalidade, especialmente a violenta, é acompanhado da falta de uma adequada revisão da legislação penal e processual penal. Condutas são continuamente criminalizadas – ou mantidas como tal sem a devida readequação de penas,[100] inclusive sem o urgente agravamento de algumas delas, gerando impunidade - como alternativa do Estado à sua inoperância em efetivar soluções a demandas que viabilizariam afastar indivíduos socialmente excluídos de práticas ofensivas ao interesse público e aos direitos fundamentais. Como consequência, o Estado se instrumentaliza funcionalmente com uma polícia de segurança pública acentuadamente especializada, sob o ângulo material de polícia, destinada a lidar com controle de perigos decorrentes da criminalidade.

Importa enfatizar que a atuação desta espécie material de polícia se dá voltada a perigos, e não à criminalidade tendo-se em vista que, a rigor, como primeiro argumento, não se combate condutas pressupondo serem elas criminosas. Afinal, uma conduta somente é tida como criminosa após avaliação do Poder Judiciário. Ademais, não é toda e qualquer conduta supostamente criminosa que justifica a atuação policial, mas apenas aquela que efetivamente represente perigo para a sociedade. Em outras palavras, o que importa é o *perigo* que a conduta representa, efetiva ou potencialmente, de ofensa ao interesse da sociedade de proteção aos direitos fundamentais.

A criminalidade, entendida como a prática temporal e territorial de atos legalmente tipificados como crime, decorre de elaboração legislativa e, sob este aspecto, é construída. Ocorre que nem todos os tipos penais,

---

não é solução para a criminalidade, as causas geradoras de condutas indesejadas persistem, agravam-se e modificam-se > surgem novas espécies de condutas perigosas indesejadas > cumpre ao Estado combater os perigos > diante da incompetência estatal...

[100] Além de darem à população a sensação de que a lei estimula a prática criminosa, penas brandas relativas a alguns crimes graves ainda comprometem o trabalho da polícia que se vê obrigada a capturar seguidas vezes o mesmo criminoso posto seguidamente em liberdade face à leveza da pena prevista em lei, imperando a impunidade.

naquilo que diga respeito aos efeitos efetivos da sua prática, merecem a atenção estatal, sobretudo quando afetam exclusivamente a esfera de particulares sem hipótese de produção de danos a direitos fundamentais. No caso, pela não geração de perigos para o interesse da sociedade de resguardo dos direitos fundamentais de seus membros, cumpre agirem outros agentes tais como o Ministério Público, a polícia judiciária, o próprio cidadão etc.

Neste ponto, como a atuação se dá em face do perigo, e não da criminalidade, a atuação policial se desvincula da legislação penal no sentido de que não é ela, a legislação penal, que *determina* a ação policial. Se, ao contrário, a legislação penal determinasse a ação policial, a polícia nada mais que cumpriria o papel de reproduzir, acentuando e reforçando, a criminalidade legalmente construída, sem garantia de efetiva proteção da sociedade contra danos a direitos fundamentais.

Por outro lado, por dever de atenção ao princípio da legalidade, os perigos alvos da polícia são, no entanto, aqueles vinculados a condutas legalmente tipificadas como crime. Assim sendo, já sob este aspecto, a atuação policial se vincula à legislação penal no sentido de que é ela, a legislação penal, que *autoriza* a atuação policial. Ou seja, nem todo perigo é alvo da atuação policial de segurança pública de controle de perigos decorrentes da criminalidade, o que não impede que perigos não vinculados a condutas legalmente tipificadas como crime sejam alvo da atuação policial das polícias especializadas de controle de perigos ou da polícia de segurança voltada a perigos genéricos.

É incorreto afirmar, portanto, que a atividade policial é de combate à criminalidade. Não menos incorreto é ter a atuação policial como atividade de combate a perigos decorrentes da criminalidade. Isto porque a raiz de comportamentos perigosos legalmente tipificados como crime decorre de fatores sociais e econômicos que em nada se confundem com atuação policial de combate. A atuação policial se dá pautada em princípios jurídicos, constitucionais e administrativos, gerais e específicos, e estes princípios impõem limites de atuação de modo que, atuando nestes limites, o que a polícia faz é *controlar* os perigos e não solucionar suas causas ou dar-lhes fim.

Por fim, o exercício da atividade policial se não voltada a *combate* dos perigos decorrentes da criminalidade, se efetiva com a *proteção* contra ofensas ao interesse público de defesa dos direitos fundamentais.

Os fundamentos e princípios jurídicos que regem a polícia de segurança pública de controle dos perigos decorrentes da criminalidade, não assume, a rigor, perspectivas substancialmente diferentes nos direitos administrativos europeu e brasileiro na medida em que lá, tal como ocorre aqui, embora por razões e graus distintos, a criminalidade gera perigos à sociedade a ponto de exigir que a polícia de segurança pública de controle dos perigos da criminalidade se aparta funcionalmente das demais atividades de segurança pública, assumindo contornos de uma especialização material de polícia, a também demandar estudos específicos quanto a princípios e limites da atuação da polícia de segurança pública.

Em síntese, a polícia de segurança de controle de perigos da criminalidade ocupa-se essencialmente da proteção social contra os *efeitos* nefastos da prática temporal e territorialmente distribuída de comportamentos humanos tipificados como crime.[101] Na polícia de segurança pública voltada ao controle de perigos genéricos, por sua vez, estão compreendidas todas as atuações policiais não abarcadas pela polícia de segurança pública de controle dos perigos decorrentes da criminalidade, e se volta à proteção social contra perigos ocasionados por comportamentos não criminalmente tipificados e situações de fato perigosos não alcançados pela atuação das polícias especiais voltadas a controle de perigos.

1.2.2 Polícia de segurança pública em sentidos institucional e formal

A polícia de segurança pública em sentido *institucional* ou *orgânico* exerce ou não atividade de polícia de segurança pública em sentido material. Ou seja, ser polícia de segurança pública em sentido institucional não implica

---

[101] Válido, neste sentido, a anotação de Volkmar Götz: "O tema da ordem pública e do seu quadro constitucional apresenta-se assim hoje de modo completamente novo, uma vez que trata já não de um bem de protecção complexo do direito de polícia, mas de legislação especial emitida para a protecção da ordem pública que constitui uma parte considerável da legislação penal. O futuro de um direito de ordem pública depende de legislações especiais (p. 206 de GÖTZ, Volkmar. "Die öffentliche Ordnung im Rahmen der verfassungsmäßigen Ordnung", in Winfried Kluth, Martin Müller e Andreas Peilert (Eds.), **Wistschaft – Verwaltung – Recht: Festschrift für Rolf Stober zum 65, Geburtstag AM 11, Juni 2008**, Carl Heymanns Belag, 2008, p. 195-206 *apud* p. 390, nota nº 200 de NOGUEIRA DE BRITO, Miguel. Direito de Polícia, *in* **Tratado de Direito Administrativo Especial**. Coimbra, Almedina, 2009, vol. I, 281/456.

necessariamente a prática de atividade de proteção contra perigos.[102] A polícia de segurança pública em sentido institucional diz respeito não mais que à inserção legal de autoridades ou entidades administrativas[103] em grupos determinados que compõem os órgãos estatais denominados *polícia de segurança pública*.

O *caput* do artigo 144 da Constituição Federal brasileira estabelece que a segurança pública, no que diz respeito à preservação da ordem pública e da incolumidade das pessoas e do patrimônio, é exercida, segundo os itens I a V do mesmo artigo, pelos seguintes órgãos: polícia federal, polícia rodoviária federal[104], polícia ferroviária federal[105], polícias civis, polícias militares e corpos de bombeiros militares. Todos estes órgãos são, segundo o texto constitucional, polícia de segurança pública no sentido institucional.[106]

---

[102] No Brasil, as Polícias Federal e Civil são, em razão do expresso no *caput* do art. 144, e incisos I e IV, exemplos de polícias de segurança pública no sentido institucional que não possuem como atividade-fim o exercício de polícia de segurança pública em sentido material. Por outro lado, não se questiona que a atuação dessas Polícias pode indiretamente produzir efeitos em termos de preservação da ordem pública, modernamente considerada, e da incolumidade das pessoas e bens.

[103] Cfr. p. 313 de NOGUEIRA DE BRITO, Miguel. Direito de Polícia, *in* Tratado de Direito Administrativo Especial. Coimbra, Almedina, 2009, vol. I, 281/456. Nogueira de Brito destaca o entendimento de parcela da doutrina que parece definir a *"polícia como o conjunto de autoridades e serviços ou corpos administrativos que têm como tarefa predominante ou exclusiva o exercício de uma actividade de polícia em sentido material"*. O autor chama a atenção para a escassez de utilidade daquela definição uma vez que *"existem muitos serviços espalhados pelas estruturas orgânicas da Administração que praticam actos de polícia em sentido material, mas não são polícia em sentido orgânico"*.

[104] Carreira de policial rodoviário federal criada pela Lei nº 9.654, de 2 de junho de 1998.

[105] Não formalmente criada, embora considerada a mais antiga das polícias especializadas, originariamente sob a denominação de "Polícia dos Caminhos de Ferro" (art. 1º, §14, do Decreto nº 641, de 26 de junho de 1852, sancionado pelo Imperador D. Pedro II).

[106] Oportuno esclarecer que não se confundem atos *policiais* de segurança pública de preservação da ordem pública e da incolumidades das pessoas e do patrimônio com atos ou ações de *segurança pública*. Estes são mais abrangentes que aqueles. A prática de atividade material de segurança pública – atividade que engloba a preservação da ordem pública e da incolumidade das pessoas e do patrimônio – pode – e deve – ser exercida por outras autoridades e órgãos da Administração, nas três esferas de Poder, União Federal, Estados da Federação e Municípios, embora não expressamente arrolados na Constituição Federal brasileira. Enquanto os atos policiais de segurança pública têm a ver com o controle de perigos decorrentes da criminalidade, as demais atividades materiais de segurança pública relacionam-se com as origens, causas e soluções da criminalidade. Assim, em que pese entendimento em contrário (ADI, Ação Direta de Inconstitucionalidade 5156, em tramitação no STF, sob a relatoria do Ministro Gilmar Mendes), as guardas municipais põem praticar atos de segurança pública – desde que

Em seu sentido *formal*, polícia de segurança pública são as atividades praticadas pela polícia de segurança pública em sentido institucional, pouco importando se tais atividades são materialmente de polícia ou não. Deste modo, são relevantes não apenas aquelas atividades desenvolvidas para a de preservação da ordem pública e da incolumidade das pessoas e do patrimônio, visando a proteção contra perigos – isto é, típicas atividades de polícia de segurança pública -, mas também as atividades administrativas de rotina ou ainda as judiciárias.[107]

Importa à polícia de segurança pública em sentido formal o estudo das *organizações policiais*, desde a formação de seus quadros, conduta de seus agentes segundo a disciplina e a hierarquia, ou a sua estrutura ou técnicas de gestão.

1.3 Polícia de Segurança Pública e Polícia Judiciária, no sentido material

Desde os primórdios do direito administrativo francês, os países integrantes dos sistemas jurídicos romano-germânicos fazem distinção material entre *polícia judiciária* e *polícia administrativa*. No que concerne a conteúdo ou objetivo, isto é, no sentido material ou funcional de polícia, a polícia judiciária é atividade auxiliar da justiça penal, ao passo que polícia de segurança pública, propriamente dita, destina-se ao controle de perigos da criminalidade face a consequências que ela proporciona à ordem e segurança públicas.[108]

---

não caracterizadamente de preservação da ordem pública e da incolumidade das pessoas e do patrimônio, por restrição imposta pelo *caput* do art. 144 da Constituição Federal – de modo a ser perfeitamente aceitável a constitucionalidade, se bem interpretados os limites de atuação, do inciso IV, do art. 5º, da Lei Federal nº 13.022, de 8 de agosto de 2014, que dispõe sobre o Estatuto das Guardas Municipais: "Art 5º São competências específicas das guardas municipais, respeitadas as competências dos órgãos federais e estaduais: IV - *colaborar, de forma integrada com os órgãos de segurança pública, em ações conjuntas que contribuam com a paz social.*"

[107] Vale lembrar que no Brasil é comum as polícias militares estaduais atuarem na área de defesa civil. Ou seja, praticam atos que materialmente não são de segurança pública em sentido estrito, mas de segurança pública contra perigos genéricos, isto é, segurança pública em sentido amplo.

[108] P. 285 de NOGUEIRA DE BRITO, Miguel. Direito de Polícia, *in* **Tratado de Direito Administrativo Especial.** Coimbra, Almedina, 2009, vol. I, 281/456.

Enquanto a atividade-fim da polícia judiciária[109] é essencialmente balizada pelo Direito Processual Penal[110], o exercício da polícia de segurança pública é orientada por previsões do Código Penal e leis penais esparsas.[111] Ambos, no entanto, são regulados pelo Direito Administrativo.[112]

Seja como for, a polícia judiciária, também denominada polícia repressiva[113], consubstancia-se, no âmbito material, por atos pós acontecimentos supostamente lesivos à ordem jurídica e tem como objetivo essencial final reprimir a atividade de infratores com a investigação de delitos, a colheita de provas e o encaminhamento dos agentes a julgamento pelo Judiciário.[114] Ou seja, já houve, em tese, a conversão de um perigo em dano ou a sua tentativa, fazendo-se preciso a limitação dos efeitos danosos ou o impedimento da sua ampliação ou propagação.[115]

A principal diferença material entre polícia de segurança pública e polícia judiciária está em seus objetivos uma vez que impedir ou parali-

---

[109] De origem francesa, segundo informa Otto Mayer (MAYER, Otto. **Derecho Administrativo Alemán**. Buenos Aires, Depalma, t. II, 1982, p. 15), a expressão *polícia judiciária* tem as suas raízes na instalação de um procurador do rei junto aos tribunais, a quem ficou subordinada polícia de segurança, e que tinha por finalidade auxiliar na promoção da justiça criminal.

[110] O Código de Processo Penal brasileiro, Decreto-lei nº 3.689, de 3 de outubro de 1941, com a redação dada pela Lei Federal nº 9.043, de 9 de maio de 1995, estabelece: "Art. 4º - A polícia judiciária será exercida pelas autoridades policiais no território de suas respectivas circunscrições e terá por fim a apuração das infrações penais e da sua autoria."

[111] No Brasil, esta é principal distinção entre polícia judiciária e polícia administrativa, diferentemente do que ocorre em Portugal onde também são traços de diferenciação o fato de estarem os agentes da polícia judiciária sujeitos à direção ou supervisão do Judiciário ou do Ministério Público; e enquanto a legalidade dos atos de polícia judiciária é discutível no âmbito dos tribunais comuns, a avaliação de atos administrativos compete a tribunais administrativos.

[112] O Tribunal Constitucional de Portugal já se manifestou expressamente no sentido de que as ações preventivas levadas a efeito pela polícia judiciária são procedimentos *administrativos*. Acórdão do Tribunal Constitucional nº 456/93, de 12 de Agosto, processo nº 422/93, publicado no DR, nº 212, de 9 de setembro de 1993, p. 4811 e ss.

[113] P. 46 de CRETELLA JÚNIOR, José. **Do Poder de Polícia**. Rio de Janeiro, Forense, 1999.

[114] P. 41 de CRETELLA JÚNIOR, José. **Do Poder de Polícia**. Rio de Janeiro, Forense, 1999. A polícia judiciária é, por vezes, denominada *polícia de investigação*, de *polícia repressiva* ou ainda de *polícia criminal*, como ressalta António Francisco de Sousa, tal como na Alemanha em que existe uma *Kriminalpolizei*, cujas funções se equivalem às da Polícia Judiciária portuguesa *in* p. 5 de SOUSA, António Francisco de. **A Polícia no Estado de Direito**. São Paulo, Editora Saraiva, 2009.

[115] P. 9 de SOUSA, António Francisco de. **A Polícia no Estado de Direito**. São Paulo, Editora Saraiva, 2009. O autor destaca com propriedade o fato de não ser "clara a linha de fronteira entre a prevenção e a repressão".

sar perigos decorrentes de atividades criminosas – atuando sobre as propriedades e as atividades pessoais - é o fim essencial a ser alcançado pela polícia de segurança pública, enquanto a responsabilização dos infratores da ordem jurídica – atuação predominantemente sobre as pessoas - é o objeto de atuação da polícia judiciária.[116] A diferença decorre de que a polícia judiciária lida com o, em tese, crime e com a figura do criminoso, ao passo que a polícia de segurança pública trata do perigo proporcionado pela atividade criminosa.

Historicamente, a diferenciação entre polícia administrativa e polícia judiciária[117] decorre do princípio formal da separação das autoridades judiciárias e administrativas, de modo a que a Administração não interferisse em matérias da ordem judiciária – aplicação do princípio de incompetência do juiz administrativo em matéria afeitas à persecução criminal – e devido a incompetência dos tribunais de ordem judicial perante operações de polícia administrativa.[118]

No direito comparado a distinção se dá em termos de que, na Alemanha, a *Gefahren-abwehr* (defesa frente a riscos e perigos) distingue-se da *Strafverfolgung* (persecução do ilícito penal), compreendo-se nesta última a investigação de atos infracionais previstos no Código Penal, ao passo que à primeira, a quem pertence a segurança pública, por contrário, compete o restante das atividades policiais que tenham por objetivo a prevenção e o impedimento do cometimento de infrações da regulação jurídico--pública da segurança e ordens públicas; na Itália há idêntica distinção na medida em que a polícia judicial faz parte materialmente da Justiça e não da Administração (ainda que organicamente assim não seja), razão pela qual persegue fim diferente daquele visado pela *policia de sicurezza*. Enquanto a atividade da polícia judicial se dirige a deter o delinquente, recolher provas da infração penal etc, operando-se a justiça penal, a polícia de segurança, por sua vez, persegue prevenindo e evitando, assim como

---

[116] Neste sentido, p. 405 de CORREIA, Sérvulo. Polícia *in* **Dicionário Jurídico da Administração Pública**. Lisboa, 1994, v. VI.

[117] Segundo Étienne Picard, a distinção ocorreu pela primeira vez com a lei de 16-24 em 1790 (PICARD, Étienne. **La Notion de Police Administrative**. Paris, LGDJ, v. 1, 1984, p. 135.

[118] Trata-se de um dos traços do sistema francês a existência de uma organização jurisdicional especializada no julgamento dos litígios administrativos separada da jurisdição ordinária (cfr. p. 155 de RIVERO, Jean. **Direito Administrativo**. Coimbra, Almedina, 1981). Aquele regime, também adotado por Portugal, diferencia-se da *jurisdição una*, vigente no Brasil, sistema defluente do inciso XXXV, art. 5º, da Constituição Federal.

sancionando administrativamente, a perturbação da ordem jurídica indispensável ao desenvolvimento da convivência.[119]

Sob o ponto de vista formal, colaborando com as autoridades judiciárias mediante o desenvolvimento e a promoção de ações de investigação de sua competência, a polícia judiciária tem, pois, a repressão como traço marcante. No entanto, por vezes não age exclusivamente repressivamente, mas também preventivamente – prevenção criminal – o que a aproxima da polícia administrativa quando realiza funções típicas de polícia de segurança pública.[120] A função de polícia é *preventiva* quando em causa a defesa do perigo que ameaça a segurança pública, ou é *repressiva* quando focado o sufocamento da perturbação da ordem pública.[121] Assim posto, cumpre então à polícia de segurança pública fundamentalmente atuar antes da infração, de maneira a prevenir para que o perigo desta não aconteça, ao passo que a polícia judiciária tem como atividade-fim a participação na jurisdição penal na medida em que concorre para a apuração criminal e condução do criminoso à Justiça.[122] Mas, em consonância com a mutabilidade dos corpos de polícia, é inconveniente, portanto, o uso de critério puro na matéria quanto à natureza preventiva ou repressiva de atuação.[123]

---

[119] P. 44/45 de ALFONSO, Luciano P.; DROMI, Roberto. **Seguridad pública y derecho administrativo**. Madrid: Marcial Pons, 2001. 410 p.

[120] A respeito, vide Catarina Sarmento e Castro, op. cit., p. 293.

[121] VIRGA, Pietro. **Diritto Amministrativo, Attivitá e Prestazioni**. Milano, Giuffrè Editore, 1996, p. 328. Ricardo Rivero Ortega entende que "A prevenção tem (...) como fim não o respeito da legalidade em si mesmo mas, tem como objeto proteger os bens jurídicos que o ordenamento reconhece e ampara – a proteção frente aos perigos que a inspeção administrativa pretende evitar – mediante a paralisação imediata de atividades danosas, graças à constante vigilância dos riscos mais graves para a sociedade atual" (ORTEGA, Ricardo Rivero. **El Estado Vigilante**, Tecnos, 2000, p. 59).

[122] O Tribunal Constitucional de Portugal, no Acórdão de nº 489/89, de 13 de Julho, processo nº 305/88, publicado no DR II, nº 27, de 1 de Fevereiro de 1990, p. 1131 e ss, reconhece o caráter predominantemente preventivo da polícia administrativa e afirma que "a polícia Judiciária distingue-se da Polícia administrativa porque esta última tem um caráter preventivo".

[123] Maria Sylvia Zanella Di Pietro aponta a imprecisa tentativa de se estabelecer o caráter preventivo à atuação da polícia administrativa, ao passo que se atribui à polícia judiciária a atuação repressiva. Lembra a autora não serem raras as oportunidades em que a polícia administrativa tem atuação repressiva quando, exemplificativamente, apreende uma arma de uso indevido. Diante disso, Di Pietro ressalta que a distinção entre uma e outra polícia está na ocorrência ou não do ilícito penal, de modo que, se diante de um ilícito de natureza administrativa, a atuação, seja ela preventiva ou repressiva, estará em ação a polícia administrativa. De outra forma, ao atuar em face de um delito penal, estará presente a polícia judiciária.

Tem-se então que, organicamente, a atividade policial de segurança pública como *essencialmente* preventiva, e, portanto, não absolutamente preventiva, diferenciando-a da polícia judiciária que se caracteriza pela atividade *essencialmente* repressiva.[124] Assim, a compreensão orgânica de polícia em polícia de segurança pública e polícia judiciária, não se confunde com a sua compreensão funcional. A definição orgânica de uma e outra polícia deve se dar pelo caráter da preponderância quanto à finalidade a ser alcançada com a atuação do órgão.[125,126] Em outras palavras, sob o ponto de vista institucional, não é razoável pretender classificar as atuações das polícias de segurança pública e judiciária em compartimentos estanques, na medida em que os órgãos de polícia de segurança pública, de atuação predominantemente preventiva, podem, teoricamente, agir por meio de medidas policiais de natureza repressiva.[127] De igual forma, a polícia judi-

---

[124] LA MONICA, Mario; MAZZA, Leonardo et alii. **Manuale Del Diritto Di Polizia**. Milano, Giuffrè Editore, 1993, p. 100-101.

[125] Valendo-nos do exemplo oferecido por Sérvulo Correia, a Polícia de Segurança Pública (PSP) portuguesa possui competência genérica para manter ou repor a ordem e tranquilidade públicas bem como também pratica atos processuais e de averiguação. Ao mesmo tempo, em Portugal existe um outro serviço de polícia, a Polícia Judiciária, "que a lei qualifica como 'um órgão de polícia criminal auxiliar da administração da justiça, organizado hierarquicamente na dependência do Ministro da Justiça e fiscalizado pelo Ministério Público', que tem como atribuições 'a prevenção e a investigação criminal, bem como a coadjuvação das autoridades judiciárias...'. A *Polícia Judiciária* é um serviço especializado na *polícia judiciária em sentido funcional*, ao passo que a *Polícia de Segurança Pública (PSP)* é um serviço de polícia principalmente encarregado de tarefas de *polícia administrativa de segurança pública* mas que também recebe da lei algumas competências de polícia judiciária." (CORREIA, Sérvulo. Polícia, *in* **Dicionário Jurídico da Administração Pública**. Separata do VI volume, Dezembro, 1994, p. 16).

[126] Sérvulo Correia destaca, exemplificativamente, que a detenção de delinquentes prontos à execução de um rapto é ato de polícia judiciária, bem como a dispersão de uma manifestação ocorrida na via pública sem observar os requisitos estabelecidos em lei configura ato de polícia administrativa.(p. 15 de CORREIA, Sérvulo. Polícia, *in* **Dicionário Jurídico da Administração Pública**. Separata do VI volume, Dezembro, 1994). O mesmo autor ressalta (p. 16) a *intercomunicabilidade* entre as respectivas operações das duas polícias: "Pode converter-se em acto de apreensão de droga e detenção do seu portador uma operação que principiara como acto de controlo alfandegário de bagagens. E a mesma equipa de agentes que perseguiu e deteve numa auto-estrada um criminoso que se afastava do local do crime pode tomar em seguida medidas para promover a fluidez do trânsito, que ficara bloqueado". Com tais exemplos, demonstra-se que "é frequente que os mesmos serviços e o seu pessoal tenham simultaneamente competências de polícia administrativa e de polícia judiciária.

[127] Por exemplo, quando uma atividade que vem lesando o interesse público é impedida.

ciária pode realizar condutas tipicamente preventivas,[128] o que, aliás, ocasiona que parte da doutrina brasileira admita a modalidade institucional de polícia dita *eclética* ou *mista*, caracterizada pela acumulação e exercício, seja simultâneo ou sucessivo, das funções preventiva e repressiva.[129,130] Há que se ter toda cautela, entretanto, no atribuir às polícias atividades que não lhe são típicas especialmente porque, materialmente, estas atividades possuem naturezas jurídicas distintas.

No Brasil, a polícia judiciária é exercida principalmente pelas polícias civil e federal,[131] instruindo a persecução penal na fase policial com a finalidade última de apuração da infração e responsabilização dos delinquentes. Suporte do Poder Judiciário e do sistema de repressão criminal, os órgãos competentes ao exercício da polícia judiciária se valem de operações concretas – tais como perseguição, a captura de criminosos e atos investigativos.[132]

Enquanto a polícia de segurança pública tem foco no *perigo* ocasionado pela ação criminosa individual ou coletiva, realizando prevenção e repressão *imediata*, a sua atividade se inicia e finaliza no âmbito da função administrativa. Já a atividade de polícia judiciária, embora administrativa, prepara a atuação da Justiça Penal que visa, como se sabe, a individualização da pena, numa típica repressão *mediata*.[133]

---

[128] Quando realiza atos de vigilância, por exemplo.
[129] P. 47 de CRETELLA JÚNIOR, José. **Do Poder de Polícia**. Rio de Janeiro, Forense, 1999.
[130] Há autores que compreendem a atuação da polícia judiciária como tipicamente preventiva da criminalidade. Como definido por Marcello Caetano, a Polícia Judiciária "tem por fim efectuar a investigação dos crimes e descobrir os seus agentes, proceder à instrução preparatória dos seus respectivos processos, e organizar a prevenção da criminalidade, especialmente da habitual". A ação preventiva da polícia judiciária se efetiva na repressão pelos tribunais dos crimes cometidos, reduzindo os indivíduos perigosos à impossibilidade de delinquir. CAETANO, Marcello. **Manual de Direito Administrativo**. Coimbra, Almedina, 1990, V. II, 10ª ed. (revista e atualizada pelo Professor Doutor DIOGO DE FREITAS DO AMARAL), p. 1153
[131] Também as polícias militares, por exemplo, exercem atividade de apuração e investigação de crimes militares, segundo previsão do Código de Processo Penal Militar, Decreto-lei n° 1.002, de 21 de outubro de 1969.
[132] P. 491 de de MELLO, Celso Antônio Bandeira de. **Curso de Direito Administrativo**. São Paulo, Malheiros, 1996; p. 203-204 de FARIA, Edimur Ferreira de. **Curso de Direito Administrativo Positivo**. Belo Horizonte, Del Rey, 2000.
[133] CARVALHO FILHO, José dos Santos. **Manual de Direito Administrativo**. Rio de Janeiro, Lumen Juris, 1999, p. 49.

Em síntese, a *polícia judiciária* é um ramo da polícia administrativa voltada especificamente à elucidação dos delitos e perseguição dos delinquentes, de modo que a sua atuação se dá predominantemente sobre as pessoas, relacionando-se, muito especialmente, com a liberdade de ir e vir.[134] A polícia judiciária vincula-se essencialmente à repressão das atividades qualificadas como *infrações penais* por sua alta nocividade e capacidade de comprometimento das condições de convivência social. Tem afeições próprias na medida em que jungida à atuação do Poder Judiciário que, em função da reserva constitucional da aplicação da pena aflitiva pessoal, tem como incumbência tornar efetiva a repressão sobre os indivíduos.

---

[134] Diferentemente, portanto, da polícia administrativa, em geral, que atua em todos os demais campos, disciplinando todas as demais manifestações de liberdades e direitos individuais.

Quadros demonstrativos:

1 - Polícia em sentido material

Polícia: -polícia judiciária

-polícia administrativa: -polícia administrativa geral

-polícias especiais não voltadas ao controle de perigos

-polícia de segurança pública (em sentido amplo):

-Polícias especiais voltadas ao controle de perigos específicos

-polícia de segurança pública

(perigos genéricos)

-polícia de segurança pública de controle de perigos da criminalidade

(polícia de segurança pública

propriamente dita)

2 - Polícia em sentido institucional (orgânico)

Polícias administrativas:
- polícia administrativa (em sentido estrito)
- polícias judiciárias:
  - polícias civis
  - polícia federal
- polícias de segurança pública:
  - polícia rodoviária federal
  - polícia ferroviária federal
  - polícias militares
  - corpos de bombeiros militares
  - guardas municipais
  - polícias do Congresso Nacional e do Senado Federal
  - força nacional de segurança

2 – Direito Policial de Segurança Pública

2.1 – Introdução

O direito policial brasileiro, a exemplo do direito francês, tradicionalmente adota como objeto de segurança pública a concepção de ordem pública, a ela associando a incolumidade das pessoas e do patrimônio. Neste contexto, a polícia de segurança pública de controle dos perigos decorrentes da criminalidade, sob o ponto de vista material, é a atividade administrativa restritiva de liberdades públicas e de direitos fundamentais e destinada à preservação daqueles bens jurídicos,[135] seja potencialmente, seja através da implantação de ações concretas de medidas de polícia de segurança pública. Atualizada a compreensão de ordem pública à noção de perigo, a polícia de segurança pública de controle dos perigos decorrentes da criminalidade é a atividade estatal de proteção da sociedade mediante a manutenção da ordem pública, entendida como controle de perigos decorrentes da criminalidade. Tal atividade de polícia demanda *medidas de polícia* – ou modos de atuação policial[136] – com acentuadas especificidades jurídicas que as distinguem das medidas de polícia no âmbito da segurança voltada a perigos genéricos e das polícias especiais de perigos, de modo a atrair, sob o ponto de vista material, a designação de *polícia de segurança pública propriamente dita*.[137] Deste ponto em diante, fica convencionado que, quando

---

[135] Vide *caput* do artigo 144, da Constituição da República Federativa do Brasil, de 1988.
[136] A ser visto em seus pormenores nos itens 2.5 e seguintes.
[137] Sob o ponto de vista institucional ou orgânico, a denominação polícia de segurança pública tem longo alcance e compreende a polícia rodoviária federal, polícia ferroviária federal,

utilizado o termo *polícia de segurança pública*, sem especificação, estará em foco a polícia de segurança pública de controle dos perigos decorrentes da criminalidade, muito embora os conceitos e argumentos doravante desenvolvidos sejam aproveitáveis, em boa medida, à *polícia de segurança pública de controle de perigos genéricos*, ou mesmo às *polícias especiais voltadas ao controle de perigos*.

O fundamento jurídico da atividade de polícia de segurança pública está diretamente vinculado ao fato de se tratar de atividade por meio da qual há – ou pode haver - restrição de direitos fundamentais com fins de proteção social. Quando presente esta restrição, faz-se imprescindível não apenas normas de atribuição da autoridade policial, mas ainda a existência de norma de competência,[138] entendida como lei que autorize a restrição de direitos fundamentais ainda que admitida *cláusula geral* autorizativa de atuação restritiva,[139] embora, a depender do grau da intensidade de restrição do direito fundamental e da possibilidade de identificação de situações repetidas em que ocorra, seja exigida a *tipificação* da medida restritiva. Em outras palavras, quanto mais intensa for a restrição de direito fundamental decorrente da medida de polícia de segurança pública aplicável em concreto, e quanto mais houver a identificação de situações concretas em que possa vir a ocorrer, maior é a exigência de tipificação legal das medidas. Enquanto o emprego de armas de fogo em manifestações públicas, por exemplo, requer expressa e específica previsão legal, o mesmo não se diz relativamente a desvio de trânsito de vias públicas por eventual necessidade de segurança pública. Há que se ter em mente que a atuação policial de segurança pública em situações atípicas, mesmo quando presente alto grau de intensidade restritiva de direito fundamental, não exige, por razoabilidade, consagração por lei específica.

Além da Constituição Federal do Brasil eleger a segurança pública como dever do Estado no artigo 144, e inserir a segurança entre os direitos indi-

---

policias militares, corpos de bombeiros militares, guardas municipais, polícias do Congresso Federal e do Senado Federal, além da Força Nacional de Segurança Pública.

[138] A diferença entre norma de atribuição e norma de competência pode ser assim sintetizada: enquanto a primeira cuida de especificar os fins de interesse público a serem alcançados através da atuação policial, por meio da norma de competência são conhecidos os meios pelos quais aqueles fins devem ser alcançados. Em outras palavras, norma de competência é o conjunto de poderes funcionais que a lei confere à polícia para a prossecução das suas atribuições.

[139] Ver a respeito em maior profundidade no item 3.

viduais do artigo 5º, assim como no rol dos direitos sociais do artigo 6º, soa juridicamente inquestionável a relação de proximidade entre segurança e liberdade a partir da assertiva de que *sem segurança não há liberdade*. No entanto, não é admissível dela necessariamente extrair que *quanto maior segurança, maior liberdade*. Aquela assertiva tão somente será verdadeira no Estado de Direito se outra for conjunta e necessariamente observada: *sem liberdade não há segurança*. Assim, não acertam aqueles que, apostando na atuação policial como *solução* de segurança pública para toda e qualquer situação, investem na sua densificação ou pura intensificação. Partindo-se da premissa de que o Estado de Direito não deseja a paz a qualquer custo, mas a paz com liberdade, a adoção de políticas de segurança pública apoiadas em exacerbada atuação policial estimula a ideia de que cumpre ao Estado intervir no domínio de aplicação dos direitos fundamentais e desprestigia indevidamente a noção de que direitos fundamentais devem ser tidos como direitos de liberdade e de defesa perante a Administração. Disso se extrai a necessidade de diferenciar atividade policial e outras atuações estatais em prol da segurança pública, de modo a que esta seja visada também por outros caminhos além da atuação policial devendo a polícia de segurança pública focar-se essencialmente no controle de perigos.

O direito de polícia de segurança pública limita-se aos perigos gerados por condutas, em tese, criminosas, de modo que a atividade policial de segurança pública visa prevenir ou afastar perigos a interesse público legalmente protegido, sendo tais perigos provocados por comportamentos de indivíduos, restando afastadas, portanto, do âmbito da atividade policial de segurança pública propriamente dita, perigos decorrentes de acontecimentos puramente da natureza.

Não bastasse a já enfrentada dificuldade de conceituação de polícia, também se verá não ser fácil a compreensão jurídica de *segurança pública* e de *ordem pública*, conceitos essenciais à compreensão do direito policial de segurança pública.

2.2 Segurança Pública e Ordem Pública

2.2.1 Introdução

É comum afirmar-se que a atividade policial estatal tem como bens passíveis de proteção aqueles genericamente previstos na Ordem Jurídica e, em especial, a ordem e a segurança públicas.[140,141] Como os primeiros são normalmente delimitados pelo legislador, não há, de início, problemas quanto a sua compreensão. O mesmo não se diz quanto a ordem e segurança públicas como bens de proteção da atuação policial, valendo ressaltar que a substância, o conteúdo e o alcance das expressões, enquanto fontes de habilitação das forças policiais de segurança pública, ostentam particularidades que fazem necessário, em razão da sua extrema abrangência, conhecê-las melhor no seu duplo conteúdo.[142]

2.2.2 Segurança Pública

São pelo menos quatro as temáticas de estudo de *segurança pública*: *segurança pública* sob o ponto de vista dos órgãos estatais; como atividades ou o exercício de *segurança pública*; como direito e grau do sentimento individual e coletivo de segurança; e como estado ou situação de segurança no sentido de controle do poder público. Num formato sintético, essas dimensões podem ser assim traduzidas: *segurança pública* são os órgãos responsáveis pela sua efetivação; *segurança pública* é o conjunto de atividades a ela destinadas; *segurança pública* é o direito à proteção estatal, conferindo a cada um e a todos os membros da sociedade a permanente sensação de segurança; *segurança pública* é a ausência de perturbação, a garantia da ordem. Interessa-nos sobremaneira a segurança pública sob o ângulo material, isto é, o exame dos princípios jurídicos que regem a atividade estatal de segurança pública, independentemente da ordem temática que a aproveite.

---

[140] P. 21 de SOUSA, António Francisco de. **A Polícia no Estado de Direito**. São Paulo, Editora Saraiva, 2009.
[141] OLIVEIRA, José Ferreira de. **A Manutenção da Ordem Pública em Portugal**. Lisboa, Instituto Superior de Ciências Policiais e Segurança Interna, 2000, p. 11. [Em] parecer, a Procuradoria-Geral da República de Portugal, valendo-se do entendimento de Jean Rivero (RIVERO, Jean. **Direito Administrativo**. Coimbra, Almedina, 1981, p. 478) já disse que "a polícia administrativa representa 'o conjunto das intervenções da Administração que tendem a impor à livre acção dos particulares a disciplina exigida pela vida em sociedade', orientando--se pelo escopo referencial de prevenir os atentados à ordem pública".
[142] P. 21 de SOUSA, António Francisco de. **A Polícia no Estado de Direito**. São Paulo, Editora Saraiva, 2009

A palavra *segurança* tem origem latina e significa *sem preocupações*. A sua etimologia sugere o sentido *ocupar-se de si mesmo (se + cura)*.[143] *Segurança* é o ato ou efeito de segurar. Segurar, por sua vez, é *tornar seguro, firmar, fixar*. Seguro é o mesmo que *protegido, acautelado, garantido; isento de receio; que tem autoconfiança*.[144] Segurança reflete, pois, o ato ou efeito de tornar livre do perigo, protegido, livre do risco. É a previsibilidade, a certeza do futuro. Enquanto o risco diminui a previsibilidade e retira a certeza do futuro, a segurança é a certeza de que o futuro ou repete o presente, ou sofre mudança desde que esta seja livremente consentida ou antevista.

Originário do latim *publicus*, *público* significa o que se relaciona, pertence ou destina ao povo, à coletividade.[145,146] À ideia de público se tem, portanto, por referência, a noção de interesse coletivo.

Na junção dos significados, *segurança pública* é, genericamente, a ausência de riscos aos interesses da sociedade, tomada esta não como a soma das individualidades, mas como um corpo, qual seja, a coletividade.

Alguns autores dão definições de segurança pública apegadas a um *sentido descritivo*, enquanto outros destacam o *sentido normativo*.[147,148] Os que

---

[143] MATOS, Luís Salgado. Segurança. In: **Dicionário de filosofia moral e política**. Lisboa: Universidade Nova de Lisboa. Disponível em: <http://www.ifl.pt/main/Portals/0/dic/seguranca.pdf>. Acesso em 13 jan. 2009.

[144] Cfr. p. 1282 de FERREIRA, Aurélio Buarque de Holanda. **Novo dicionário da língua portuguesa**. 1ª Ed. Rio de Janeiro: Nova Fronteira, 1975. 1499p.

[145] Cfr. p. 1156 de FERREIRA, Aurélio Buarque de Holanda. **Novo dicionário da língua portuguesa**. 1ª Ed. Rio de Janeiro: Nova Fronteira, 1975. 1499p.

[146] São várias as acepções de *público*: a primeira, referindo-se ao que é notório, patente, manifesto, visto ou sabido por todos; a segunda, diz respeito a algo vulgar, comum; a terceira, aplica-se a poder, jurisdição e autoridade para fazer alguma coisa, em contraposição a privado; a quarta, remete ao que pertença ao povo; e quinta, vincula-se a 'administração'(CENZANO, José Carlos B. **El orden público como límite al ejercicio de los derechos y libertades**. Madrid: Centro de Estudios Políticos Y Constitucionales, 2002. p.89). Tais acepções conduzem 'público' a dois sentidos: à referência a sociedade, seja ela tomada genericamente ou por algum setor específico, e à concepção de autoridade, de administração, de Estado. (P. 90 de CENZANO, José Carlos B. **El orden público como límite al ejercicio de los derechos y libertades**. Madrid: Centro de Estudios Políticos Y Constitucionales, 2002. 455p.)

[147] Outros ainda mesclam os dois sentidos. Um amplo levantamento bibliográfico acerca do tema pode ser encontrato em p. 11 de FILOCRE, Lincoln D'Aquino. **Direito de Segurança Pública**. Limites jurídicos para políticas de segurança pública. Coimbra, Almedina, 2010.

[148] Para SILVA, a distinção é necessária, pondo-se de um lado a segurança pública como setor da administração, e, de outro, a segurança pública como corpus de conhecimento. No primeiro caso, refere-se ao conjunto de instituições e órgãos, instalações, meios humanos e

aderem ao *sentido descritivo* tomam a *segurança pública* como uma situação de fato, pelo que destacam as instituições, os agentes de maneira geral envolvidos e as suas ações concretas. Importa-nos aqui o *sentido normativo*, onde estão aqueles que buscam o entendimento de *segurança pública* partindo de princípios, normas e valores.

Segurança pública é o conjunto de princípios, normas e valores jurídicos que orientam ações preventivas e reativas, de natureza pública, voltadas ao alcance ou à manutenção da ordem pública e que tem como fim último proporcionar aos indivíduos, na convivência social, a fruição de relações pautadas no direito básico de liberdade, garantidas a *segurança jurídica* – proteção contra repressão autoritária do Estado[149] – e a *segurança material* – proteção contra agressões de todo tipo. A liberdade está contemplada entre os direitos fundamentais e é tida como direito de defesa frente ao Estado e ao indivíduo infrator. As seguranças jurídica e material de liberdade implicam na obrigação do Estado e dos indivíduos deixarem de fazer algo que possa atentar contra a integridade física das pessoas, não privarem o indivíduo de sua liberdade, bem como não expropriarem, sem motivos, a propriedade privada.[150]

A liberdade, ao mesmo tempo em que fixa limites ao Estado e aos indivíduos, confere ao Estado o papel de estabelecer mecanismos para que

---

materiais, à normatividade penal e administrativa relacionada a segurança pública, assim como as ações desenvolvidas com o propósito de obtê-la. No segundo caso, segurança pública refere-se ao conjunto de conhecimentos relativos a essa atividade, "seja como resultado da crítica permanente de suas próprias práticas, seja pela incorporação de conhecimentos hauridos de estudos e pesquisas, comparados ou não, de diferentes disciplinas". P. 39 de SILVA, Jorge da. **Segurança pública e polícia**: criminologia crítica aplicada. Rio de Janeiro: Forense, 2003, 222p. Obra citada na p. 101 de NOGUEIRA JÚNIOR, Alberto. **Segurança nacional, pública, nuclear e o direito à informação**. Rio de Janeiro: Univercidade Ed., 2006. 238p. SILVA entende que "...a segurança pública é um bem difuso e indivisível, diferentemente da segurança privada, que lida com bens especificáveis, divisíveis e individualizáveis", obra citada p. 222.

[149] Num sentido mais amplo e normalmente mais utilizado, 'segurança jurídica' tem o sentido de garantia de estabilidade e de certeza dos negócios jurídicos. Por oportuno, é interessante lembrar a noção de 'segurança social' cujo significado mais corriqueiro é o da previsão de meios que garantam aos indivíduos e suas famílias condições sociais minimamente dignas.

[150] Na Constituição brasileira, *caput* do art. 5°: "Todos são iguais perante a lei, sem distinção de qualquer natureza, garantindo-se aos brasileiros e aos estrangeiros residentes no País a inviolabilidade do direito à vida, à liberdade, à igualdade, à segurança e à propriedade, nos termos seguintes:...";[Na] Constituição da República Portuguesa, art. 27°, n° 1: "Todos têm direito à liberdade e à segurança".

aqueles limites tendam a ser verdadeiramente respeitados – por ele próprio e pelos membros da sociedade.

A segurança pública significa ainda a proteção contra prisões arbitrárias e pode ser classificada entre as liberdades da pessoa física, como parte do corpo coletivo.[151] É uma garantia coletiva da segurança jurídica do indivíduo em face do poder, de modo que ela proporciona ao homem a dupla certeza de que nada tem a temer de nenhuma autoridade pública enquanto no exercício de suas liberdades, sejam elas quais forem - se respeitados os limites da legalidade - e que, se é suspeito de tê-lo transposto, expondo-se assim a uma sanção, ficará garantido contra qualquer repressão arbitrária. Segurança pública constitui, enfim, a proteção avançada de todas as liberdades, visando o exercício tranquilo delas.

Em síntese, em segurança pública importa ora a garantia da segurança dos indivíduos em face do poder como a aspiração da coletividade à *segurança jurídica*, em oposição à tentação da arbitrariedade frequente entre os detentores do poder sob o discurso de proteção da sociedade, a todo custo, contra atos que abalem a convivência harmônica e pacífica da coletividade, ora o desejo coletivo de aspiração à *segurança material*, na forma de que os homens esperam que o Estado lhes proteja a vida e os bens.[152] Em outras palavras, a segurança jurídica em face do poder é acompanhada de uma aspiração à segurança material em face das agressões de todo tipo. Ao mesmo tempo em que os homens esperam que o Estado lhes proteja a vida e os bens, é fato pré sabido que a autoridade por vezes enfrenta carências de vários tipos e por vezes fracassa na tarefa de proteção. A coletividade está pronta a se insurgir contra arbitrariedades, e tem a mesma disposição quando diante de um quadro de comprometimento do seu sentimento de segurança, inclusive para se protegerem sozinhos em autodefesa ainda que isso configure risco de redundar na pior anarquia, o que, por vezes, serve de argumento aos detentores de poder para agravarem arbitrariedades da repressão, pondo-se em risco a autêntica segurança. Tal problema demanda um equilíbrio chamado *ordem pública* resultante da tensão entre

---

[151] P. 393 de RIVERO. Jean; MOUTOUH, Hugues. **Liberdades públicas**. São Paulo: Martins Fontes, 2006.680 p.

[152] Em face do terrorismo e da ascensão da criminalidade, a segurança material aparece hoje privilegiada, como ressaltam Rivero e Moutouh *in* p. 397 de RIVERO. Jean; MOUTOUH, Hugues. **Liberdades públicas**. São Paulo: Martins Fontes, 2006.680 p.

a ameaça de arbitrariedade de repressão organizada e aquela decorrente da delinquência, e que fazem pesar riscos sobre a coletividade.

Segurança pública é, pois, o Estado em ação de *manutenção da ordem pública*[153], fórmula simples na aparência porque não revela a complexidade que há no conceito de *ordem pública*.[154,155]

As ações estatais de segurança pública visando segurança jurídica e segurança material se traduzem em duas categorias: uma primeira, diz respeito ao desenvolvimento de *políticas de segurança pública*; e uma outra, composta de *atos de execução* daquelas políticas, entre as quais costumeiramente se destaca a ação policial, ao lado de outras condutas de segurança. Em ambas categorias de ações, em razão do equilíbrio denominado *ordem pública*, o que se busca com a *segurança pública* não é dar cabo à insegurança ou a sua redução a todo custo. O que se postula – ou melhor, o que é possível - é estabilizar a segurança pública – manter a ordem pública - num nível compatível com a sociedade sob análise, de modo que a insegurança coletiva – e, em contrapartida, a segurança coletiva - ocorram, mas em padrão condizente com a realidade da sociedade. Entenda-se equilíbrio ou ordem pública possível. Qualquer que seja esse padrão, deve o Estado buscar a preservação do respeito à defesa e à garantia dos direitos e liberdades individuais e coletivos, de modo que a sociedade desempenhe normalmente as suas funções, que vão além da mera sobrevivência de seus membros.

---

[153] Para Diogo de Figueiredo Moreira Neto, a segurança pública é "o conjunto de processos políticos e jurídicos, destinados a garantir a ordem pública na convivência de homens em sociedade" (p. 152 de MOREIRA NETO, Diogo de Figueiredo. Revisão doutrinária dos conceitos de ordem pública e segurança pública, *in* **Revista de Informação Legislativa**, ano 25, nº 97, p. 133 e ss).

[154] A bem da verdade, essa definição enfrenta sérias dificuldades no estudo da segurança pública no âmbito do Direito quando se pretenda ir além da concepção vaga com que se contentam a opinião corrente e o vocabulário político.

[155] LAZZARINI, Álvaro. A ordem constitucional de 1988 e a ordem pública. **Revista de Informação Legislativa**, Brasília, ano 29, n. 115, p. 275-294, jul./set. 1992. Afirma o autor, p. 279, que "Se vaga é a noção de *ordem pública*, não menos é a de *segurança pública*."No mesmo sentido, CRETELLA JÚNIOR, José. (Coord.). **Direito administrativo da ordem pública**. 3 ed. Rio de Janeiro: Forense, 1998. 139p.: na p. 9, diz o autor que a noção ampla de *ordem pública* envolve outra polêmica noção, a de *segurança pública*, "e não ao contrário, como já se disse alhures". "Não é *ordem pública* que está a integrar o vasto conceito de *segurança pública* – valor comunitário-, pois, como já sustentamos, o que ocorre é que a *segurança individual* e a *comunitária* situam-se dentro do contexto maior do que seja a *ordem pública*".

2.2.3 Ordem Pública, no Direito Policial

Na Alemanha, o Direito de Polícia fundamenta-se na noção de *perigo*, de modo que as autoridades policiais, no exercício das suas funções administrativas, controlam ou reagem frente a um perigo, a depender a sua ação de avaliação das consequências para a coletividade.

O direito francês, no que foi acompanhado pelo direito brasileiro, adota a ordem pública como noção central para a estruturação do direito policial.[156] Tendo como marco histórico a Revolução Francesa, ordem pública é definida pela trilogia da segurança pública, tranquilidade pública e salubridade.[157] Na essência, a ordem pública autoriza e legitima a atuação das autoridades francesas titulares de poderes de polícia, com base em regulamentos e atos administrativos individuais, a restringirem liberdades públicas e direitos fundamentais.

A noção de *ordem pública*, como situação, modelo real ou resultado da observação já era encontrada em Roma, tida como os costumes do povo romano (*mores*), e como *bons costumes* para os legistas e glosadores no direito intermediário.[158] No entanto, embora antiga, certo é que a sua conceituação não é tranquila por se tratar de uma noção acentuadamente vaga e

---

[156] Embora, como se verá, modernamente, no direito brasileiro a concepção de ordem pública assume nuance distinta daquela verificada no direito francês.

[157] Cfr. NOGUEIRA DE BRITO, Miguel. Direito de Polícia, *in* **Tratado de Direito Administrativo Especial**. Coimbra, Almedina, 2009, vol. I, p. 283. Segurança pública (assegurar a passagem segura e cômoda na via pública); tranquilidade pública (reprimir os atentados à tranquilidade, tais como rixas e disputas com amotinação na via pública ou agrupamentos noturnos que perturbam o repouso); e salubridade pública (fidelidade do recorte de gêneros alimentícios vendidos a peso ou à medida, salubridade dos comestíveis expostos à venda). O autor informa que, a esta trilogia, somam-se a moral pública (interdição de combates de boxe, proibição da prática de nudismo, encerramento de prostíbulos, interdição da exibição pública de certos filmes), o respeito da dignidade da pessoa humana (prática do lançamento de anões, interdição das *"soupes au couchon"*, isto é, distribuição de refeições aos sem-abrigo à base de carne de porco, com o propósito de afastar os de confissão muçulmana), a proteção dos indivíduos contra si próprios (medidas que visam forçar os sem-abrigo, contra a sua vontade, a saírem das ruas e a dar entrada em centros de acolhimento, em caso de risco de vida, resultante de temperaturas fortemente negativas) e, por fim, a proteção de menores (interdição de frequentar certos locais de diversão noturna).

[158] P. 143 de MOREIRA NETO, Diogo de Figueiredo. Revisão doutrinária dos conceitos de ordem pública e segurança pública. **Revista de Informação Legislativa**, Brasília, a. 25, n. 97, p. 133-154, jan./mar. 1988.

ampla[159], não havendo no Direito nada mais incerto, ainda que não se questione a sua real importância, especialmente para quem exerce ou pretende exercer a atividade de *polícia de manutenção da ordem pública*.[160,161] A complexidade da noção de *ordem pública* viria do fato de nela estar compreendida não apenas a ordem material das ruas, mas ainda a manutenção de uma certa ordem moral[162], de modo a torná-la mais facilmente entendida, sentida, do que efetivamente definida, especialmente porque é uma noção que sofre variações no tempo e no espaço.[163]

Circunscrito o estudo do significado de *ordem pública* ao âmbito do Direito, é possível constatar estar-se ainda assim diante de um conceito que não encontra pacífica definição, embora, e talvez por isso mesmo, comum a diversos setores da ciência jurídica.[164] Nesta seara, a terminologia jurídica da expressão *ordem pública* assume pelo menos dois sentidos ou significações. No primeiro deles, *ordem pública* corresponde à designativa de parâmetros basilares de comportamento social, abarcando, em sentido amplo,

---

[159] DANTAS, Ivo. **Da defesa do estado e das instituições democráticas na nova Constituição**. Rio de Janeiro: Aide Ed., 1989. 176p., na p. Na p. 47, "Em seu *Diccionario de Derecho Públbico – Administrativo, Constitucional, Fiscal* (referência a Ed. Astrea, B. Aires, 1981, p. 541).

[160] P. 6 de CRETELLA JÚNIOR, José. (Coord.). **Direito administrativo da ordem pública**. 3 ed. Rio de Janeiro: Forense, 1998. 139p.

[161] P. 277 de LAZZARINI, Álvaro. A ordem constitucional de 1988 e a ordem pública. **Revista de Informação Legislativa**, Brasília, ano 29, n. 115, p. 275-294, jul./set. 1992. Na p. 278: "A noção de *ordem pública* só pode ser nacional. Ela, reconhecidamente, é por demais incerta, porque varia no tempo e no espaço, de um para outro país e, até mesmo, em um determinado país de uma época para outra".

[162] P. 6 de CRETELLA JÚNIOR, José. (Coord.). **Direito administrativo da ordem pública**. 3 ed. Rio de Janeiro: Forense, 1998. 139p., fazendo referência a José Cretella Júnior (*Dicionário de Direito Administrativo*, 3 ed., verbete "Ordem Pública", 1978, Forense, p. 370; 4ª ed, 1996), e a Waline (*Droit Administratif*, 9ª ed., 1963, p. 642).[Na] p. 278 de LAZZARINI, Álvaro. A ordem constitucional de 1988 e a ordem pública. **Revista de Informação Legislativa**, Brasília, ano 29, n. 115, p. 275-294, jul./set. 1992, diz CRETELLA que: "a *ordem pública* é constituída por um mínimo de condições essenciais a uma vida social conveniente, formando-lhe o fundamento à segurança dos bens e das pessoas, à salubridade e à tranquilidade, revestindo, finalmente, aspectos econômicos (luta contra monopólios, açambarcamento e a carestia) e, ainda, estéticos (proteção de lugares e de monumentos)." Obra citada por Lazzarini: (CRETELLA JÚNIOR, José. **Dicionário de Direito Administrativo**, 3ª ed., 1978, Forense, verbete *Ordem Pública*, p. 370.).

[163] P. 8 de CRETELLA JÚNIOR, José. (Coord.). **Direito administrativo da ordem pública**. 3 ed. Rio de Janeiro: Forense, 1998. 139p.

[164] P. 47 de DANTAS, Ivo. **Da defesa do estado e das instituições democráticas na nova Constituição**. Rio de Janeiro: Aide Ed., 1989. 176p.

entre outros, quaisquer relações com costumes morais, à família, no que diz respeito à estrutura e relações internas, assim como à economia genericamente considerada.[165] Costumeiramente, engloba-se a compreensão de ordem pública na ideia de ordem interna genericamente considerada como conjunto de normas que regem a sociedade visando o bem-estar social, a ordem e os costumes no âmbito interno, e a ordem externa como sendo as normas que regem as questões entre os diversos Estados.[166]

---

[165] Como se extrai de António Francisco de Sousa (SOUSA, António Francisco de. A polícia como garante da ordem e segurança públicas, *in* **Revista do Ministério Público**, a. 23, n. 90, Abril/Junho, 2002, p. 86/87), ordens não jurídicas, éticas e morais, que variam com a sociedade de cada tempo, integram a ordem pública.

[166] P. 286, ALMEIDA, Cynthia Ract de. Diferenças entre a ordem pública interna e a ordem pública externa. **Revista de Direito Público**, São Paulo, ano 25, n. 99, p. 284-287, jul./set. 1991. Essa é a opinião de CORREA, para quem, sinteticamente, do ponto de vista jurídico, ordem pública nada mais é que a compreensão das normas que não se pode deixar de obedecer, tais como "las normas del Código de Procedimientos Civiles, el deber de prestar alimentos; el saneamiento por vicios ocultos en que la renuncia al saneamiento es nula cuando el transfere actúa con dolo o culpa inexcusable; o la calidad es irrenunciable de las beneficios sociales." (p. 73 de CORREA, Alfredo Quispe. El orden interno, el orden jurídico y el orden público. **Ius et Praxis**, Lima, n. 7, p. 69-78, jul. 1986). Reforçando a complexidade da questão, FERNÁNDEZ-VALMAYOR, dá a *ordem pública* um sentido amplo que compreende *segurança cidadã'* e *ordem pública* em sentido estrito, distinguindo esta última, como proteção ao livre exercício dos direitos fundamentais, da primeira para tal considerada como proteção das pessoas e bens frente a ações violentas e agressões, situações de perigo ou de calamidades públicas. (p. 22 de FERNÁNDEZ-VALMAYOR, José Luis Carro. Sobre los conceptos de orden público, seguridad ciudadana y seguridad pública. **Revista Vasca de Administración Pública**, La Rioja, n. 27, p. 9-26, 1990). Com razão, o autor entende que a *segurança pública* compreende tanto a ordem pública quanto a incolumidade de pessoas e bens, havendo identificação de 'ordem pública', em sentido amplo, com o conceito de 'segurança pública'. CENZANO, por seu turno, contrapondo-se à distinção identificada, demonstra que no direito positivo e na jurisprudências espanhois os conceitos de segurança pública, segurança cidadã e ordem pública tem utilização indiferenciada. O autor exime-se de precisar-lhes conteúdo, satisfazendo-se com a afirmativa de que o conceito de 'segurança cidadã' não é absolutamente pacífico. (p. 38 de CENZANO, José Carlos B. **El orden público como límite al ejercicio de los derechos y libertades**. Madrid: Centro de Estudios Políticos Y Constitucionales, 2002. 455p.) , ou, talvez melhor, não suficientemente preciso, se posto em exame a seguinte definição espanhola: *"Em face do arcaico conceito de ordem pública como algo que se impunha desde as instâncias do poder e se dirigia até os cidadãos sem que se importasse muito se estes o aceitassem ou não, devemos potencializar o conceito de segurança cidadã, que implica tanto a cobertura dos interesses gerais do Estado como, paralelamente, dos interesses gerais da sociedade em relação à defesa e à garantia dos direitos e liberdades individuais e coletivos (Cf. Federación Española de Municípios e Províncias – Madri, 1982, p. 72)".* (p.

Ao lado daquele, a noção de *ordem pública* ainda alcança o significado de clima de equilíbrio e paz indispensável à convivência coletiva do dia-a-dia.[167]

Natural perceber que, mesmo tomados apenas estes dois sentidos, a noção de *ordem pública* avança sobre o Direito e manifesta-se em todos os institutos e a propósito de quase tudo. Ao mesmo tempo, não afasta a característica essencial de plasticidade e mutabilidade de conteúdo, o que lhe confere ares de vagueza e imprecisão, próprios de meras noções gerais, a reforçar-lhe o veredito de problema de difícil solução quando diante do propósito de buscar-lhe uma definição.[168]

Para CENZANO, poucas vezes, para não dizer jamais, ficou claro o significado e, principalmente, o alcance de ordem pública como limite ao legítimo exercício de um direito. Isso é especialmente preocupante se levado em conta que ordem pública desempenha essa função, entre outras, em múltiplas ordens do direito, já que, segundo o ramo do ordenamento em que este conceito exiba a sua eficácia, seu significado e alcance variam. Se a isso for acrescentado que dentro de um mesmo ramo do direito a expressão ordem pública pode desempenhar uma variada gama de funções jurídicas, compreende-se mais facilmente a complexidade que deriva de sua plurifuncionalidade e multiplicidade de sentidos.[169] Neste ponto, ordem pública constitui um conceito contingente e mutável que depende não apenas das variações no tempo e espaço, mas nada menos que de uma trilogia de variáveis às quais podem ser combinadas entre si: a espacial, a temporal e a política.[170]

224, nota 5, de SILVA, Jorge da. **Segurança pública e polícia**: criminologia crítica aplicada. Rio de Janeiro: Forense, 2003).

[167] Miguel Seabra Fagundes, na Apresentação da obra CRETELLA JÚNIOR, José. (Coord.). **Direito administrativo da ordem pública**. 3 ed. Rio de Janeiro: Forense, 1998. 139p.

[168] P. 13/14 de CALIXTO, Negi. **Ordem Pública**: Exceção à eficácia do direito estrangeiro. Curitiba: Universidade Federal do Paraná, 1987. 75 p.[Na] p. 77 de CRETELLA JÚNIOR, José. (Coord.). **Direito administrativo da ordem pública**. 3 ed. Rio de Janeiro: Forense, 1998. 139p., Moreira Neto ressalta que a *ordem pública* "pode parecer, às vezes, como um conceito tão abrangente que PONTES DE MIRANDA chega a defini-la como um 'sobredireito'". (Pontes de Miranda, **Comentários à Constituição de 1967**, t. 1, p. 124).

[169] P. 17 de CENZANO, José Carlos B. **El orden público como límite al ejercicio de los derechos y libertades**. Madrid: Centro de Estudios Políticos Y Constitucionales, 2002. 455p.

[170] P. 18 de CENZANO, José Carlos B. **El orden público como límite al ejercicio de los derechos y libertades**. Madrid: Centro de Estudios Políticos Y Constitucionales, 2002. 455p.

De fato, as dificuldades persistem ainda mesmo quando se queira construir um conceito de ordem pública nos limites de um ramo específico do Direito, como no Direito Internacional Privado, por exemplo. Mesmo ali *ordem pública* é um enigma.[171] Ou, quanto ao entendimento de *ordem pública* no direito privado, destacando-se a necessidade de não se confundir o sentido da expressão ordem pública, usado no artigo 6º do Código Civil francês ('Não se pode derrogar, mediante convenções privadas, as leis que interessem à ordem pública'), exemplificativamente, com o sentido que a expressão tem em matéria de polícia administrativa, de modo que, embora idênticas as palavras, são duas coisas sem qualquer relação: as noções de *ordem pública* no Direito Civil e no que se refere à polícia administrativa não têm relação entre si.[172]

Ao exame da moderna concepção de ordem pública no âmbito policial, é útil o uso da distinção metodológica entre uma concepção descritiva

---

[171] P.7 de CARDINI, Eugenio Osvaldo. **Orden publico**. Buenos Aires: Abeledo-Perrot, 1959. 102p. A obra de BARDIN é **Etudes du droit international privé**. Paris, 1919, p. 210. Para CARDINI, P. 9/10: "Tanto para Portalis como para Domat, y en general para los primeros comentaristas de la llamada esculea de la exégesis, el orden público se identificaba con el derecho público." Já mais a frente, ainda na p. 10: "La primera cuestión terminológica surge acerca del alcance del vocable 'orden' en la fórmula 'orden público'." P.11: "Para Araux Castex y Lambías el vocablo 'orden' no se emplea aquí en el sentido material de 'orden' – en contraposición del vocablo antinómico 'desorden' -, sino con significado de clase, de categoría; esto es, leyes de categoría, de clase 'pública', en oposición a las otras que no lo son o que no revisten ese rasgo incisivo.'"'En una tesitura antagónica, Risolía explicita el concepto de orden como una 'disposición o acomodación metódica de lo múltiple conforme a un plano o pauta que le asigna lugar propio'. Y el orden público sería, así concebido, esa acomodación o disposición de la realidad social – múltiple, disímil – conforme a un plan sistemático: las normas jurídicas."

[172] P. 370 de RIVERO, Jean. **Direito Administrativo**. Coimbra: Almedina, 1981, p. 480. Com o que não concorda PAUL BERNARD para quem as duas noções se assimilam (p. 323 de CRETELLA JÚNIOR, José. **Dicionário de Direito Administrativo**. 4.ed. Rio de Janeiro: Forense, 1998., fazendo alusão a Rivero, *Droit Administratif*, 7ª ed., 1975, p. 412 e a Bernard, *La Notion d'Ordre Public em Droit Administratif*, 1962). Cynthia Almeida comunga desse entendimento e assim o expressa, *"A ordem pública no direito privado é a base jurídica que fundamenta a ordem econômica e moral da sociedade, ou ainda, segundo Orlando Gomes: 'Regulam o Estado e a capacidade das pessoas, organizam a família, a propriedade, e o regime de sua aquisição e perda, e as que impõem às partes, proibições ou medidas ditadas no interesse de terceiros'."* (p. 284, ALMEIDA, Cynthia Ract de. Diferenças entre a ordem pública interna e a ordem pública externa. **Revista de Direito Público**, São Paulo, ano 25, n. 99, p. 284-287, jul./set. 1991).

ou *material* e a acepção normativa ou *formal* de ordem pública,[173,174] uma vez que dela depreende-se não antagonismo, mas complementaridade, de forma a possibilitar visões distintas definitivamente não excludentes que permitem, antes, a melhor compreensão de ordem pública. Materialmente, a *ordem pública* é uma *situação de fato* que ocorre numa sociedade e é resultante da disposição harmônica dos elementos que nela interagem. É ela que autoriza, permite um funcionamento regular e estável, assecuratório da liberdade de cada um.[175]

Já sob o ângulo formal, normativo, a *ordem pública* é um conjunto de valores, de princípios e de normas. Mas não um conjunto qualquer na medida em que os seus elementos se impõem como de observância obrigatória numa sociedade. Mais ainda, estes elementos – valores, princípios e normas – estabelecem uma disposição ideal de tudo que interage na sociedade, de modo a permitir-lhe um funcionamento regular e estável, igualmente assecuratório da liberdade de cada um.[176]

Se ordem pública for entendida como o conjunto de regras não escritas de comportamento dos indivíduos na esfera pública, coerentes com a ordem constitucional e decorrentes do pressuposto da vida em comunidade segundo a visão dominante, duas objeções são levantadas ao conceito, a demonstrar uma vulnerabilidade ideológica, e são fruto, na essência, da prossecução de valores não amparada em conjunto normativo.

---

[173] Um estudo da diversidade de definições de *ordem pública* pode ser encontrado em p. 24 de FILOCRE, Lincoln D'Aquino. **Direito de Segurança Pública**. Limites jurídicos para políticas de segurança pública. Coimbra, Almedina, 2010.

[174] P. 143 de MOREIRA NETO, Diogo de Figueiredo. Revisão doutrinária dos conceitos de ordem pública e segurança pública. **Revista de Informação Legislativa**, Brasília, a. 25, n. 97, p. 133-154, jan./mar. 1988. O autor informa que "distinção semelhante, das duas acepções de ordem pública, nos oferece GIUSEPPE DE VERGOTTINI, um dos ilustres colaboradores do *Dizionario di politica*, Torino, Utet, 1983, v. pp. 741 e 742."

[175] P. 143 de MOREIRA NETO, Diogo de Figueiredo. Revisão doutrinária dos conceitos de ordem pública e segurança pública. **Revista de Informação Legislativa**, Brasília, a. 25, n. 97, p. 133-154, jan./mar. 1988. Neste sentido, JORGE MIRANDA a tem como o "conjunto das condições externas necessárias ao regular funcionamento das instituições e ao pleno exercício dos direitos individuais". (MIRANDA, Jorge. A ordem pública e os direitos fundamentais. Perspectiva constitucional. **Revista da Polícia Portuguesa**, Julho/Agosto, 1994, n. 88, p. 5).

[176] P. 143 de MOREIRA NETO, Diogo de Figueiredo. Revisão doutrinária dos conceitos de ordem pública e segurança pública. **Revista de Informação Legislativa**, Brasília, a. 25, n. 97, p. 133-154, jan./mar. 1988.

A primeira crítica se dá em função do conceito valer-se de normas sociais compatíveis com a Constituição. Normas não jurídicas, integrantes do conceito de moral social, não se prestam, num Estado de direito democrático, a servir de base para a restrição de direitos fundamentais, em especial a liberdade, exigindo-se base legal, e não acepção moral de ordem empírica. Há, portanto, uma *objeção da inconstitucionalidade*.

Tomar ordem pública como fundada em normas correspondentes à visão dominante – interpretação da maioria no contexto de uma democracia – não se sustenta na medida em que desconsidera a pluralidade social de valores religiosos, culturais ou mesmo étnicos, bem como pressupõe visão de homogeineidade das relações políticas, sabidamente não estáticas, de modo a por em risco a proteção das minorias. Em síntese, a inviabilidade de detectar um único conjunto uniforme de costumes impõe uma *objeção de impossibilidade*.[177]

A visão tradicional de ordem pública, baseada em relações políticas e em valores ético-sociais, religiosos e estéticos homogêneas e estáticas não se sustenta, portanto, no Estado no qual impere a ordem política democrática. O problema decorre de que, na democracia, a liberdade abre caminho para uma comunidade na qual há conflito das ideias e dos grupos que as sustentam. O sentido tradicional de ordem pública, por estar vinculada a uma visão de conformismo social e político, distancia-se das necessidades hodiernas da sociedade democrática e pluralista. Exige-se, pois, um reposicionamento de ordem pública, em especial quando em causa o Direito de Polícia, de tal forma que o seu conceito não desconsidere a pluralidade democrática. Ademais, ordem pública não pode mais estar dependente da visão superada de Constituição tida como norma que objetiva fundamentalmente fixar limites ao poder, baseada na separação da esfera de poder do Estado da esfera de liberdade do cidadão.[178] Noutras palavras, espera-se

---

[177] Como contracrítica, afirma-se que violações juridicamente relevantes da ordem pública decorrem de comportamentos desviantes dos padrões sociais estabelecidos numa sociedade democrática e voltados a uma vida social próspera, de modo que também as minorias devem vincular-se a tais convenções sociais.

[178] Diferentemente do que ocorre na Constituição Federal do Brasil, a Constituição portuguesa não faz referência expressa à figura da ordem pública ao afirmar, no art. 272º, que a polícia tem por funções "defender a legalidade democrática e garantir a segurança interna e os direitos dos cidadãos", o que não implica, todavia, um distanciamento com o quadro jurídico brasileiro tendo-se em vista que a Lei de Segurança Interna de Portugal sugere uma aproximação da definição de segurança interna com o conceito tradicional de ordem pública

que o Estado não apenas proteja a liberdade do cidadão, mas que também atue em prol da sua segurança, protegendo-o dos riscos, entenda-se, *perigos*. Posta a questão no âmbito do Direito de Polícia de segurança pública, impõe-se ao Estado, leia-se, polícia de segurança pública, a proteção contra riscos representados pela criminalidade. Diante disso, no âmbito do moderno Direito de Polícia de Segurança Pública, perturbações da ordem pública são entendidas como situações de perigo a que estão expostos os direitos fundamentais ou quaisquer outros interesses públicos protegidos pelo ordenamento jurídico, de modo a justificar e exigir a atuação policial de controle de tais situações. Assim *ordem pública*, na esfera do direito policial de segurança pública, é um quadro social em que os perigos decorrentes da criminalidade estão em patamar condizente com as condições econômicas e sociais verificadas numa sociedade.

Se compreendida *segurança pública* como manutenção da *ordem pública*, a atuação policial de segurança pública de controle dos perigos da crimi-

---

sendo ela considerada "a actividade desenvolvida pelo Estado para garantir a ordem, a segurança e a tranquilidade públicas, proteger pessoas e bens e contribuir para assegurar o normal funcionamento das instituições democráticas, o regular exercício dos direitos e liberdades fundamentais dos cidadãos e o respeito pela legalidade democrática".(Lei nº 53/2008, de 29 de agosto. De Sérvulo Correia (p. 401-402 de CORREIA, Sérvulo. Polícia, *in* **Dicionário Jurídico da Administração Pública**. Separata do VI volume, Dezembro, 1994), tem-se que a defesa da ordem pública é remetida de forma mais restritiva à polícia administrativa geral de segurança pública). J. J. Gomes Canotilho e Vital Moreira, op. cit. p. 955, apontam que, apesar de utilizado em várias disposições constitucionais – art. 3º, 2; 199º, f; 202º, 2; 219, 1 - o conceito de legalidade democrática estampado no nº 1 do art. 272º apresenta algumas dificuldades, não sendo transparentes os seus contornos, tendo sentido compreendê-lo como "ligado ligado à ideia de garantia de respeito e cumprimento das leis em geral, naquilo que concerne à vida da coletividade". O Professor Jorge Miranda, por sua vez, entende por legalidade democrática "a legalidade própria de um estado democrático, a conformidade dos actos normativos e não normativos do poder público com as leis constitucionais e ordinárias, fundadas no princípio da legalidade democrática (...) aprovadas por órgãos sufragados pela vontade popular" (MIRANDA, Jorge. A ordem pública e os direitos fundamentais. Perspectiva constitucional. **Revista da Polícia Portuguesa**, nº 88, Julho/Agosto, 1984, p. 5).Para Sérvulo Correia (p. 237 de CORREIA, Sérvulo. **Noções de Direito Administrativo**. Lisboa, Danúbio, 1982, v. I), "a legalidade democrática é aquela legalidade que delimita a atuação dos órgãos de um Estado cujo povo é o titular da soberania e a exerce segundo regras jurídicas, por forma organizada que inclui o concurso de partidos políticos e o respeito dos princípios da democracia política". Ainda (p. 239-240 *op. cit.*), "o conceito de legalidade democrática vai mais além, assentando necessariamente, num sistema político que respeite as liberdades e assegure a supremacia do parlamento, no exercício da função legislativa".

nalidade é voltada a que estes se mantenham em patamar condizente com as condições econômicas e sociais, devendo tal atuação de controle se dar, necessariamente, com rigoroso respeito aos princípios que regem a função policial específica e os limites deles decorrentes.[179]

Se sem *ordem pública* não há *segurança pública* – relação de pressuposição -, certo também é que o exercício da atividade policial de segurança pública visa a *ordem pública* – relação de consequência -, devendo-se considerar, no entanto, que, se respeitados os princípios e limites da função policial, a atividade de polícia não mantém os perigos no patamar condizente com a sociedade, a *ordem pública*, e por consequência a *segurança pública*, somente será alcançada mediante o acionamento de outros mecanismos[180] – não policiais – capazes de conduzir nível de perigo a grau de compatibilidade com a sociedade em análise.

2. 3 – Poder de Polícia de Segurança Pública

A expressão *poder de polícia* tem a sua origem na primeira metade do século XIX e é fruto de construção jurisprudencial estadunidense. O juiz Marshall, então presidente da Corte Suprema americana nos idos de 1824 a 1827, já utilizara os vocábulos *police* e *power* com significados próximos aos da atualidade,[181] vindo a expressão completa a aparecer em decisão do juiz Shaw no caso Commonwealth x Alger.[182]

---

[179] Temas abordados no item 3.
[180] Acionamento concomitante, ou não, à atuação policial.
[181] Cfr. p. 05-07 de CRETELLA JÚNIOR, José. **Do Poder de Polícia**. Rio de Janeiro, Forense, 1999: Bibbons x Ogden (1824) – "The acknowledged POWER of state regulate its POLICE, its domestic trade, and to govern its own citizens, may enable it to legislate on this subject to a considerable extent"; Brown x Mariland (1827) – "The POLICE and consequent practice of levying or securing the duty before, or on entering the port, does not limit the POWER to that state of things, nor, consequently, the prohibition, unless the true meaning of the clause so confines it".
[182] "The power we allude to is rather the POLICE POWER, the power vested in the legislature by the Constitution to make, ordain, and establish all manner of wholesome and reasonable laws, statutes, and ordinances, either with penalties or without, not repugnant to the Constitution, as they shall judge to be for the good and welfare of the Commonwealth and of the subjects of the same", *apud* p. 6 de CRETELLA JÚNIOR, José. **Do Poder de Polícia**. Rio de Janeiro, Forense, 1999.

O poder de polícia ajustou-se historicamente às fases pelas quais passou o Estado[183], valendo destacar que a concepção americana de poder de polícia vai além dos elementos das definições clássicas de ordem e segurança públicas e alcança o bem-estar da comunidade e a regulamentação da vida econômica.[184]

No campo da moderna compreensão de ordem e segurança públicas, o poder de polícia alcança o poder sobre pessoas e coisas para o atendimento ao controle dos perigos advindos da criminalidade, de modo a aí

---

[183] Para uma boa visão da evolução histórica da ideia de Estado, recomendo MIRANDA, Jorge. **Manual de Direito Constitucional – Preliminares O Estado e os Sistemas Constitucionais**. Coimbra, Coimbra Editora, 6ª ed., T. 1, p. 43 e ss.Enquanto alguns autores consideram poder de polícia e polícia como traduções de noções inconfundíveis, embora relacionadas e interpenetráveis, outros, a exemplo de Augustín Gordillo, criticam os termos polícia e poder de polícia na atualidade e chegam mesmo a defender que a dupla noção seja banida do vocabulário jurídico. P. V-1-V-41 de GORDILLO, Agustin. **Tratado de Derecho Administrativo**. Buenos Aires, Fundación de Derecho Administrativo, 1998, tomo 2.Segundo Celso Antônio Bandeira de Mello, à exceção marcante da França, a maioria dos países europeus trata o tema sob a titulação 'limitações administrativas à liberdade e à propriedade' "e não mais sob o rótulo 'poder de polícia'". P. 485 de MELLO, Celso Antônio Bandeira de. **Curso de Direito Administrativo**. São Paulo, Malheiros, 1996.Em que pese a crítica abalizada, é certo que a terminologia combatida ainda tem amplo uso.

[184] P. 7 de CRETELLA JÚNIOR, José. **Do Poder de Polícia**. Rio de Janeiro, Forense, 1999. É certo que, quanto à extensão do alcance, modernamente não se pode restringir a abrangência do conceito de poder de polícia, de modo a constituir, hoje, o poder estatal de limitar o exercício dos direitos individuais em benefício do interesse público referente aos mais variados aspectos da sociedade, como segurança, moral, saúde, meio ambiente e propriedade dentre outros. Assim também entende Maria Sylvia Zanella Di Pietro in DI PIETRO, Maria Sylvia Zanella de. **Direito Administrativo**. São Paulo, Atlas, 2001, p. 110-111. Para AGUSTÍN GORDILLO a manutenção da noção de poder de polícia representa a negação da finalidade do Direito Administrativo na medida em que representa a prevalência do poder à liberdade, da autoridade em detrimento dos direitos. A eliminação da noção de poder de polícia não representaria, entretanto, o fim da coação estatal com vistas à proteção do bem comum, ou ainda da possibilidade de restrição de direitos individuais. No entanto, restaria imposto o dever de haver um fundamento legal (expresso ou razoavelmente implícito) a autorizar a restrição, de modo a ser inaceitável a justificativa de mero exercício do poder de polícia (*in* p. 1/41 de GORDILLO, Agustín. **Tratado de Derecho Administrativo**. Buenos Aires, Fundación de Derecho Administrativo, 1998, tomo 2). Já no entender de JUAN MORAS, não discutir poder de polícia, excluindo-o do Direito Administrativo, implicaria a não discussão dos fins do Estado e do seu poder de imposição, ficando a cargo da proliferação legislativa a competência para estabelecê-los (*in* p. 180 de MORAS, Juan M. Gonzálvez. Poder de polícia de prosperidade y potestades de intervención del Estado Argentino. In: AAVV, **Actualidad en el Derecho Público 14**. Buenos Aires, editora Ad-Hoc, set.-dez.).

estarem incluídas *todas* as restrições legais impostas pelo poder público ao indivíduo no que beneficie o interesse coletivo de segurança pública.[185]

Quanto aos bens passíveis de sofrerem restrições, as intervenções limitativas para a busca de segurança pública não devem se ater à liberdade e à propriedade. Na busca daquele interesse público, o poder de polícia pode se fazer presente na intervenção sobre pessoas e coisas, sem limitação aparente.

O poder de polícia de segurança pública é pressuposto lógico da polícia de segurança pública. É algo *in potentia*, enquanto polícia é algo *in actu*.[186] Noutros termos, o poder de polícia de segurança pública concretiza-se na atuação policial. Constitui-se na faculdade da autoridade em fazer observar o dever geral de não perturbar a boa ordem da coisa pública.[187] Ou seja, o poder de polícia de segurança pública origina-se de uma sujeição genérica traduzida no *dever* de todos – qualquer cidadão – de não perturbação da ordem pública, nisso se constituindo a especificidade do poder de polícia de segurança pública. Não é incorreto afirmar que o dever de não perturbação da ordem persiste contido em uma proibição de resultado: por em perigo a ordem pública.[188]

---

[185] Themístocles Brandão Cavalcanti tem a compreensão ampliada de poder de polícia que abrange o poder sobre pessoas e as coisas para o atendimento ao interesse público, de modo a aí estarem incluídas *todas* as restrições impostas pelo poder público aos indivíduos no que beneficie o interesse coletivo, saúde, ordem pública, segurança, e, ainda mais, os interesses econômicos e sociaisP. 94 de CAVALCANTI, Themístocles Brandão. **Curso de Direito Administrativo**. Rio de Janeiro, Biblioteca Universitária Freitas Bastos, 1971. A rigor, a definição legal de poder de polícia no Direito brasileiro não se afasta da abordagem mais alargada. A definição legal de poder de polícia no Direito Brasileiro está registrada no art. 78 do Código Tributário Nacional que considera "o poder de polícia a atividade da administração pública que, limitando ou disciplinado direito, interesse ou liberdade, regula a prática de ato ou abstenção de fato, em razão de interesse público concernente à segurança, à higiene, à ordem, aos costumes, à disciplina da produção e do mercado, ao exercício de atividades econômicas dependentes de concessão ou autorização do Poder Público, à tranquilidade pública ou ao respeito à propriedade e aos direitos individuais ou coletivos".

[186] P. 3 de CRETELLA JÚNIOR, José. **Do Poder de Polícia**. Rio de Janeiro, Forense, 1999.

[187] MAYER, Otto. **Derecho Administrativo Alemán**, Buenos Aires, Depalma, t. II, p. 19. *Boa ordem da coisa pública* modernamente considerada, evidentemente.

[188] P. 1388 de PUIG, Manuel. La policía administrativa y su singular adptación al principio de legalidad, *in* **Estudios em Homenaje al Professor Martin Mateo**.

O poder de polícia de segurança pública pode abranger não apenas atos do Executivo, mas ainda os atos de Legislativo.[189] Ou seja, o poder de polícia de segurança pública pode se dar em dois momentos. Primeiramente, no âmbito legislativo estatal ao ditar normas gerais e abstratas limitadoras,[190] e, posteriormente, no exercício da função executiva estatal,[191] desempenhada pela polícia de segurança pública.[192]

O poder de polícia da Administração, e muito especialmente o de segurança pública, tem atributos específicos ao seu exercício concreto, entre os quais assumem destaque particular a *discricionariedade*, a *autoexecutoriedade* e a *coercibilidade*.

[189] Celso Antônio Bandeira de Mello destaca ser inconfundível liberdade e propriedade com 'direito de liberdade' e 'direito de propriedade': "Por isso, rigorosamente falando, não há limitações administrativas ao direito de liberdade e ao direito de propriedade – é a brilhante observação de Alessi – uma vez que estas simplesmente integram o desenho do próprio perfil do direito. São elas, na verdade, a fisionomia normativa dele. Há, isto sim, limitações à liberdade e à propriedade. (p. 482). P. 485 de MELLO, Celso Antônio Bandeira de. **Curso de Direito Administrativo**. São Paulo, Malheiros, 1996.

[190] Para o exercício do direito de reunião e manifestação pública, por exemplo.

[191] António Francisco de Sousa entende que "é correcto o entendimento de que o poder de polícia é um poder de regulação (*lato sensu*: regulação por regulamento, por acto e mesmo por contrato) da liberdade individual. Este poder de regulação é antes de mais exercido pelo legislador, mas também pela Administração quando o legislador o não tenha feito", *in* p. 13 de SOUSA, António Francisco de. **A Polícia no Estado de Direito**. São Paulo, Editora Saraiva, 2009.

[192] P. 147 de BASTOS, Celso Ribeiro. **Curso de Direito Administrativo**. São Paulo, Saraiva, 1994. O braço longo do poder de polícia de segurança pública, alçando não apenas a função estatal administrativa, mas também a legislativa, reforçaria a tese de não haver espaço para a distinção costumeiramente defendida entre polícia e poder de polícia (P. 13-15 de CRETELLA JÚNIOR, José. **Do Poder de Polícia**. Rio de Janeiro, Forense, 1999), uma vez que abrangidas tanto as atividades materiais quanto as atividades normativas e decisórias em matéria de polícia.Caio Tácito, Hely Lopes Meirelles e José Cretella Júnior são representantes do grupo de defensores da tese de que o poder de polícia não pode ser exercido pelo Poder Legislativo. Seja como o conjunto de atribuições concedidas à administração para disciplinar e restringir, favor de interesse público adequado, direitos e liberdades individuais (TÁCITO, Caio. O poder de polícia e seus limites *in* **Revista Forense**, vol. 144, São Paulo, 1975, p. 23/28) , ou seja como faculdade também atribuída à administração pública para intervir condicionando e restringindo o uso e o gozo de bens, atividades e direitos dos particulares, sempre em prol da coletividade ou do próprio Estado, (P. 115 de MEIRELLES, Hely Lopes. **Direito Administrativo Brasileiro**. São Paulo, Malheiros, 1997) há significativa convergência para a compreensão de poder de polícia como faculdade discricionária da Administração, faculdade esta de limitar, sempre obediente à lei, a liberdade individual em razão e benefício do interesse coletivo.

2.3.1 Discricionariedade

A passagem do Estado de Polícia – caracterizado pela atuação discricionária dos poderes públicos – para o Estado de Direito – fundado no princípio da legalidade – poderia por em dúvida a sobrevivência do instituto da polícia. No entanto, os poderes discricionários não foram excluídos com a introdução do princípio da legalidade. Existem quando autorizados por lei e visem o alcance de fins nela definidos, além de, necessariamente, serem obedientes a princípios jurídicos incidentes, muito especialmente ao princípio da proporcionalidade.[193]

O fundamento do poder de polícia de segurança pública – e, por consequência, da discricionariedade no seu exercício – é o dever geral de preservação da ordem pública – modernamente tomada - originário do pensamento do direito natural de controle das perturbações da boa ordem da comunidade resultantes da existência individual. Onde a polícia exceda na exigência do cumprimento daquele dever, ela estará fora do seu âmbito de atuação e, desta forma, exorbitando do seu poder discricionário.[194]

A discricionariedade policial de segurança pública é fundamental para que a ordem jurídica se defenda daqueles que recusam a sua pretensão de autoridade. Desde que respeitados os limites da lei, a polícia de segurança pública tem escolha da oportunidade e conveniência de exercício do poder de polícia, em prol do interesse público. Fora dos limites estabelecidos por lei, estabelece-se a arbitrariedade na atuação policial.

O objeto específico da polícia de segurança pública está no controle dos perigos advindos da criminalidade. Tal controle, em termos protetivos, é constituído primordialmente de ações impeditivas de condutas hipoteticamente aptas à produção de danos – decorrentes de práticas supostamente criminosas -, ou, acaso configurados estes, visa a polícia de segurança pública restringir o dano e evitar a sua ampliação. Ao mesmo tempo que os perigos passíveis de prevenção policial devem decorrer de práticas previstas em lei como criminosas, o poder policial de segurança pública é necessariamente atribuído por lei – norma de competência e de atribuição policial - e objetiva a consecução dos fins nela estabelecidos, de

---

[193] A descontinuidade entre o Estado de Polícia e o Estado de Direito não está na discricionariedade administrativa, mas na maneira como ela passa a ser compreendida face à necessidade de observância de competência, fim e quanto ao modo do seu exercício.
[194] Conforme será visto em maior profundidade no item 3.2.

modo que se pode afirmar não haver polícia sem lei ou à margem da lei e do Direito, mesmo que as situações e medidas policiais não estejam, por impossibilidade, todas elas tipificadas.

As múltiplas e variadas formas das atividades individuais ditas perigosas, decorrentes da criminalidade, impedem que as leis prevejam todas as ocasiões que exigem a atuação policial de segurança pública, assim como todos os modos de atuação. Disso brota o caráter discricionário do poder de polícia de segurança pública, havendo que se ressaltar, contudo, que em regime de legalidade, este poder policial tem de ser necessariamente jurídico, o que se observa quando são parte de uma competência legalmente atribuída e quando os fins por ele visados são os fixados em lei.

O espaço para a discricionariedade de atuação policial de segurança pública, seja esta fundada em lei específica ou na cláusula geral do art. 144 da Constituição Federal, somente se dá, como se verá,[195] no momento de concretização – ou de não concretização, se assim for decidido - da atuação policial, ou *etapa prática* uma vez que no Estado Democrático de Direito não há abertura para um amplo poder discricionário das forças policiais de segurança pública, sob pena de imperar um poder policial que extrapole limites incontroláveis.[196]

Não há princípio jurídico que sustente a primazia da discricionariedade sobre a juridicidade na atuação policial de segurança pública. Aceitável, entretanto, margem de manobra no que respeita especialmente ao agir ou ao não agir, já no momento da ação, e ao como efetivar a medida policial cabível. Certo é que, em todas as etapas da atuação policial, não pode haver quebra da obrigação de respeito rigoroso aos direitos e garantias dos cidadãos, de modo que a atuação policial de segurança pública, em todo e qualquer momento, deve necessariamente obediência à lei e, ou, ao Direito. É o princípio da legalidade tomado no sentido amplo de princípio da juridicidade. O que representaria a aparente predominância da discricionariedade na atuação policial de controle de perigos é, na ver-

---

[195] Ver item 3.2.
[196] "O reconhecimento de um tal poder – poder todo-poderoso decorrente da prática discricionária – privilegia o pragmatismo em detrimento da salvaguarda de um equilíbrio entre um poder policial limitado pelo princípio do Estado de direito e a garantia de segurança jurídica dos cidadãos", *in* p. 50 de SOUSA, António Francisco de. **A Polícia no Estado de Direito**. São Paulo, Editora Saraiva, 2009.

dade, atuação vinculada numa etapa denominada *cognitiva*, e discricionária no momento de ação, ou, propriamente, *etapa prática*.

O poder de polícia de segurança pública tem, então, limites na competência, forma (se houver norma regulamentando-a) e finalidade (sempre de interesse público), uma vez que quanto a tais elementos o poder de polícia de segurança pública sempre é vinculado.

Como sabido, arbitrariedade e discricionariedade são inconfundíveis. Esta tem a ver com a ação dentro dos limites da lei, ao passo que a arbitrariedade caracteriza-se pela atuação fora ou além dos limites legais. A restrição de direito fundamental eventualmente imposta pelo ato de polícia de segurança pública deve ser congruente com os motivos e os fins que o justificam. Nesta medida, deve-se guardar proporcionalidade ou razoabilidade entre a restrição e o fim almejado, sob pena de caracterização de abuso de poder.

2.3.2 Autoexecutoriedade

Representa a faculdade conferida à polícia de segurança pública de decidir e executar diretamente as suas decisões, sem necessidade de prévia intervenção do Poder Judiciário.[197] Negar a autoexecutoriedade é negar o próprio poder de polícia,[198] uma vez que necessita ser exercido por meio de atos sumários, diretos e imediatos. A atividade policial de segurança pública é uma atuação de autoridade e pressupõe, por isso mesmo, "o exercício de um poder condicionante de actividades alheias, garantido

---

[197] "Partindo de uma iniciativa materialmente política, a autotutela executiva é um instrumento de criação de factos, não devendo por isso depender, em regra, de um juízo jurídico-judicial prévio, pois o comprometimento com o facto é susceptível de colocar em causa o tipo de imparcialidade que deve caracterizar o juiz e sobre a qual assenta a sua específica autoridade" *in* p. 813 de FONSECA, Rui Guerra. **O Fundamento da Autotutela Executiva da Administração Pública.** Contributo para a sua compreensão como problema jurídico-político. Coimbra: Almedina, 2012.

[198] "Como instrumento de uma intencionalidade materialmente política, a autotutela executiva constitui um poder a exercer preferencialmente por órgãos ou entidades administrativas de maior legitimidade político-democrática em razão da sua ligação existencial ao sufrágio universal e direto, possibilitando as várias e inerentes dimensões da responsabilização política pelo respectivo exercício" *in* p. 813 de FONSECA, Rui Guerra. **O Fundamento da Autotutela Executiva da Administração Pública.** Contributo para a sua compreensão como problema jurídico-político. Coimbra: Almedina, 2012.

pela *coacção*, isto é pela execução própria"[199], entendida esta execução "no poder conferido à Administração Pública de, uma vez definido o direito aplicável ao caso, impor as consequências de tal definição aos seus destinatários, mesmo contra a oposição destes e sem a prévia intervenção de um tribunal (execução coerciva por via administrativa)".[200]

A coação que se encontra na atividade policial de segurança pública pode e refere-se, frequentemente, à execução direta da lei.[201]

2.3.3 Coercibilidade

Este atributo do poder de polícia de segurança pública se impõe diante da inexistência de ato policial facultativo ao particular, de modo a que este deve possibilitar a sua efetividade. Assim não ocorrendo, é dado à polícia de segurança pública recorrer diretamente ao uso de força de modo a efetivar a sua execução, fazendo-se preciso notar que o legítimo uso da força é aquele proporcional e necessário diante da resistência então enfrentada.

2.4 Perigo - conceituação

A polícia de segurança pública, em sentido amplo, atua quando presente um *perigo*, podendo e devendo limitar a liberdade individual para proteger direitos fundamentais e interesses públicos previstos em lei. Tem-se,

---

[199] MARCELLO CAETANO, op. cit. p. 1151. Na opinião de Rui Guerra Fonseca quanto a autotutela executiva, "...o que a caracteriza ultimamente é ser um instrumento administrativo unilateral de efectivação de reformas politicamente intencionadas, no que choca sempre com a liberdade dos cidadãos: é esse choque com a liberdade que marca a excepcionalidade, da autotutela como dever-ser" *in* p. 813 de FONSECA, Rui Guerra. **O Fundamento da Autotutela Executiva da Administração Pública**. Contributo para a sua compreensão como problema jurídico-político. Coimbra: Almedina, 2012.

[200] P. 75 de CAUPERS, João. **Introdução ao Direito Administrativo**. Lisboa, Âncora, 2000. O autor considera que nos "dias de hoje é muito discutível que a autotutela executiva deva ainda ser considerada uma regra: diversos autores consideram que ela deveria ser considerada excepcional, limitada à matéria de polícia administrativa e aos casos em que a lei a previsse de forma expressa" (p. 76).

[201] Enquanto a autotutela executiva é uma atividade que diz respeito à execução de atos administrativos. Sobre o tema, v. p. 542 e ss. de SILVA, Vasco Pereira da. **Em Busca do Acto Jurídico Perdido**. Coimbra, 1998; e p. 448 de MACHETE, Rui. O privilégio da execução prévia, *in* **Dicionário Jurídico da Administração Pública**. vol. IV.

portanto, que o conceito de *perigo* é fundamental ao direito de polícia de segurança pública.

Perigo, no que diz respeito ao direito policial, é o quadro decorrente de situação ou conduta que possa vir a lesar, num período de tempo determinado, pelo decurso normal dos acontecimentos e com probabilidade suficiente, bens jurídicos protegidos cuja defesa é autorizada pela ordem jurídica[202]. Em síntese, perigo é uma lesão futura determinável[203].

No âmbito do direito de polícia de segurança pública brasileiro, *perigo* decorre de condutas humanas, em tese criminosas, que possam gerar dano – lesão a direitos fundamentais e a interesses públicos legalmente protegidos -, estando as demais situações e condutas de perigo no espaço de atuação ou das polícias especiais voltadas a controle de perigos, ou da polícia de segurança pública voltada a controle de perigos genéricos.[204] Desse modo, para o direito de polícia de segurança pública, *perigo* é uma lesão futura determinável e decorrente de conduta tipificada legalmente como crime. Para efeito do direito de polícia de segurança pública, a lesão deve, portanto, decorrer de conduta que esteja no âmbito do direito penal, ou seja, a lesão há que ser tida como decorrente de conduta criminalmente tipificada, praticada individual ou coletivamente.

Interessa à noção de *perigo* no direito de polícia de segurança pública que a lesão seja não apenas aquela iminente, mas também a atual, ou mesmo a já consumada, o que ocorre quando a lesão aos bens jurídicos protegidos persiste, de modo a se fazer necessário que seja rechaçado o *perigo*. Assim, as condutas perigosas são aquelas em que irá ocorrer, com toda probabi-

---

[202] Cfr. NOGUEIRA DE BRITO, Miguel. Direito de Polícia, *in* **Tratado de Direito Administrativo Especial.** Coimbra, Almedina, 2009, vol. I, p. 357/358.

[203] Cfr. NOGUEIRA DE BRITO, Miguel. Direito de Polícia, *in* **Tratado de Direito Administrativo Especial.** Coimbra, Almedina, 2009, vol. I, p. 358.

[204] A Constituição Federal brasileira prevê no inciso V, do art. 144, que os corpos de bombeiros militares compõem o conjunto de órgãos responsáveis pela segurança pública. Ocorre que, a rigor, os corpos de bombeiros não praticam atos materiais de segurança pública e, portanto, são órgão da segurança pública apenas sob o ponto de vista institucional (ou orgânico). Os corpos de bombeiros devem atuar quando condutas ou situações (incêndios, cheias, desmoronamentos, etc) ocasionem lesão ou possam vir a lesar um bem protegido pelo ordenamento jurídico, mas lesão tal que não esteja necessariamente vinculada a uma prática criminosa. E ainda mais, para efeito de distinção dos corpos de bombeiros com a polícia de segurança pública, vale ressaltar que esta age prioritariamente mediante a restrição de direitos, ao passo que os corpos de bombeiros agem em outra esfera de atuação, especialmente aquela de salvamento.

lidade, ou já ocorreu, a violação de bens jurídico protegidos pelo ordenamento jurídico.

Na *prevenção de perigo*, a probabilidade de configuração de *perigo* justifica, por si só, em tese, a atuação policial de segurança pública, podendo a autoridade policial de segurança pública agir com base na lei, ou em cláusula geral se caracterizado um *estado de necessidade*.[205] Se inexistente a probabilidade de configuração de *perigo* – o que afasta a possibilidade de *estado de necessidade* -, mas estando presente um risco de lesão a um bem jurídico protegido - espaço próprio da *precaução de riscos* -, a atuação policial de segurança pública dependerá de expressa previsão legal que autorize a atuação policial em tais situações. Levanta-se, pois, a questão de identificar como ou quando um determinado risco ultrapassa a *precaução de perigo* e alcança a condição de *prevenção de perigo*.

A probabilidade coloca-se entre a situação de mera possibilidade e a de certeza, sendo certo que, quanto mais relevante for a ameaça de lesão, menos se exige em termos de juízo de probabilidade. Ao contrário, quanto menor a importância da lesão, maior a exigência do juízo de probabilidade. É de tal avaliação que a autoridade policial de segurança pública define a intensidade ou mesmo o conteúdo da atuação policial.

A avaliação levada a efeito pela autoridade policial de segurança pública baseia-se nos dados disponíveis no momento da decisão de ação, de modo que, se naquele momento, a avaliação foi corretamente realizada, não pode ser considerada ilegal a medida adotada em razão apenas dos fatos não terem se desenvolvido tal como inicialmente previstos. Em outras palavras, a ocorrência de fatos distintos daqueles primeiramente imaginados não põe em dúvida se havia, com efeito, uma situação de *perigo*. Por isso, o conceito de *probabilidade de perigo* fundamenta-se na subjetividade e não na verificação objetiva de uma relação de causalidade.[206]

Certo que *probabilidade de perigo* e *perigo* são inconfundíveis, especialmente porque aquele antecede este, diferenciação igualmente importante no direito policial de segurança pública se dá entre *perigo objetivo* e *perigo subjetivo*. O *perigo objetivo* ocorre quando há correspondência de uma conduta com uma proposição que se comprova empiricamente com base em teorias sociais, daí decorrendo a probabilidade de lesão decorrente de uma

---

[205] Ver maiores detalhes a partir do item 2.6.
[206] Cfr. NOGUEIRA DE BRITO, Miguel. Direito de Polícia, *in* **Tratado de Direito Administrativo Especial.** Coimbra, Almedina, 2009, vol. I, p. 361.

prática, em tese, criminosa. É objetivamente de se esperar que a conduta, se não interrompida pelas autoridades policiais de segurança pública, redundará em lesão decorrente daquela prática. Assim, a legalidade ou ilegalidade da ação policial dar-se-á apenas na avaliação se, de fato, a conduta perigosa efetivamente existiu. Se as autoridades policiais de segurança pública agirem com base em pressupostos de fato falsos, a atuação é ilegal, sendo irrelevante perquirir se o erro é ou não censurável.

O conceito de *perigo objetivo*, como pressuposto da atuação policial, é passível de críticas. A primeira delas situa-se na consideração de que o prévio juízo de probabilidade não seria apto a definir situações objetivas de *perigo* uma vez que está intimamente dependente de conhecimentos técnicos e científicos, de modo que a avaliação realizada seria sempre subjetiva, e não objetiva. Tal crítica é rebatível ao argumento de que todo juízo de probabilidade, como todo juízo sobre a realidade, decorre de um conjunto de conhecimentos, de modo que um juízo é objetivo quando firmado em um estado de conhecimentos, ao passo que, se assentado nos conhecimentos de uma pessoa ou de um grupo de pessoas, ter-se-á, aí sim, um juízo subjetivo.

Uma segunda crítica está no fato de que, se inicialmente perigosa, a conduta, na sequência do seu desenvolvimento, poderia não caracterizar ação criminosa. Neste contexto, toda conduta perigosa seria, necessariamente, provisória e incerta, podendo-se afirmar que a conduta é objetivamente perigosa apenas numa análise *ex post* da atuação policial. A crítica não se sustenta porque não tem a ver com o conceito de *perigo* propriamente dito. De fato, assim como um crime pode ser praticado sem que antes se detecte uma conduta perigosa, também uma conduta perigosa pode não concretizar-se em prática criminosa. Uma manifestação popular convocada com contornos de violência, pode ocorrer sem a prática de atos criminosos contra os patrimônios público e privado, assim como uma manifestação previamente avaliada como pacífica pode gerar atos criminosos.

Finalmente, a terceira crítica está em que não se pode atrelar a atuação policial apenas a situações de certeza dada a própria natureza da atividade policial de segurança pública que exige, face a corriqueira escassez do tempo de reação e exigências das circunstâncias de momento, que a polícia de segurança pública atue mesmo em situações de incerteza. Assim, a polícia deve agir não apenas quando todos os aspectos de certeza se achem objetivamente presentes, mas também logo que a ameaça de *perigo*, razoável e subjetivamente avaliada, esteja estabelecida. Em outras palavras, esta crítica põe em destaque o fato de que a polícia de segurança pública não atua somente em situações em que imperam condições de certeza.

Exige-se que a autoridade policial de segurança pública atue sempre com diligência, prudência e sagacidade de um agente policial *típico*. Assim agindo, a ação policial é juridicamente defensável quando, diante de uma situação de *perigo*, o policial age como agiria um agente policial *típico*. Frente a um quadro de aparência ou de suspeita de *perigo*, o policial de segurança pública tem o dever de atuar, respaldado pelo conceito de *perigo subjetivo*, de modo que a atuação policial vai além dos casos em que se fazem presentes certezas de *perigo objetivo*. Não há que se confundir, no entanto, as situações de aparência ou de suspeita de *perigo* com casos de *perigo putativo* ou *imaginário* vez que, nestes casos, diferentemente dos primeiros, a existência de uma situação de *perigo* não é sustentada nem mesmo por um conceito subjetivo.

São ilegais as medidas policiais de segurança pública voltadas a prevenir *perigo putativo* ou *imaginário* porque estes não se apoiam em suficiente situação fática. Já no âmbito do *perigo aparente*, embora também nele haja desamparo objetivo da geração de crime, e o policial atue valendo-se de uma avaliação subjetiva, o prévio exame de probabilidade corresponde a um juízo razoavelmente exigível de um agente policial capaz, prudente e experiente – agente policial *típico*.

Em se tratando de *suspeita de perigo*, a autoridade policial tem consciência da insegurança ou incerteza na avaliação do *perigo*, quadro que a diferencia da situação de aparência, mas o que não afasta a aceitação de um *perigo*, desde que a suspeita esteja embasada em *fatos*. Se posta tal configuração, a atuação do policial de segurança pública será defensável ainda que presente elevado grau de dificuldade de decisão sobre a probabilidade da ocorrência criminosa, o que demanda a adoção de medidas pautadas no princípio da proporcionalidade, primeiramente provisórias para o esclarecimento da situação fática (como medidas de averiguação), passando-se a medidas definitivas (suficientes, não excessivas) se a suspeita for efetivamente confirmada ou reforçada.

Em síntese, a atuação policial de segurança pública é juridicamente defensável mesmo em casos onde inexiste, objetivamente, situação de *perigo*. Isto porque o policial agiu diligentemente, ainda que o *perigo* não se confirme.

Por fim, sem se confundir com o que ocorre no âmbito do direito penal, há que se distinguir no direito policial de segurança pública *perigo concreto* de *perigo abstrato*. Este se consubstancia por conduta perigosa em geral, ao passo que o *perigo concreto* acontece num caso concreto e pontual. Manifestações públicas podem, em tese, representar um *perigo abstrato* baseado em, exemplificativamente, histórico recente, tipo de manifestantes, conteúdo de reivindicações e na experiência. Manifestação pública convocada por redes sociais nas quais ficam expostos propósitos violentos representa *perigo concreto*. O *perigo abstrato* pode converter-se em *concreto* na medida em que se torna real, relevando destacar que não está em jogo somente a intensidade do *perigo*, mas a configuração do *perigo* e a definição dos meios suficientes a opor-lhes. Enquanto o *perigo abstrato*, via de regra, demanda ações de vigilância policial, o *perigo concreto* exige atuação policial incisiva.

2.5 Dos bens jurídicos tuteláveis pela atuação policial de segurança pública

2.5.1 Atuação policial de segurança pública, em sentido amplo

Quanto aos fins ou interesses públicos a perseguir, tem-se que, classicamente, a atividade policial delimitava-se à *segurança* (prevenção de acidentes, defesa contra catástrofes, prevenção de crimes) e *ordem públicas*, entendendo-se como tal a defesa da *tranquilidade* (manutenção da ordem na rua, lugares públicos, etc.) e da *salubridade* (águas, alimentos, etc.). Com o Estado Social de Direito, os bens sociais suscetíveis a policiamento são todos aqueles que a *ordem jurídica dá tutela* e que *possam ser ameaçados por situações e condutas perigosas* dos particulares.

Os *perigos para a sociedade* consubstanciam-se no *perigo de perturbação da ordem e tranquilidade pública*, no *perigo para a segurança dos cidadãos*, e na *violação da legalidade*.[207] Deles decorre a atuação policial que visa prevenir danos ilegais, conter a atuação do indivíduo nos limites constitucionais e legais[208] e restringir a direitos e liberdades fundamentais dos indivíduos

---

[207] P. 334 de VIEIRA DE ANDRADE, José Carlos. **Os Direitos Fundamentais na Constituição Portuguesa de 1976**. Coimbra: Almedina, 2009. 4ª ed.
[208] P. 335 de VIEIRA DE ANDRADE, José Carlos. **Os Direitos Fundamentais na Constituição Portuguesa de 1976**. Coimbra: Almedina, 2009. 4ª ed.

quando presente o *perigo* de produção desses danos. Para tanto, a Administração ali age *controlando* perigos decorrentes das condutas dos particulares através de atos não apenas ablativos, mas também ampliativos quando, por exemplo, através de uma autorização policial.[209]

Como os bens tidos como essenciais na configuração das diversas ordens jurídicas nacionais nem sempre são semelhantes,[210] a finalidade do controle policial de perigos varia de acordo com as diversas culturas, construções jurisprudenciais e desenvolvimentos doutrinários. Seja como for, o espectro de intervenções policiais com vista ao controle de *perigos* ampliou-se com o Estado Social de Direito face ao correspondente incremento de bens protegíveis pelo ordenamento jurídico.[211] Nesse movimento, às ações decorrentes dos *perigos para a sociedade*, somaram-se a *garantias dos direitos e interesses dos cidadãos*.[212] Em consequência disso, foram constituídas polícias administrativas especiais, de modo que a atividade policial avançou para além da concepção clássica dos fins de polícia.

Em resumo, a atividade policial de segurança pública, em sentido amplo, não mais se vê voltada à tradicional *segurança pública* e à defesa da clássica *ordem pública*. A tendência é a de se adotar a compreensão de que os fins da atividade policial tenham natureza ampla.

Evidentemente que critérios devem existir para se saber quando um bem é digno de proteção policial. Noutras palavras, são necessários mecanismos identificadores da relevância daquele bem que, *posto em perigo*, merece proteção, inclusive com a compressão do bem conflitante ameaçador,[213]

---

[209] O exemplo é de Sérvulo Correia, p. 5 de SÉRVULO CORREIA. Polícia. **Dicionário Jurídico da Administração Pública**. Separata do VI volume. Dez., 1994. O autor lembra a ocorrência de "atos de polícia de incidência desfavorável" que se diferenciam dos atos policiais que limitam direitos, como por exemplo, quando "a atividade individual travada pelo acto de polícia era uma conduta ilegal", p. 14.

[210] P. 9 de SÉRVULO CORREIA. Polícia. **Dicionário Jurídico da Administração Pública**. Separata do VI volume. Dez., 1994.

[211] Com o Estado Social a Administração é chamada a cada vez mais intervir na vida social ultrapassando de forma definitiva "a sua condição de esquadra de polícia e repartição de finanças", P. 57 de VIEIRA DE ANDRADE, José Carlos. **Os Direitos Fundamentais na Constituição Portuguesa de 1976**. Coimbra: Almedina, 2009. 4ª ed. Na verdade, então, além de continuar imprescindível ao Estado, a atividade administrativa policial diversificou-se.

[212] P. 335 de VIEIRA DE ANDRADE, José Carlos. **Os Direitos Fundamentais na Constituição Portuguesa de 1976**. Coimbra: Almedina, 2009. 4ª ed.

[213] O que não se pode confundir é o exercício de restrição de direitos com fins policiais de controle de perigo, com outras restrições que não tenham essa finalidade.

notadamente para se saber quando e como um bem não explicitado no texto constitucional e, portanto, ao qual não corresponda um "direito ou interesse [textualmente] protegido", é passível de proteção.[214]

Ainda em sede de polícia da segurança pública, em sentido amplo, a Administração terá a sua atuação justificada ao restringir o *bem* de um cidadão se a este bem estiver contraposto outro que, dadas as circunstâncias, é prevalecente, de maneira que a ação estatal ocorra face à configuração de uma situação de perigo. A prevalência decorre de ponderação realizada com o sopesamento relativo dos *bens*. Se o método de solução é definido com relativa facilidade quando presentes *bens* conflitantes expressamente explicitados no texto constitucional – *bens articulados* -, o mesmo não se pode dizer se em conflito *bens não articulados*, fazendo-se relevante descobrir se e quando um bem desta natureza pode merecer proteção policial.

Partindo-se de uma primeira *corrente* – dita *fixista* - um bem somente pode ser protegido se o legislador constituinte o tiver enunciado como suscetível de fundamentar uma *específica* compressão, ou ele próprio consubstancie a compressão.[215] Este entendimento foi rechaçado pelo Tribunal Constitucional[216] português, mas ainda é adotado quando se compreende que, diante de casos não *expressamente previstos*, admite-se a proteção e a contrapartida restrição, tomada esta não como uma verdadeira *restrição*, mas como *limite imanente*, tal como o imposto pela *ordem pública*, notadamente quando não tem como o legislador intervir com antecedência.

Um segundo entendimento, este mais avançado, exige que o ato policial ablativo se apoie *em preceitos ou princípios constitucionais*, podendo-se entender que somente direitos e interesses textualmente protegidos – *bens articulados* - é que são passíveis da tutela policial.

---

[214] A respeito, no campo dos bens articulados e bens não articulados, ver p. 12 de COUTINHO, Luíz P. Pereira. Sobre a justificação das restrições aos direitos fundamentais. In: **Revista do CEJ**. Lisboa, 2009, XII, nº 18.

[215] Os exemplos de COUTINHO são: para o primeiro caso, liberdade de escolha dos eleitores e isenção e independência dos titulares, no que respeita ao acesso a cargos públicos; e para o segundo, obrigação de prestação de serviços mínimos no que respeita ao direito à greve). In p. 13 de COUTINHO, Luíz P. Pereira. Sobre a justificação das restrições aos direitos fundamentais. In: **Revista do CEJ**. Lisboa, 2009, XII, nº 18.

[216] Acórdão n.º 254/99, *in* TRIBUNAL CONSTITUCIONAL DE PORTUGAL. **Acórdão nº 254/99**, disponível em <http://www.tribunalconstitucional.pt/tc/acordaos/19990254.html>. Acesso em 13.04.2012.

Uma terceira linha, oposta às anteriores, é extraída da compreensão de serem os *bens não articulados* suscetíveis a justificar restrições aos direitos fundamentais.[217] Ou seja, à Administração, no exercício da sua função policial, seria dado agir limitando direitos fundamentais em atenção à devida proteção de um *bem* não textualmente protegido.[218] Ocorre que uma situação de livre e ampla aceitação dos *bens não articulados* poderia dar vez, em tese, a arbitrariedades já que cláusulas gerais do tipo *justas exigências da moral, da ordem pública* e *do bem-estar social* não podem ser ilimitadamente manejadas pela Administração. Somente adquirem substância com a absorção de valores imprescindíveis ao Estado de Direito democrático quando apelam à *dignidade humana*.

A função policial, vista numa perspectiva evolutiva, não se limita à ampliação dos bens sujeitos a proteção da Administração. Alterações substanciais também ocorreram na base da formatação jurídica que dá ensejo à atuação policial, notadamente no que é pertinente à ação policial quando em jogo interesses de resguardo da *ordem pública*, amplamente considerada.

Para o desempenho das suas funções, cabe ao agente de polícia de segurança pública, em sentido amplo, o exercício do poder de polícia por meio do qual não apenas promova a manutenção e restabeleça a ordem pública, mas também preserve outros valores de convivência social contra perigos

---

[217] P. 602 e seguintes de NOVAIS, Jorge Reis. **As Restrições aos Direitos Fundamentais não Expressamente Autorizados pela Constituição**. Lisboa, Coimbra Editora, 2003. Na interpretação de Luís P. Pereira Coutinho as razões de Novais estariam "no caráter artificioso da enumeração de "direitos e interesses" formulada no texto constitucional, o qual não permite tomar verdadeiramente a sério o que se encontra expresso no artigo 18.º, n.º 2. E se ainda faz corresponder um "sentido útil" a este preceito, identifica-o com "um especial apelo ou advertência dirigido aos poderes constituídos no sentido do reforço da enunciação do caráter excepcional e sempre carente de justificação de qualquer restrição da liberdade em Estado de Direito"." In p. 14 de COUTINHO, Luís P. Pereira. Sobre a justificação das restrições aos direitos fundamentais. In: **Revista do CEJ**. Lisboa, 2009, XII, nº 18.

[218] No entender de Coutinho, *bens não articulados* podem prevalecer, impondo restrições, quando parametrizados, ou noutros termos condicionados, pelo contido na Declaração Universal dos Direitos do Homem (DUDH) que, em virtude do art. 16º, n.º 2, da CRP, integra a normatividade constitucional. É que o art. 29º, n.º 2, da DUDH, refere-se a "justas exigências da moral, da ordem pública e do bem-estar numa sociedade democrática". Ou seja, conforme COUTINHO, "só num quadro de respeito por tais exigências é que poderão ser identificados bens não articulados susceptíveis de justificar restrições"P. 14 de COUTINHO, Luíz P. Pereira. Sobre a justificação das restrições aos direitos fundamentais. In: **Revista do CEJ**. Lisboa, 2009, XII, nº 18.

de ofensa a liberdade e a direitos individuais. Protege-se, assim, valores como a salubridade, o decoro e a estética, constituindo o poder de polícia autêntico poder instrumental do Estado e que se traduz na faculdade que tem o poder público de condicionar as atividades dos particulares, de modo a impor-lhes o cumprimento dos seus deveres, o que se garante pelo poder de coação.[219] Para Jorge Miranda, dois princípios regem a atuação policial, especialmente aquela voltada à segurança pública, em sentido amplo, na defesa da ordem pública. São eles, *a relevância das atividades objeto de intervenção policial, não podendo ser afetada a esfera privada das pessoas*; e *a sujeição dessa intervenção, ainda quando discricionária, à lei.*[220]

A manutenção e o restabelecimento da ordem pública diz respeito à atuação estatal contrária a *perigos visíveis*, garantindo-se o direito a manifestações de pensamento e costumes, sendo estes objeto de controle policial tão-somente nos regimes totalitários. Admite-se somente o controle dos efeitos maléficos exteriores – a lhe conferir caráter eminentemente público-, de modo a restarem resguardados o foro íntimo das pessoas,

---

[219] Assim entendido por JUNIOR, José Cretella. Polícia e poder de polícia *in* **Revista Forense**, vol. 299, ano 83, São Paulo, jul;set. 1987, p. 18, CAETANO, Marcello. **Princípios Fundamentais do Direito Administrativo**. Coimbra, Alemdina, 1996, p. 270 e MAYER, Otto. **Derecho Administrativo Alemán**. Buenos Aires, Depalma, t. II, 1982, p. 14.O art. 78, do Código Tributário Nacional (brasileiro), define *poder de polícia* como: *"a atividade da Administração Pública que, limitando ou disciplinando direito, interesse ou liberdade, regula a prática de ato ou abstenção de fato em razão de interesse público concernente à segurança, à higiene, à ordem, aos costumes, à disciplina da produção e do mercado, ao exercício de atividades econômicas dependentes de concessão ou autorização do Poder Público, à tranquilidade pública e ao respeito à propriedade e aos direitos individuais ou coletivos".* A Constituição Federal brasileira, por sua vez, menciona *poder de polícia* no inciso III, do art. 145, quando autoriza a instituição de taxas em razão do exercício do poder de polícia pela União, Estados, Distrito Federal e Municípios.A Procuradoria-Geral da República, de Portugal, em parecer, expunha que "a ordem pública que a polícia tem funcionalmente por fim assegurar caracteriza-se, em regra, por três vectores: a) Pelo seu carácter principalmente material, posto se trata de evitar desordens visíveis; b) Pelo seu carácter público, já que a polícia não tutela matérias do foro privado nem o próprio domicílio pessoal, salvo na medida em que as actividades que aí se desenrolem tenham reflexos no exterior (regulamentação do barulho causado por aparelhagens sonoras, higiene de imóveis); c) Pelo seu carácter limitado, são três os itens tradicionais da ordem pública: tranquilidade (manutenção da ordem na rua, nos lugares públicos, luta contra o ruído); segurança (prevenção de acidentes e flagelos, humanos ou naturais); salubridade (salvaguarda da higiene pública)" (Parecer nº 9/96-B/Complementar, publicado no Diário da República – II Série, nº 24, de 29 de Janeiro de 2000, p. 1960 e ss.
[220] P. 735 de MIRANDA, Jorge. Ordem Pública, *in* **Enciclopedia Luso-Brasileira de Cultura** (v. XIV). Lisboa, Verbo, 1963.

assim como os domicílios privados. Classicamente sempre subsumidos à noção de perigo, entre os elementos da ordem pública que autorizariam a intervenção policial está a tranquilidade, caracterizada pela manutenção da ordem em lugares públicos, a segurança enquanto prevenção de acidentes, e a salubridade pública, representada pela manutenção da higiene e controle da saúde pública.[221]

Quanto às normas de proteção de direitos privados há exceção na configuração do poder/dever de intervenção das forças de segurança por perturbação da segurança pública, em sentido amplo, na medida em que a polícia somente tem o dever de atuar quando i) não seja possível a obtenção de tempestiva proteção jurisdicional dos direitos ameaçados; ii) sem o auxílio policial os direitos sejam irrealizáveis ou substancialmente dificilmente realizáveis (princípio da subsidiariedade da proteção policial face à proteção jurisdicional).[222]

São três os pressupostos para que as forças de segurança possam intervir em defesa de direitos privados[223]: 1°) a ocorrência de pedido – ou pelo menos consentimento – do titular do direito, de modo que a polícia, independentemente da existência expressa de previsão legal, não protege direitos privados que o seu titular não deseja defender; 2°) caracterização da impossibilidade de proteção judicial tempestiva, ou seja, a proteção policial será cabível diante da insuficiência de uma eventual prestação judicial, o que ficará caracterizado diante de medidas judiciais "demasiado tarde do ponto de vista da defesa do direito ou de uma defesa com custos razoáveis"[224]; e 3°) diante da inação policial, há comprometimento ou substancial dificuldade de proteção do direito em causa.

---

[221] RIVERO, Jean. **Direito Administrativo**. Coimbra, editora Coimbra, 1981, PP. 479-481.
[222] P. 34 de SOUSA, António Francisco de. **A Polícia no Estado de Direito**. São Paulo, Editora Saraiva, 2009.
[223] Além desses pressupostos, seria também necessário à legitimação da intervenção das forças policiais em defesa de direitos privados: a) a existência do direito seja evidente ou a sua titularidade seja invocada de forma acreditável; b) a conduta a adotar pelas forças policiais deve ser teoricamente, no momento da intervenção, passível de reapreciação jurisdicional; c) a intervenção das forças policiais não deve ser de natureza a impedir a realização final do direito.
[224] P. 38 de SOUSA, António Francisco de. **A Polícia no Estado de Direito**. São Paulo, Editora Saraiva, 2009. Neste domínio, complementa o autor, p. 38, "são geralmente *urgentes*, configurando uma impossibilidade de defesa pela via judicial em tempo útil, as medidas de defesa de direitos privados que tenham de ser adotadas durante a noite, em feriado ou fins de semana".

Quadro diferente se ilustra quando presente a violação de normas de direito público que imponha certa conduta, uma vez que sempre estará presente uma ameaça para a segurança pública, amplamente considerada.[225] Isto, entretanto, não implica necessariamente numa intervenção por parte das forças policiais uma vez que esta, no caso concreto, dependerá da relevância do bem jurídico ameaçado e de outros fatores. Afasta-se, no entanto, qualquer avaliação quanto a circunstâncias subjetivas, como culpa ou a imputabilidade do agente, uma vez que o foco da função de polícia está na prevenção da violação das normas de direito público, de modo que a decisão de intervenção *não está prioritariamente balizada na conduta dos particulares*, mas na ameaça ou violação da norma que protege bens jurídicos - *perigo*. Evidentemente que a conduta do agente é relevante pois é ela que ameaça de forma concreta o bem jurídico-policialmente protegido, provocando a intervenção policial, mesmo quando ninguém se sinta lesado ou mesmo que a conduta perturbadora não resulte em dano concreto.[226]

Na hipótese de violação de normas de direito público, a intervenção policial se impõe (inexistência de caráter de subsidiariedade), devendo haver a defesa dos direitos dos particulares. Comporta ainda a previsão de intervenção policial quando devida a proteção do particular e a defesa

---

[225] A título de exemplo, António Francisco de Sousa destaca o Código de Estrada que proíbe conduzir em excesso de velocidade. A configuração de perigo para a segurança decorrente de norma de direito público é especialmente válida para as normas de direito penal e do direito contra-ordenacional, além das normas da legislação administrativa que impõem ou proíbem determinadas condutas, *in* P. 34 de SOUSA, António Francisco de. **A Polícia no Estado de Direito**. São Paulo, Editora Saraiva, 2009.

[226] Mesmo que na vizinhança ninguém se sinta concretamente perturbado pelo nível de ruído acima do permitido em lei, deve a autoridade agir no sentido de coibir a operação da máquina que o produz. Da mesma forma, o desrespeito à norma de trânsito, ainda que não provocando um dano concreto, ou já tendo sanado os seu efeito, não exime o dever de atuação da autoridade policial. António Francisco de Sousa ilustra: "por exemplo, o condutor que numa estrada 'deserta' ultrapassa o traço contínuo é perturbador por ter violado uma norma do Código de Estrada, não obstante não ter causado um dano concreto e, inclusive, já ter regressado à sua pista de rodagem (não representando já qualquer perigo para a segurança pública", *in* P. 35 de SOUSA, António Francisco de. **A Polícia no Estado de Direito**. São Paulo, Editora Saraiva, 2009. O mesmo se passaria, complementa o autor, com o desrespeito pelos semáforos vermelhos, mesmo que as estradas estejam desertas de automóveis e peões.

dos seus bens jurídico-fundamentais, não como titular de direitos privados, mas enquanto membro da comunidade.[227]

2.5.2 Atuação policial de segurança pública de controle dos perigos da criminalidade

A atividade policial de segurança pública de controle dos perigos decorrentes da criminalidade tem por objetivo preservar a ordem pública, especialmente compreendida no direito policial de segurança pública, e a incolumidade das pessoas e do patrimônio. Neste ponto, e diferentemente do que ocorre no âmbito da segurança pública *em sentido amplo*, entende-se ordem pública e incolumidade das pessoas e do patrimônio como o quadro de perigos decorrentes da criminalidade resultante da atuação policial de controle de perigos – criminalidade – balizada, entre outros, pelos princípios da legalidade, proporcionalidade, da eficiência e da proibição de excesso. Ou seja, o exercício de preservação da ordem pública, moderna e especificamente compreendida, e da incolumidade das pessoas e do patrimônio pela polícia de segurança pública deve estar necessariamente limitada pelos princípios que regem a atuação policial de segurança pública.[228] O significado disso é que a polícia de segurança

---

[227] António Francisco de Sousa faz uso do seguinte exemplo: "a fábrica 'x' labora com perigo iminente de explosão, pondo em risco a vida e a integridade física dos vizinhos", *in* P. 40 de SOUSA, António Francisco de. **A Polícia no Estado de Direito**. São Paulo, Editora Saraiva, 2009. Como regra geral, diz o autor, p. 40, "há perigo para a segurança pública quando um grupo indeterminado de pessoas é lesado. Porém, tratando-se de uma pessoa determinada, só haverá perigo para a segurança pública quando a ameaça se verifique independentemente da sua individualidade, ou seja, a ameaça verifica-se da mesma forma qualquer que seja a pessoa que se encontre naquela situação (por exemplo, o vizinho de um posto de gasolina)".
[228] Não há que se confundir a preservação da ordem pública e da incolumidade das pessoas e patrimônio pela polícia com o exercício de preservação destes mesmos bens jurídicos pelo Estado como um todo. Polícia de segurança pública, como se sabe, embora fundamental, é apenas um dos elementos do conjunto de órgãos ou funções estatais que, em nome da segurança pública, têm como objetivo fazer com que a criminalidade perigosa se estabeleça em níveis compatíveis com as condições sociais e econômicas responsáveis pelas práticas criminosas, havendo, no caso da polícia de segurança pública, as limitações de sua atuação representadas muito significativamente pelos princípios citados, quais sejam: princípio da proibição de excesso e princípio da eficiência. Se a polícia de segurança pública age respeitando estes limites e ainda assim a criminalidade oscila em patamares considerados elevados, outros fatores (a cargo de outros órgãos e funções do Estado) devem ser operados para que a criminalidade nivele em padrões condizentes com a sociedade em questão.

pública deve, primeiro, agir *sempre* que se deparar com uma situação de perigo decorrente de conduta ainda que somente supostamente criminosa, mas também que ela não pode *exceder-se* em sua prática. Este excesso tem duas vertentes. Uma primeira significando que a polícia de segurança pública não pode ultrapassar um limite sob pena de passar, ela própria, à prática criminosa e, portanto, à produção de perigos; e uma segunda, expressando que não se pode exigir que a polícia atue além de sua capacidade para controlar perigos da criminalidade. Assim, a polícia de segurança pública, se atuando rigorosamente dentro dos limites legais e principiológicos, não pode ser responsabilizada por índices de perigos decorrentes da criminalidade não condizentes com as condições sociais e econômicas da sociedade onde atue. Em outras palavras, ainda que a polícia de segurança pública aja com eficiência, os níveis de criminalidade podem, em tese, ser eventualmente altos.[229]

Como na segurança pública, em especial na seara dos perigos da criminalidade, estão sempre em pauta hipóteses de violação de normas de direito público (do Código Penal e legislação penal esparsa), a intervenção policial, a princípio e em tese, impõe-se à toda evidência, não havendo dúvida quanto à inaplicação do caráter de subsidiariedade relativamente à atuação do particular, notado quando em foco a segurança pública em sentido amplo. Portanto, deve a polícia de segurança pública defender os direitos dos particulares, uma vez que a própria segurança pública está ameaçada ou mesmo já foi violada.

2.6 Das atuações da polícia de segurança pública

2.6.1 Introdução

De maneira geral, ao se valer das medidas de polícia a Administração concretiza uma relação jurídica abstrata prevista nas normas que regem a atividade policial, de modo que esta atividade substancia, no âmbito dos fatos, uma relação que é apenas potencial nas normas.[230]

---

[229] Quadro que, como já dito, revela a necessidade de operação "de outras atividades de segurança pública não policiais".
[230] P. 163 de SILVA, Vasco Pereira da. **Em Busca do Acto Jurídico Perdido.** Coimbra, 1998.

É neste contexto que o direito a liberdade ou o direito de propriedade, entre outros, são o objeto das providências administrativas constituidoras das medidas de polícia de segurança pública no controle de perigos advindos da criminalidade. Tais providências são aplicadas por autoridades administrativas – agentes policiais de segurança pública - sem estarem condicionadas à prévia verificação e julgamento de transgressão, ou mesmo da produção de ato concretamente delituoso.

As atuações policiais de segurança pública, ou medidas de polícia de segurança pública, são todos os atos que dizem respeito às atividades de polícia de segurança pública em sentido material. Entre os atos materiais de polícia de segurança pública são exemplos a atuação policial de vigilância, a identificação de pessoas etc, e são de competência dos órgãos policiais aos quais a lei atribui poderes para implantá-los e dos agentes da Administração especialmente designados para as aplicarem.

Existem medidas de polícia de segurança pública que podem ser simultaneamente enquadradas no âmbito da atuação da polícia de segurança pública, em sentido material, e no âmbito da polícia judiciária,[231] impondo-se que, em face de uma mesma situação concreta, a questão jurídica da identificação da precedência entre as duas atividades policiais se estabeleça. Assim, exemplificativamente, se num ato de protesto público violento no qual ocorre a depredação de bens públicos e particulares, surge o problema de saber qual atividade deve ter precedência, ou seja, se a investigação e perseguição penal ou se a atuação policial de segurança pública de controle de perigos tendente a fazer cessar rapidamente os atos criminosos de vandalismo. Em regra, diante da dúvida, a prevenção ou controle de perigos deve prevalecer, ficando a perseguição aos atos criminosos para um segundo momento. Em outras palavras, importa mais a proteção do direito do que sancionar a sua violação.

As medidas de polícia tendem a ser consideradas de forma mais ampla no sentido de abarcar "o conjunto de todos os actos praticados 'no desempenho de funções policiais'",[232] nele estando "todos os actos respeitantes a esta forma especial de agir administrativo de polícia; uma forma de actua-

---

[231] Sobre o tema ver p. 234 de SILVA, Maria Aline Gago da; BRUXO, Jorge Baptista. **Princípios Jurídicos da Administração Pública**. Vila de Maia, Imprensa Nacional-Casa da Moeda, 1985.
[232] P. 182 de LOMBA, Pedro. Sobre a teoria das medidas de polícia administrativa, *in* **Estudos de Direito Policial**. Lisboa, AAFDL, 2003, 1º vol.

ção jurídica e material, normativa e individual, preventiva e coerciva".[233] Podendo tomar formas jurídicas diferenciadas, as medidas de polícia de segurança pública são atuações da Administração que protegem bens e interesses gerais por meio da prevenção, redução ou eliminação de danos causados por atividades perigosas. Para tanto, prioritariamente preventivos no que concerne ao controle de perigos da criminalidade, podem, no entanto, ser eventualmente de ordem essencialmente coercitiva.

As medidas de polícia de segurança pública podem estar respaldadas em dois graus de determinação normativa que as fundamentam. Pelo primeiro, a concretização das medidas de polícia se dá com base no método da tipicidade, aquele em que a lei fixa o conteúdo da medida de polícia da segurança pública a ser adotada, sem necessariamente, entretanto, estabelecer pressupostos da sua aplicação, de modo a estar caracterizada uma indeterminação de previsão. Como se vê, e em razão mesmo da natureza da atuação policial, inexiste medida de polícia de segurança pública fundada em lei que determine o conteúdo da atuação policial como consequência de certos pressupostos normativos. De fato, no âmbito da polícia de segurança pública é impossível a determinação legislativa[234].

Pelo segundo grau normatização as medidas de polícia são concretizadas através do método de cláusula geral.[235] A cláusula geral minimamente define o pressuposto da atuação policial baseado no *estado de necessidade*. Neste contexto, a atuação policial adequada é aquela que se revele apropriada segundo especialmente o princípio da proporcionalidade.

Especificamente com o fim de afastar danos sociais no âmbito das atribuições da polícia de segurança pública, os formatos – ou instrumentos - de exercício dos poderes de polícia de segurança pública, são basicamente os *atos de vigilância* e os *atos de polícia*.[236]

As ações de polícia se dão pelos modos de exercício do poder de polícia, tais como *ordem de polícia, consentimento de polícia, sanção de polícia* e espe-

---

[233] Ibidem.
[234] Diferentemente do que ocorre normalmente com a polícia administrativa geral, uma vez que, na atuação dela, há espaço para sanções administrativas preventivas.
[235] Ver a respeito no item 3.2, "Princípio da Legalidade".
[236] "Actividade da Administração Pública que consiste na emissão de regulamentos e na prática de actos administrativos e materiais que controlam condutas perigosas dos particulares com o fim de evitar que estas venham a ou continuem a lesar bens sociais cuja defesa preventiva através de actos de autoridade seja consentida pela Ordem Jurídica" (SÉRVULO CORREIA. Polícia. **Dicionário Jurídico da Administração Pública**. Lisboa, 1994, v. VI, p. 393 e ss.)

cialmente, na ação de *policiamento*. Isto porque é no policiamento que os agentes policiais se deparam com o descumprimento das ordens e consentimentos de polícia e com as demais condutas que, dada a sua gravidade, colocam em risco a convivência social, isto é, infrações penais tipificadas legalmente que arriscam a ordem pública.

Cumpre à polícia de segurança pública, primeira e rotineiramente, a prevenção de *perigos* advindos das infrações, em tese, criminosas mediante atos de observação e de policiamento ostensivo[237] que intencionem coibir condutas indesejadas para, num segundo instante, agir prontamente reprimindo as infrações uma vez constatados os atos infracionais penais – dispersando multidões, dissolvendo aglomerações ou mesmo efetivando prisões em flagrante delito, exemplificativamente – num conjunto de *medidas policiais de constrição*, em sentido estrito, o que não se confunde com atos preparatórios da repressão judiciária, estes de competência da polícia judiciária[238]. Vale ressaltar que, em se tratando de atos criminosos, a *sanção* fica a cargo do Poder Judiciário[239].

Pode acontecer de a repressão direta contra a pessoa do indivíduo ser a única solução de preservação ou restabelecimento da ordem pública de modo que as medidas policiais constritivas podem até mesmo exigir o pronto emprego da força.

A atividade eminentemente preventiva e antecipatória destinada a recolher informações que municiem as autoridades policiais a prevenir perigos advindos de práticas criminosas e a adotar providências para fazer cessá-los, bem como para identificar os seus responsáveis, configura o *ato de vigilância*[240] que pode ser tradicionalmente decomposta em *geral*, quando voltada à observação constante da conduta dos indivíduos nos lugares públicos e de todas as atividades que ali ocorrem, e em *especial*, ocupada com o desenrolar de uma atividade específica.[241]

---

[237] Compõem precipuamente atos de vigilância que têm como fins a *informação* e a *dissuasão* e se realizam especialmente por meio de serviços de inteligência - que levam a registros prévios, como cadastros, inscrições, relatórios -, e através de guardas, rondas ou forças de choque.

[238] Exceto quando a apuração da infração penal recai sobre crime de natureza militar, art. 144, §4º.

[239] Cabe à polícia judiciária assegurar o cumprimento das decisões judiciárias.

[240] Marcello Caetano, op. cit. p. 1166.

[241] Marcello Caetano, op. cit. p. 1165.

Quanto aos *atos de polícia* de segurança pública, são atos especializados, nada mais que isso. Unilaterais e imperativos, são dirigidos essencialmente aos particulares, que por sua vez devem obedecê-los, por serem originários do exercício de competência estatal de autoridades policiais.[242] As medidas de polícia de segurança pública têm caráter público na medida em que são expressão de manifestação do poder público que se tem por legitimada porque o Estado e os fins por ele perseguidos têm posição de proeminência no ordenamento jurídico, o que implica na obrigação de que os particulares colaborem com as entidades policiais.[243]

Quanto à sua natureza, a atividade policial de segurança pública vai modernamente bastante além da corriqueira atuação ablativa (restritiva de direitos) e de vigilância. Há, igualmente o desempenho de uma atividade positiva, de prestação, como forma a mais de cuidar do afastamento de perigos decorrentes da criminalidade.

Tradicionalmente, a polícia de segurança pública dizia respeito a um modo de intervenção do Estado nas atividades individuais capazes de por em risco interesses gerais. A revelar o seu caráter eminentemente preventivo[244], tal intervenção teria como finalidade evitar a produção ou a pro-

---

[242] Para Catarina Sarmento e Castro (CASTRO, Catarina Sarmento e. **A Questão das Polícias Municipais**. Dissertação de Mestrado em Ciências Jurídico-Políticas, na Faculdade de Direito da Universidade de Coimbra, Outubro de 1999), no que diz respeito à defesa da legalidade democrática e da defesa da segurança interna, estabelecidas como funções da polícia no nº 1 do art. 272º da Constituição da República portuguesa, "traduzir-se a actividade de polícia numa actividade maioritariamente ablativa para protecção do social face a possíveis agressões por parte dos indivíduos, já na perspectiva da garantia dos direitos dos cidadãos se alarga o entendimento da actividade administrativa de polícia à protecção dos indivíduos perante os perigos do social" (p. 30) de modo que tal "protecção traduz-se não já em limitações aos seus direitos, mas em prestações positivas, que pretendem satisfazer verdadeiros direitos a prestações, ajudando a transformar o indivíduo no 'consumidor final' da Administração constitutiva ou de prestações referido por Rogério Soares (**Direito Público e Sociedade técnica**, Coimbra, Atlântida Editora, 1969, p. 171), ou no cliente dos 'serviços de polícia' do Rodriguez ou de Gabriel Cotino."

[243] Exemplos de Pedro Lomba: o dever de denúncia de ilícitos, obrigações de informação em espetáculos desportivos ou transportes públicos etc. p. 212 de LOMBA, Pedro. Sobre a teoria das medidas de polícia administrativa. In: Estudos de Direito de Polícia. Lisboa: AAFDL, 2003, 1º vol.

[244] Cfr. António Francisco de Sousa, os meios preventivos são aqueles utilizados quando está em causa uma função de proteção da vítima, a quem não pode ser imputado um juízo de censurabilidade (*in* p. 58 de SOUSA, António Francisco de. **A Polícia no Estado de Direito**. São Paulo, Editora Saraiva, 2009)

pagação de crimes e dos danos sociais delas decorrentes,[245] constituindo as medidas de polícia uma das formas de exercício do poder de polícia. Tais medidas até então se caracterizavam pelo caráter funcionalmente repressivo[246], além de atuarem como instrumento de limitação da liberdade individual, bem como do direito de propriedade.[247] Hoje em dia essa posição não é mais adequada à compreensão dos fins da moderna polícia de segurança pública[248] em função da configuração de novo ambiente jurídico decorrente do Estado Social, de modo a não mais se poder categorizar, sob o ponto de vista de natureza jurídica, quase unitariamente, as atividades policiais. Muitas são as possibilidades de formas jurídicas associadas à atividade policial, desde operações materiais (a dispersão de uma manifestação, por exemplo), a atos administrativos expressos (a concessão de uma licença), bem como atos administrativos implícitos, atos administrativos não procedimentalizados, atos verbais, advertências, intimações, verificações etc.[249]

---

[245] P. 1149 de CAETANO, Marcello. **Manual de Direito Administrativo**. Cfr. António Francisco de Sousa, os meios repressivos são usados com o objetivo de reprimir um comportamento ilícito dos violadores das normas estabelecidas, isso é, dos perturbadores (*in* p. 58 de SOUSA, António Francisco de. **A Polícia no Estado de Direito**. São Paulo, Editora Saraiva, 2009).

[246] Na p. 1165, Marcello Caetano destacava que a atuação repressiva tinha objetivos preventivos, de modo a restar acentuado o caráter preventivo da polícia administrativa (CAETANO, Marcello. **Manual de Direito Administrativo**).

[247] P. 1166 e ss de CAETANO, Marcello. **Manual de Direito Administrativo**.

[248] P. 210 de LOMBA, Pedro. Sobre a teoria das medidas de polícia administrativa. In: Estudos de Direito de Polícia. Lisboa: AAFDL, 2003, 1º vol.

[249] As exemplificações são todas de Pedro Lomba (p. 211 de LOMBA, Pedro. Sobre a teoria das medidas de polícia administrativa. In: Estudos de Direito de Polícia. Lisboa: AAFDL, 2003, 1º vol.). Carla Amado Gomes (p. 167-168, nota n. 406, de GOMES, Carla Amado. **Contributo para o Estudo das Operações Materiais da Administração**. Coimbra. Coimbra Editora, 1999) afirma que as medidas de polícia "constituem por vezes actos materiais sem definição do Direito; noutros casos, há um acto implícito (reboque de carros mal estacionados); noutros, há uma concretização verbal prevista em lei (v. g. ordem de soprar para o balão)." Ao comentar a definição de polícia administrativa de Marcello Caetano, a autora considera que a definição esquece que "a actividade de polícia também abrange a aplicação de sanções aos prevaricadores, num momento, já não de prevenção mas de reacção à legalidade". Para Carla Gomes, medidas de polícia e sanções administrativas "tendem a confundir-se porque para realizar de forma duradoura muitos dos fins da polícia, são necessárias medidas cuja estrutura é perfeitamente a mesma das sanções administrativas. Ou seja, as medidas de polícia que não se limitem a uma compressão momentânea de direitos (fechar uma rua ao trânsito) têm muito em comum com as sanções administrativas e dela se distinguem apenas por não pressuporem de modo necessário a reacção ao infringir de uma norma".

Novas funções policiais de segurança pública são influenciadas pelo fato de que o Direito Administrativo não se circunscreve à atividade administrativa imperativa. Abrange igualmente uma atividade *estimulante* e *consensual*[250] decorrentes da relativa falência do modelo fundamentado unicamente em normas de polícia, em normas de comando e de antecipação a condutas individuais perigosas.[251] Por intermédio da sua moderna atividade, a polícia também tem papel de mediador nas relações entre particulares, estimulando condutas especialmente em situações de complexidade e imprevisibilidade dos fenômenos sociais que circundeiam a criminalidade, sem que se afaste intervenções policiais típicas, seja pela carência de execução normativa, seja pela insuficiência de conhecimentos acerca de perigos envolvidos.

Certo é que, hoje, a atividade administrativa de polícia de segurança pública alcança não somente medidas de vigilância, conformação e de limitação de direitos. A natureza preventiva persiste, entretanto, como característica central dos hodiernos atos administrativos de polícia de segurança pública. Neste sentido, as medidas de vigilância[252] bem ilustram este aspecto, sem que se possa desconsiderar que as medidas de reação em coação direta também têm efeitos preventivos na medida em que evitam que o perigo seja ampliado ou mesmo que os danos se consolidem de maneira plena na ordem jurídica.[253]

---

[250] P. 183-184 de LOMBA, Pedro. Sobre a teoria das medidas de polícia administrativa, *in* **Estudos de Direito Policial**. Lisboa, AAFDL, 2003, 1º vol, que se valeu das expressões de HOFFMANN-RIEM. La Reforma Del Derecho Amministrativo *in* **Documentacion Administrativa**, nº 234, 1993, PP. 19 e ss.

[251] P, 184 de Pedro Lomba, Ob. cit. Para o Direito Ambiental, o autor faz referência ao texto de KIRKBY, V. Mark. **Os Contratos de Adaptação Ambiental** – A concertação entre a Administração Pública e os particulares na aplicação de normas de polícia administrativa.

[252] Considerada a "genuína ação de polícia", para Garcia Oviedo, *apud* SOUTO, Carlos. **Poder Policial y Derecho Administrativo**, *apud* p. 212 de LOMBA, Pedro. Sobre a teoria das medidas de polícia administrativa. In: Estudos de Direito de Polícia. Lisboa: AAFDL, 2003, 1º vol.

[253] P. 212 de LOMBA, Pedro. Sobre a teoria das medidas de polícia administrativa. In: Estudos de Direito de Polícia. Lisboa: AAFDL, 2003, 1º vol. O autor, entretanto, com apoio em Moreau (p. 354 de MOREAU. **Droit Administratif**),chama a atenção para o seguinte: "um limite pode e deve ser evidenciado a propósito deste cárácter preventivo: aquele que se prende com a existência de sanções de polícia, como a apreensão de conduzir, uma vez que, por natureza, trata-se aqui, com efeito, de um acto punitivo. Mas a manutenção desta natureza preventiva deve-se à necessidade sentida pela doutrina de separar a polícia administrativa da polícia judiciária".

Modernamente, as medidas de polícia tendem à desformalização e desprocedimentalização especialmente no caso de medidas de coerção direta de segurança pública, uma vez que normalmente presente a urgência de ação a justificar o não cumprimento de formalidades procedimentais tal como o dever de fundamentação de atos administrativos. Mas, ainda assim, as medidas de polícia nestes termos consideradas não estão dispensadas do cumprimento de princípios procedimentais e de atuação inarredáveis, tal como os princípios da proporcionalidade, da eficiência, etc.

2.6.2 Fundamento jurídico

O dever estatal de segurança pública por meio da preservação da ordem pública e da incolumidade das pessoas e do patrimônio estabelecido no artigo 144 da Constituição Federal brasileira representa mais que a definição de objetivo a ser alcançado. O *perigo* decorrente de práticas criminosas configura o pressuposto fático de atuação da polícia de segurança pública,[254] daí surgindo o juízo das medidas policiais a serem agilizadas como consequência jurídica. Em outras palavras, o poder de polícia de segurança pública é consequência jurídica de pressupostos fáticos.

2.6.3 Atuação de vigilância geral

Todos têm direito à liberdade e à segurança (art. 5º, *caput*, da Constituição brasileira), cumprindo à Administração, através do exercício da função policial de segurança pública, agir não apenas quando presente um *perigo*[255] ou quando já configurado um prejuízo.

---

[254] Portanto, não é o crime, ou a criminalidade, que dão ânimo à atuação da polícia de segurança pública. À atuação de controle dos perigos da criminalidade é possível atribuir, no entanto, um efeito de influenciar índices de criminalidade.

[255] Como tratado no item 2.4, entende-se por "perigo" a "situação de facto ou comportamento com *probabilidade* suficiente para, pelo decurso normal dos acontecimentos, causar num determinado tempo um dano para bens jurídicos" (*in* p. 67 de CASTRO, Catarina Sarmento. **A Questão das Polícias Municipais**. Coimbra: Coimbra, 2003). Assim, o perigo é o estado que antecede ao dano provável. Como "dano", entenda-se "a diminuição não insignificante da integridade dos bens jurídicos individuais ou colectivos protegidos" (ainda na p. 67 da obra retro citada).

Perigo, no âmbito do direito de polícia de segurança pública, existe quando, em decorrência dos acontecimentos, há razoável probabilidade de que, em tempo determinado, um comportamento seja apto a causar um dano a bens jurídicos protegidos, estando tal comportamento legalmente tipificado como crime.[256] Assim, o perigo que a polícia de segurança pública pretende prevenir corresponde ao estado que antecede o provável dano, desde que a ação capaz de produzi-lo seja criminosa. Este é o cerne da ideia de controle de perigo no direito de polícia de segurança pública. O exercício policial do Estado vai além do evitar a ocorrência de um *perigo* previsível, mas se satisfaz, quando é o caso, com a interrupção de danos notados. A defesa preventiva realizada por meio de atos de autoridade ocorre antes mesmo que percebido uma possibilidade concreta de perigo. Tal defesa pode se dar – e é o mais costumeiro - mediante *vigilância geral*. Na esfera da polícia de segurança pública, medidas de prevenção de perigos são medidas de proteção de pessoas e bens, vigilância de indivíduos e locais suspeitos, mas não podem ser medidas de limitação dos direitos, liberdades e garantias dos cidadãos.[257]

Na prevenção de perigos – gênero -, há que se distinguir, no ponto, *precaução de perigo* de *prevenção de perigo*, propriamente dita. A ideia de *precaução de perigo*, como tarefa policial, foi ignorada até há pouco tempo[258] e decorre

---

[256] Perigo, no âmbito do sentido orgânico de segurança pública, art. 144 da CF, tem maior amplitude na medida em que também os 'acontecimentos' são considerados para efeito da geração de lesões, razão pela qual os bombeiros militares estão incluídos no rol de órgãos da segurança pública. De fato, no sentido material, os bombeiros militares não praticam atos de segurança pública vez que, nesta e, repita-se, em sentido material, o perigo diz respeito tão somente a ações humanas.

[257] «[...] alude-se à *prevenção dos crimes* como função de polícia não sendo totalmente líquido o sentido dessa fórmula. Cabem aqui, tipicamente as funções de vigilância e prevenção criminal (em sentido estrito). Através das funções de vigilância, procura-se impedir que sejam transgredidas as limitações impostas pelas normas e actos das autoridades para defesa da segurança interna, da legalidade democrática e direitos dos cidadãos; todavia, caso não existam normas que atribuam às autoridades de polícia poderes especiais, a função de vigilância tem de desenvolver-se sem perturbação dos direitos dos cidadãos. De igual modo, a função de prevenção criminal traduzida na adopção de medidas adequadas para certas infracções de natureza criminal não pode recorrer a procedimentos limitativos da liberdade e da segurança fora dos casos expressamente admitidos pela Constituição ou da lei [cf. artigos 27.o e 28.o]. P. 956/957 de CANOTILHO, J.J. Gomes; MOREIRA, Vital. **Constituição da República Portuguesa Anotada**. Coimbra, Coimbra Editora, 3ª ed. revista, 1993.

[258] Segundo Catarina Sarmento e Castro, surge "claramente consagrada" no § 1 I 1 da VE MEPolG 1986 alemã, que prevê três categorias de tarefas: prevenção de perigo, perseguição

da simples constatação de não estar afastada a produção de perigo, independentemente de não detectada uma probabilidade dele vir a se configurar. Ou seja, a *precaução de perigos* consiste na atividade destinada a impedir o surgimento de um perigo, isto é, comportamento anterior ao provável dano. O grau de diferenciação entre prevenção e precaução está na probabilidade. Enquanto na prevenção há a probabilidade de surgimento do perigo, na precaução a probabilidade calculável inexiste, mas demanda a atuação policial baseada em outros aspectos tais como a experiência. O princípio da prevenção diz respeito ao risco *probalizável*, ao passo que o princípio da precaução tem a ver com o risco potencial, distante de cálculo e com existência no plano da incerteza. Se se entender risco *probalizável* como perigo, é acertado afirmar que o perigo impõe a prevenção, enquanto o risco potencial demanda a precaução.

Certo é que, em princípio, a falta de comprovações contundentes da existência de um perigo não rechaça a atuação policial. Esta é justificável mesmo quando inexista uma conexão clara, definitiva, entre a conduta humana e os efeitos adversos – crime ou crimes – que ela possa vir configurar.

Em síntese, enquanto na prevenção atua-se sobre um perigo (comportamento apto a, com probabilidade e em tempo determinado, causar dano), na precaução o que se quer é impedir o surgimento do perigo, inexistindo aí uma probabilidade concreta. Razoável concluir que, neste contexto a atividade de precaução de perigos significa um alargamento do âmbito de situações que justificam a atuação de polícia.[259]

Como visto, não se exige a existência de um perigo efetivo, isto é, de um perigo direta ou imediatamente ameaçador.[260] Por meio da atividade de *vigilância geral*, a polícia de segurança pública previne a sociedade do acontecimento de perigos – práticas criminosas - imprevisíveis ou previsíveis, mesmo com probabilidade ainda não concretamente percebida, e se ajusta sempre àquelas situações onde a polícia tem de se valer de uma *deci-*

---

penal de crimes e de precaução. In: p. 70 de CASTRO, Catarina Sarmento. **A Questão das Polícias Municipais**. Coimbra: Coimbra, 2003.

[259] Cfr. Catarina Sarmento e Castro, **A Questão das Polícias Municipais**, cit., p. 69. Por essa razão é que, em torno do princípio da precaução, as questões políticas atinentes à atuação policial assumem maior importância.

[260] P. 69 de CASTRO, Catarina Sarmento. **A Questão das Polícias Municipais**. Coimbra: Coimbra, 2003.

são na incerteza, isto é, não dispondo a autoridade policial de informações que lhe permitam conhecer as consequências emergentes de soluções.[261] Note-se que o ora dito não se confunde com o *perigo ilusório* vez que este é destituído de qualquer probabilidade, ou seja, apoia-se no nada. Diferentemente disso, como dito, a *precaução de perigo* pode estar amparada até mesmo na experiência, ou seja, em vivência anterior semelhante na qual se vem a constatar a concretização de *perigo*, o que leva a polícia de segurança pública, ainda que sem dados para *cálculo* de probabilidades, a agir precavidamente.

Na prevenção de perigo, *stricto sensu*, a atividade policial se volta a evitar situações ou comportamentos potencialmente lesivos vez que observável, ainda em tese, um nexo de causalidade entre aqueles e certos danos.[262] Neste caso, e de acordo com os efeitos a serem evitados, a polícia de segurança pública age de forma a impossibilitar a ocorrência indesejada, qual seja, o perigo e não ainda o dano. Trata-se, como se vê, de *prevenção de perigo* e não de *prevenção de dano*, esta última uma tarefa policial que se soma àquelas duas primeiras.[263] Está-se, pois, diante da probabilidade de um perigo e o que se quer é evitar que ele se traduza em *perigo efetivo*, não havendo dúvidas de que a não ação administrativa viabiliza conversões da *ameaça* de perigo em perigo efetivo, no primeiro passo, e finalmente em dano.

Quando o perigo já se nota configurado,[264] instalado, cabe à polícia de segurança pública então *prevenir o dano* decorrente da prática criminosa potencial, o que muito normalmente acontece pelo uso de atos policiais restritivos pontuais, inconfundíveis, portanto, especialmente com os atos

---

[261] P. 70 de CASTRO, Catarina Sarmento. **A Questão das Polícias Municipais**. Coimbra: Coimbra, 2003.

[262] P. 69 de CASTRO, Catarina Sarmento. **A Questão das Polícias Municipais**. Coimbra: Coimbra, 2003.

[263] Catarina Sarmento de Castro se vale dos princípios da prevenção e da precaução e identifica as tarefas de prevenção de perigos e de prevenção de perigo futuro (precaução). In: p. 65/71 de CASTRO, Catarina Sarmento. **A Questão das Polícias Municipais**. Coimbra: Coimbra, 2003.

[264] É possível afirmar que os avanços científicos e tecnológicos, embora se voltem em boa medida a trazer benefícios ao homem, criam situações perenes de perigo que a qualquer momento podem se converter em quadro de danos efetivos. Exemplo disso é a destruição da camada de ozônio ou os danos nos sistemas imunológicos provocados por substâncias manipuladas, na avaliação de Donaire (*in* p. 94 de DONAIRE, Juan Antonio Carrillo. Seguridad y calidad productiva: de la intervención policial a la gestión de riesgos. **Revista de Administración**. Madrid, 2009, enero-abril, n. 178, p. 89/142).

de vigilância geral.[265] Numa situação concreta, se instalado o perigo, vencida, portanto, a precaução ou a prevenção do perigo, cumpre à polícia de segurança pública atuar para eliminar ou minimizar a ocorrência do dano, isto é, dos efeitos da prática supostamente criminosa. Se o dano já tiver sido concretizado, ou seja, se já efetivada integralmente a prática, cumpre não mais à polícia de segurança pública, em princípio, atuar, papel a ser

---

[265] Normalmente, se de uma atividade de vigilância geral passa a Administração à esfera individualizada dos cidadãos, é porque houve a detecção de perigo a ser prevenido, assumindo assim o formato de prevenção de perigo, em sentido estrito, decorrendo daí restrições individualizadas. Numa abordagem mais contemporânea, talvez não seja incorreto afirmar que, dada a mundialização dos perigos, o grau de incerteza e complexidade científica, mais e mais o controle de perigos tem exigido a remissão a normas infralegais e normas não vinculantes ou de *softlaw* (ver SARMIENTO, Daniel. El soft law administrativo. Um estúdio de los efectos jurídicos de las normas no vinculantes de la administración. Pamplona: Civitas, 2008. 237 p.). A propósito, e ressaltando o exercício privado de funções públicas no âmbito da segurança industrial, válido o seguinte trecho: "El creciente interés de la doctrina por las consecuencias jurídicas que provoca la actual interpenetración de los respectivos mundos de la técnica y el Derecho se justifica, sobre todo, por el trascendente cambio cualitativo que se ha producido en el establecimiento, verificación y control de los requisitos técnicos exigibles a los productos e instalaciones riesgosos, ejercido hoy día por sujetos privados altamente especializados. En el terreno de las funciones declarativas y ejecutivas, la complejidad técnica que hoy encierra la gestión del riesgo ha motivado una intensa penetración de la colaboración privada; de tal forma que, en la inmensa mayoría de los casos, son sujetos puramente privados los que ejercitan las funciones de inspección, certificación y autorización de productos y actividades productivas que impliquen un riesgo potencial para la salud, la seguridad de las personas o el medio ambiente. Junto a ello, la intervención de sujetos privados también se hace presente en el aparentemente más impenetrable ámbito de la función normativa, del establecimiento de la regla de Derecho. El mundo de la técnica ha necesitado siempre patrones de comportamiento que se han desarrollado con una marcada autonomía respecto al mundo de las normas jurídicas, a través de un «para-ordenamiento» de la técnica cuya expresión más acabada es el sistema de normalización industrial. El Derecho encuentra aquí una fuente plena de conocimiento técnico de la que se sirve para arbitrar soluciones jurídicas en un doble plano: el del conocimiento y valoración jurídica de los riesgos y el de la fijación de los límites del riesgo tolerable. Las normas jurídicas tienden así a centrarse en las cuestiones formales y procedimentales, mientras que la regulación de los aspectos materiales y sustantivos es confiada a «normas técnicas» que surgen de un singular fenómeno de autorregulación privada. Estas «normas técnicas» nacen con voluntad de aplicación voluntaria en el ámbito convencional y contractual privado; sin embargo, el Derecho se sirve constantemente de ellas por vía de remisión, confiriendo a dichas normas —inicialmente privadas y voluntarias— fuerza jurídica vinculante" *in* p. 96/97 de DONAIRE, Juan Antonio Carrillo. Seguridad y calidad productiva: de la intervención policial a la gestión de riesgos. **Revista de Administración**. Madrid, 2009, enero-abril, n. 178, p. 89/142.

doravante desempenhado pela atividade policial judiciária cuja função, bem se sabe, distante da precaução ou prevenção dos perigos,[266] é essencialmente a apuração investigativa do crime.

Notam-se peculiaridades nos efeitos decorrentes das tarefas policiais de prevenção. Enquanto a atividade de *vigilância geral* denota atuação de polícia que não é diretamente ampliativa nem diretamente ablativa[267] o objetivo de *prevenção de perigos* pode se realizar também por atos nem ampliativos ou restritivos, mas pode concretizar-se também com atos exclusivamente ampliativos, exclusivamente ablativos ou com ambos, concomitantemente. Tudo dependerá do tipo de situação de perigo a ser prevenido. O mesmo se diz quanto à *prevenção de danos*, sendo necessário reconhecer que tanto nesta quanto na *prevenção de perigo*, a natureza restritiva da ação pode ter assento predominante, o que absolutamente não leva ao descarte de ações de outras ordens.

2.6.4 Atuação restritiva

Não é incorreto afirmar que, ao lado da vigilância, os atos restritivos - ou seja, limitativos de direitos - são os mais corriqueiros e exigidos na atividade policial de segurança pública porque, de modo geral, melhor se adéquam à atuação da Administração quando em causa condutas que ponham em risco a *ordem pública* modernamente considerada, a demandar uma recondução ou manutenção dos perigos a um estado de normalidade, ou quando a atuação policial se faz necessária para resguardar, em decorrência do pretendido pela ordem jurídica, direitos e interesses protegidos dos particulares, tendo-se sempre como fim último o controle dos perigos da criminalidade.

---

[266] A atuação da polícia judiciária teria, entretanto, efeitos preventivos indiretos na criminalidade.
[267] P. 14 de SÉRVULO CORREIA. Polícia: **Dicionário Jurídico da Administração Pública**. Separata do volume VI, dez. 1994. Também aplicável aqui a passagem na qual VIEIRA DE ANDRADE considera que "Tenha-se (...) em conta que, muitas vezes, as medidas de polícia não são, em si mesmas, medidas restritivas dos direitos, liberdades e garantias, visando apenas **conter** o seu exercício dentro dos limites constitucionais e legais, pelo que o exercício de poderes discricionários não *ofende* propriamente esses direitos." (Eu negritei) *In:* p. 335 de VIEIRA DE ANDRADE, José Carlos. **Os Direitos Fundamentais na Constituição Portuguesa de 1976**. Coimbra: Almedina, 2009. 4ª ed.

No contexto amplo da atuação policial genérica, a Administração intervém quando presente colisão de direitos de particulares, se assim previsto em lei. O que mais importa, entretanto, de forma ampla e legal, é que o Estado Democrático de Direito garanta que os perigos estejam afastados e *prevaleçam os direitos fundamentais* e interesses públicos resguardados legalmente, tanto nas relações dos administrados com a Administração, quanto nas relações entre administrados, de forma a ser sempre preservada e promovida a dignidade humana.

Tem-se, então, que no âmbito das medidas restritivas – limitativas – se está diante de medidas que se referem a direitos, liberdades e garantias, visando controlar perigos de atividades, em tese, criminosas suscetíveis de ocasionarem riscos de danos para o interesse público.[268] O interesse público pode eventualmente sofrer danos mesmo quando o potencial dano diretamente decorrente de prática criminosa esteja circunscrito a interesse de um particular, fazendo-se justificável a atuação policial de segurança pública também nesta situação, vez que configurado um perigo para a sociedade.

Em campo de limitação de direitos, é indubitável que as restrições devem estar previstas em lei – *reserva de lei restritiva* –, salvo quando patente um *estado de necessidade* que obrigue a polícia de segurança pública a agir, mesmo inexistindo lei restritiva aplicável, quando em causa bens jusfundamentais. Seja como for, as restrições não podem ultrapassar ao necessário para salvaguardar outros direitos ou interesses constitucionalmente

---

[268] Vale aqui uma diferenciação pouco percebida, mas fundamental. A polícia de segurança pública trata especificamente do controle dos perigos da criminalidade, ao passo que outros órgãos envolvidos com a temática segurança pública destinam-se a lidar com a criminalidade no que diz respeito às suas causas, suas origens, efeitos etc, buscando a sua redução. Evidentemente os dois campos de ação são umbilicalmente vinculados e as atuações costumeiramente encontram-se numa zona de interseção. Entende-se como atuação de controle o ajuste da criminalidade ao padrão 'possível' estabelecido pelas condições gerais de uma sociedade. Decorre daí que a atuação policial se dá especialmente para ajuste, e não com fins de sanar criminalidade, tarefa esta a cargo dos demais órgãos envolvidos com a temática de segurança pública. É por isso que, em decorrência do princípio da proibição de excesso, a atuação da polícia de segurança pública vai até o ajuste ao padrão estabelecido de criminalidade para a sociedade em questão. Portanto, para além da atuação da polícia de segurança pública, estão as atuações do Estado na área de segurança pública, que são, portanto, de outra natureza que não policiais.

protegidos.[269] Ou seja, a atuação policial de segurança pública, com base em lei restritiva ou em ação imposta por um quadro de *estado de necessidade*, não deve exceder ao que for extremamente suficiente para evitar perigo ou permitir que continuem a lesar bens socialmente relevantes. Noutros termos, a atividade policial restritiva deve cingir-se a providenciar que o *bem jusfundamental*, justificador da restrição autorizada pela ordem jurídica, posto a perigo ou já lesionado por uma prática supostamente criminosa, retome o seu posto de, se possível, intacta prevalência.

2.6.5 Atuação ampliativa

É frequente associar atuação policial da Administração a atos ablativos face as suas origens de produção de efeitos limitativos de condutas dos particulares visando a neutralização de perigos para a sociedade. Mas são admissíveis atos de polícia de segurança pública não necessariamente restritivos de direitos, como as autorizações de polícia.[270] Também não há razão para se descurar do fato de que, hoje, a Administração - a polícia de segurança pública inclusive - pode se valer de atos premiais[271] que se mostrem de alguma forma úteis ao *controle de condutas perigosas*.

Em razão da vinculação da atividade pública à legalidade, tem-se que, em princípio, a atuação administrativa policial de cunho ampliativo deve estar apoiada em lei (princípio da 'precedência de lei')[272]. Por outro lado, é admissível que, em razão de necessidade inquestionável e com base na

---

[269] Na Constituição da República Portuguesa, resta expresso no Artigo 272°, n° 2.: "As medidas de polícia são as previstas na lei, não devendo ser utilizadas para além do estritamente necessário."

[270] O Professor Sérvulo Correia destaca que as autorizações policiais são essencialmente ampliativas, "embora possam conter cláusulas acessórias de efeito ablativo" (p. 5). In: SÉRVULO CORREIA. Polícia: **Dicionário Jurídico da Administração Pública**. Separata do volume VI, dez. 1994.

[271] P. 70 de REALE, Miguel. Lições Preliminares de Direito. São Paulo: Saraiva, 2001. 25ª Ed. Lembra o Autor que, "atualmente, excogitam-se técnicas mais aperfeiçoadas para obter-se o cumprimento das normas jurídicas, através não de sanções intimidativas, mas sim através de processos que possam influir no sentido da adesão espontânea dos obrigados, como os que propiciam incentivos e vantagens". Interessante consideração a respeito do "Direito Premial" no campo do Direito Econômico é encontrada na p. 146/147 de ALBINO DE SOUZA, Washington Peluso. **Primeiras Linhas de Direito Econômico**. São Paulo: Ltr, 2005, 6ª ed.

[272] P. 13 de QUEIROZ, Cristina. **Direitos Fundamentais Sociais: funções, âmbito, conteúdo, questões interpretativas e problemas de justiciabilidade**. Coimbra: Coimbra, 2006.

aplicação direta dos preceitos constitucionais – sempre parametrizado na promoção e preservação da dignidade humana -, possa a polícia de segurança pública circunstancialmente ampliar direitos dos particulares como forma de evitar perigos ou que danos persistam.

Classicamente, a autorização é tida como uma figura apenas declarativa na medida em que simplesmente remove um entrave ao exercício de um direito subjetivo. Já no Estado moderno, a autorização, especialmente como atuação da polícia de segurança pública, assume uma potencialidade que vai além de um controle prévio.[273] Através da autorização policial é constituída uma habilitação para que o particular exerça uma situação jurídica ativa, configurando-se, assim, como um ato permissivo muito frequentemente originário de um juízo por vezes ora mais discricionário, ora mais vinculado da polícia de segurança pública, sempre com a finalidade de controle dos perigos da criminalidade.

Como característica da autorização policial de segurança pública pode-se ressaltar que ela dá início a uma relação continuada entre a polícia e os particulares. Ou seja, a concessão da autorização não ocasiona o esgotamento da relação jurídica uma vez que permanece com a polícia de segurança pública a função de vigilância, especialmente para a avaliação dos efeitos para alcance da finalidade última de segurança pública.

2.6.6 Atuação positiva

Modernamente, o controle de perigos advindos da criminalidade não se dá somente com vigilância, atuações policiais em regra ablativas ou ocasionalmente ampliativas de direitos. Também como decorrência do processo evolutivo provocado pelas diretrizes do Estado Social e dos efeitos pretendidos dos atos policiais de segurança pública, demanda-se uma postura policial prestativa e incisiva, melhor denominada *positiva*,[274] composta de *atos de natureza protetiva* e de *atos de natureza interventiva* ou *prestacional*.

---

[273] P. 221 de LOMBA, Pedro. Sobre a teoria das medidas de polícia administrativa, *in* **Estudos de Direito Policial**. Lisboa, AAFDL, 2003.

[274] "A ideia de 'polícia' que recorre à necessidade de actuações positivas da polícia começa agora a ser defendida por grande parte da doutrina nacional" *in* p. 26 de SAMPAIO, Jorge Silva. **O Dever de Protecção Policial Perante Direitos Liberdades e Garantias**. Relatório de Mestrado sob a orientação de Sérvulo Correia. Faculdade de Direito da Universidade de Lisboa, 2008.

Os avanços históricos que proporcionaram a atuação positiva policial de segurança pública passam forçosamente pela evolução dos direitos fundamentais na medida em que se constata que estes alcançaram dimensão objetiva, indo além de uma compreensão exclusivamente subjetiva. A percepção de que existem direitos fundamentais cujos conteúdos demandam validade universal, como o direito à vida ou à integridade física e moral das pessoas, e, portanto, não subjetivados, resulta numa necessidade da polícia de segurança pública não apenas se abster de intervir restritivamente no âmbito de liberdade garantido aos particulares pelos direitos fundamentais, mas atuar positivamente de maneira a implicar o seu efetivo exercício.[275]

Como existe um dever geral de proteção de direitos fundamentais decorrente da vertente objetiva destes mesmos direitos, a atuação, a atuação positiva do Estado se revela na dedução de deveres concretos de atuação estatal, donde se pode destacar o encargo constitucional de proteção dos direitos fundamentais contra ameaças de terceiros[276], cumprindo ao Estado velar pela integridade dos bens jurídicos protegidos pelos direitos fundamentais, bem como pela não perturbação do exercício das atividades por eles protegidas, seja perante as entidades públicas, seja perante outros particulares, mesmo que estes tenham a sua ação perturbadora fundada na titularidade de direitos fundamentais.[277]

O dever geral do Estado de proteção dos direitos fundamentais alcança os poderes estatais como um todo. As normas de direitos fundamentais têm uma força conformadora, potencialmente expansiva a toda a ordem jurídica, que dirige impulsos e diretivas de atuação ao legislador, aos órgãos jurisdicionais e à Administração, aí incluída a polícia de segurança pública e evidentemente influenciada a atividade policial a ela atinente.

A proteção estatal deve ser compreendida de forma alargada de maneira que cumpre ao Estado o desenvolvimento de medidas e de atuações positivas de *proteção*, propriamente dita, mas também de *concretização* dos direitos fundamentais. E se esse dever alcança todo o Estado, isto é, todos os

---

[275] P. 58 de NOVAIS, Jorge Reis. **As Restrições aos Direitos Fundamentais não Expressamente Autorizadas pela Constituição**. Coimbra: Coimbra, 2003.

[276] P. 67 de NOVAIS, Jorge Reis. **As Restrições aos Direitos Fundamentais não Expressamente Autorizadas pela Constituição**. Coimbra: Coimbra, 2003.

[277] P. 88 de NOVAIS, Jorge Reis. **As Restrições aos Direitos Fundamentais não Expressamente Autorizadas pela Constituição**. Coimbra: Coimbra, 2003.

poderes estatais, é certo que a atuação policial de segurança pública também deve caracterizar-se por ações *interventivas de afastamento de perigos*, o que, aliás se depreende do art. 5° da Constituição brasileira, como compreensão de garantia ampla e efetiva dos direitos dos cidadãos. Noutras palavras, para garantir tais direitos a polícia de segurança pública deve, além de proteger, intervir com medidas prestacionais de concretização do afastamento de perigos da criminalidade.[278] Relevante, então, o tratamento da questão sob o ponto de vista das *atuações policiais de natureza protetiva e de natureza interventiva* ou *prestacional* no âmbito do conceito material de polícia de segurança pública.

A atividade policial de segurança pública representa o desempenho de uma função protetora que é essência política do Estado. Ou seja, decorre da própria razão de existir da comunidade jurídica. Quando, por exemplo, a polícia de segurança pública limita o direito de ir e vir do cidadão, é porque há – deve haver - por trás da sua ação policial um interesse geral de proteção da sociedade contra um perigo da criminalidade. Fato é que, existindo aquele perigo de dano, é dado à polícia de segurança pública atuar limitando direitos no âmbito de competência e atribuição da Administração. A introdução da concepção social de Estado operou avanços na função protetora policial e a face *prestadora* do Estado vigorante no contexto do ordenamento jurídico de cunho social inspirou a adoção de uma postura *protetiva* policial, agora no sentido de *garantir* direitos fundamentais que, até então, eram tidos como meros direitos de defesa. Neste contexto, o papel da polícia de segurança pública passa a ser também o de garantir efetividade dos direitos fundamentais nas *relações entre sujeitos privados* quando detectado que tal proteção proporciona ou influencia satisfatoriamente o controle de perigos da criminalidade.

Existe um *dever de proteção* policial que é um dever correlativo ou relacional de direitos fundamentais[279] de forma a integrar os próprios direitos

---

[278] O aspecto positivo da polícia de criar condições materiais e jurídicas para a liberdade seja melhor gozada não estava incluído entre as funções policiais do Estado até o século XIX, *in* p 14, em nota de n. 31, de SOUSA, António Francisco de. **A Polícia no Estado de Direito**. São Paulo, Editora Saraiva, 2009. Até então que a preocupação da polícia estava focada na defesa da liberdade como função de garantia.

[279] Sobre deveres de direitos fundamentais, ver p. 78 e seguintes de NABAIS, José Casalta. **O Dever Fundamental de Pagar Impostos**: Contributo para a compreensão consitucional do estado fiscal contemporâneo. Coimbra: Almedina, 1998.

fundamentais no sentido de que para cada direito fundamental existe um dever fundamental correspondente,[280] inclusive de natureza policial e em especial de segurança pública, de modo que a atuação policial de segurança pública tem a função de resguardar bens jurídicos protegidos pelos direitos fundamentais, afastando a ameaça de agressão por conta de ação ou, eventualmente, de omissão criminosa de terceiros. Para tanto, a polícia de segurança pública promove-os, por meio de atos materiais ou jurídicos[281], e efetiva a proteção devida.

Ainda que se constate a prevalência da concepção de que entre sujeitos privados a aplicabilidade dos preceitos constitucionais relativos aos direitos fundamentais é *mediata* – ou seja, dependente de regulação legislativa[282] –, de forma a garantir especialmente a liberdade negocial ou a autonomia privada (individual), entende-se que o Estado deve também proteger os particulares das ameaças de outros particulares como decorrência do princípio do Estado de Direito e do monopólio estatal da autoridade e do uso da força legítima.[283] Certo é que, estando nas atribuições e competências policiais da Administração, o dever de proteger representa um limite direto à discricionariedade policial, que poderá ser zero quando se tratar de proteção a um só tempo necessária e exclusiva, com alternativa inexistente,[284] muito especialmente no campo do controle dos perigos da criminalidade.

---

[280] P. 79 de NABAIS, José Casalta. **O Dever Fundamental de Pagar Impostos**: Contributo para a compreensão constitucional do estado fiscal contemporâneo. Coimbra: Almedina, 1998.
[281] P. 5 de SÉRVULO CORREIA. Polícia: **Dicionário Jurídico da Administração Pública**. Separata do volume VI, dez. 1994.
[282] P. 231/243 de VIEIRA DE ANDRADE, José Carlos. **Os Direitos Fundamentais na Constituição Portuguesa de 1976**. Coimbra: Almedina, 2009. 4ª ed.
[283] P. 241 de de VIEIRA DE ANDRADE, José Carlos. **Os Direitos Fundamentais na Constituição Portuguesa de 1976**. Coimbra: Almedina, 2009. 4ª ed.
[284] P. 51/52 de SÉRVULO CORREIA. **O Direito de Manifestação**: âmbito de protecção e restrições. Lisboa, 2006. Vale a transcrição do entendimento de VIEIRA DE ANDRADE: "(...) a actuação policial tem um sentido positivo, na perspectiva dos direitos fundamentais, na medida em que tem por função, além da defesa da legalidade democrática e da garantia da segurança interna, a *garantia dos direitos dos cidadãos* (artigo 272.º, n.º 1). Quanto a esta intervenção *protectora* (ou, melhor, na perspectiva da protecção), deve entender-se que ela corresponde ao exercício de um dever constitucional de *prestação vinculada* por parte do Estado: pode haver até, em determinadas circunstâncias, um direito fundamental dos indivíduos à actuação policial para defesa dos seus direitos, liberdades e garantias, não gozando então a Polícia de discricionariedade na decisão de agir", *in* p. 335/336 de VIEIRA DE ANDRADE, José Carlos. **Os Direitos Fundamentais na Constituição Portuguesa de 1976**. Coimbra: Almedina, 2009. 4ª ed.

A competência da polícia de segurança pública para proteger os cidadãos configura uma norma atributiva de um direito subjetivo público,[285] de modo que qualquer cidadão tem uma pretensão de que a polícia atue intervindo em proteção aos seus bens jurídicos sob ameaça de perigo da criminalidade. Logo, a intervenção policial de segurança pública não visa apenas proteger bens coletivos, mas também bens jurídicos subjetivamente individualizados, de modo que existe uma dupla natureza ou uma dupla qualidade da atividade de polícia: se um indivíduo ameaçado por um perigo associado à prática supostamente criminosa solicita a atuação da polícia para pôr termo a uma ação, a atuação policial protege, não só a subjetividade do bem jurídico invocado pelo solicitante, mas também a dimensão coletiva e objetiva desse bem.[286]

Mas nem sempre o dever de atuação policial decorre de um direito subjetivo público mas de um dever (público) da polícia de segurança pública defender bens institucionalmente coletivos.[287] A hipótese de um cidadão solicitar a intervenção da polícia para dispersar um grupo de pessoas que se encontram a danificar patrimônio alheio é um exemplo.

Vale notar que, se no exercício do clássico controle dos *perigos para a sociedade - perigo de perturbação da ordem e tranquilidade pública, perigo para a segurança dos cidadãos* e *violação da legalidade democrática* -, há ampla margem de atuação administrativa através de ordens (comandos ou proibições) ou de medidas de coação para "interferir com a esfera dos direitos, liberdades e garantias, em especial nas situações de necessidade",[288] no moderno exercício do dever de proteção pela polícia de segurança pública, por seu turno, há associação a dois imperativos de proteção suficiente – *princípio de proibição de défice* e *princípio de proibição de excesso* – compreendidos como

---

[285] Vasco Pereira da Silva considera que "o indivíduo é titular de um direito subjetivo em relação à Administração, sempre que de uma norma jurídica que não vise apenas a satisfação dos particulares resulte uma situação de vantagem objectiva" (p. 217 de SILVA, Vasco Pereira da. **Em Busca do Acto Jurídico Perdido**. Coimbra, 1998).

[286] P. 200 de LOMBA, Pedro. Sobre a teoria das medidas de polícia administrativa, *in* **Estudos de Direito Policial**. Lisboa, AAFDL, 2003, 1º vol.

[287] P. 200 de LOMBA, Pedro. Sobre a teoria das medidas de polícia administrativa, *in* **Estudos de Direito Policial**. Lisboa, AAFDL, 2003, 1º vol.

[288] P. 334 de VIEIRA DE ANDRADE, José Carlos. **Os Direitos Fundamentais na Constituição Portuguesa de 1976**. Coimbra: Almedina, 2009. 4ª ed. O autor destaca que há direitos fundamentais que não podem ser restringidos "com base na cláusula geral de polícia": liberdade de imprensa e a integridade moral, exemplificativamente (nota 60, p. 334 da obra citada).

princípios orientadores por meio dos quais se entende que a proteção policial não pode ser aquém da mínima necessária, e também não pode ser além da máxima cabível, sob pena ou de se colocar em risco a autonomia do particular – inclusive da autodefesa -, ou dos agentes policiais, em função do excesso, passarem eles próprios à prática criminosa sob uma aparente atuação em nome do Estado. Noutras palavras, a própria atividade policial passa a ser, absurdamente, fonte de perigos de criminalidade. Ademais, no moderno exercício do dever de proteção, estando em causa a garantia dos direitos dos cidadãos, se configurado o direito subjetivo à atuação policial (prestação vinculada), impera o dever de agir, inexistindo, neste caso, discricionariedade policial para a decisão de agir, de forma à polícia necessariamente atuar na defesa dos direitos, liberdades e garantias do cidadão.[289]

A atuação *interventiva* policial, tal como ocorre na atuação policial protetiva, é uma *obrigação de meios e não de resultados*. Nela estão presentes *parâmetros de possibilidade*, de forma que a ação interventiva não liberta os indivíduos dos riscos. Seja como for, quando possível a intervenção, designada e claramente com fins policiais de controle de perigos decorrentes da criminalidade – portanto, não avançando e não se confundindo com outras funções da Administração[290]-, observadas as atribuições e competências, há um dever de atuação.

Contra eventuais argumentos adversos à aceitação da atuação interventiva como tipicamente policial de segurança pública uma vez que não incide diretamente sobre a conduta perigosa, há de se reconhecer que a *vigilância geral* realizada por atos materiais de policiamento ostensivo, por exemplo, também não se efetiva diretamente sobre a ação do agente perigoso, mas tem a ver com o ambiente onde o perigo eventualmente nasce e se concretiza. Portanto, a objeção eventualmente posta não é suficiente para a descaracterização da atuação interventiva como função policial de segurança pública.

Recapitulando, o dever de garantia policial de controle dos perigos decorrentes da criminalidade nasce imediatamente do dever geral de pro-

---

[289] P. 336 de VIEIRA DE ANDRADE, José Carlos. **Os Direitos Fundamentais na Constituição Portuguesa de 1976**. Coimbra: Almedina, 2009. 4ª ed.

[290] Não ocorre tal confusão nem mesmo com as demais atuações administrativas na área de segurança pública porque, como já visto, a polícia de segurança pública lida com os *perigos* da criminalidade, ao passo que as demais ações estatais na segurança pública dizem respeito essencialmente ao combate às origens e causas da criminalidade.

teção estatal de direitos fundamentais. Existem duas maneiras de integrar juridicamente essa obrigação do Estado. A primeira, como obrigação decorrente de um eventual direito subjetivo dos particulares, ou, então, como consequência dos conteúdos jurídico-objetivos positivos dos direitos fundamentais. É em razão dessa segunda possibilidade que pode – ou, mais que isso, deve - o Estado ir além do papel de agente *protetor* da ordem pública e assumir a ideia de *promotor* da ordem pública – isto significando, no contexto do direito policial de segurança pública, de controle dos perigos da criminalidade -, concretizando direitos fundamentais, quando identificável, de antemão, instrumentos que, postos em prática pela polícia de segurança pública, redundam em efetivo controle de perigo decorrente da criminalidade. Um exemplo, ainda que fictício, torna mais claro o que se expõe: a partir da *broken windows theory*[291] e da eventual constatação dos resultados satisfatórios alcançados com a atuação policial com base naquela teoria, não pode o Estado, tendo meios de agir, deixar de praticar atos que efetivamente redundarão em controle de perigo. Ou seja, havendo conhecimento técnico e dispondo de meios necessários de agir, deve a polícia de

---

[291] Em 1982, o cientista político James Q. Wilson e o psicólogo criminologista George Kelling, ambos americanos, publicaram na revista Atlantic Monthly um estudo em que, pela primeira vez, se estabelecia uma relação de causalidade entre desordem e criminalidade. Naquele estudo, cujo título era *The Police and Neiborghood Safety (A Polícia e a Segurança da Comunidade)*, os autores usaram a imagem de janelas quebradas para explicar como a desordem e a criminalidade poderiam, aos poucos, infiltrar-se numa comunidade, causando a sua decadência e a consequente queda da qualidade de vida.Kelling e Wilson sustentavam que se uma janela de uma fábrica ou de um escritório fosse quebrada e não fosse imediatamente consertada, as pessoas que por ali passassem concluiriam que ninguém se importava com isso e que, naquela localidade, não havia autoridade responsável pelo manutenção da ordem. Em pouco tempo, algumas pessoas começariam a atirar pedras para quebrar as demais janelas ainda intactas. Logo, todas as janelas estariam quebradas. Agora, as pessoas que por ali passassem concluiriam que ninguém seria responsável por aquele prédio e tampouco pela rua em que se localizava o prédio. Iniciava-se, assim, a decadência da própria rua e daquela comunidade. A esta altura, apenas os desocupados, imprudentes, ou pessoas com tendências criminosas, sentir-se-iam à vontade para ter algum negócio ou mesmo morar na rua cuja decadência já era evidente. O passo seguinte seria o abandono daquela localidade pelas pessoas de bem, deixando o bairro à mercê dos desordeiros. Pequenas desordens levariam a grandes desordens e, mais tarde, ao crime.Em razão da imagem das janelas quebradas, o estudo ficou conhecido como *broken windows*, e veio a lançar os fundamentos da moderna política criminal americana que, em meados da década de noventa, foi implantada com sucesso em Nova Iorque, sob o nome de "tolerância zero". *In* RUBIN, Daniel Sperb. **Janelas Quebradas, Tolerância Zero e Criminalidade**. Disponível em HTTP://jus2.uol.com.br/doutrina/texto.asp?id=3730>, em 28.03.2010.

segurança pública, em tese, num exercício da sua função policial material de controle de perigos, intervir no ambiente, uma vez que tal intervenção será promotora da dignidade humana com fins de controle dos perigos da criminalidade.[292]

2.7 Coação Direta da polícia de segurança pública

De maneira geral, as medidas de polícia podem ser consubstanciadas pelo uso da coação direta, como último recurso.[293] Para a execução de deveres individuais e coletivos impostos pela lei, a coação direta torna-se necessária quando não mais exista outro ato a executar, impondo-se, então, até mesmo o uso da força. Neste contexto, a Administração age de forma imediata na realidade, seja para conservá-la, seja para transformá-la, não se afastando sequer a utilização de violência física quando no domínio da segurança pública.

Dependente da verificação de pressupostos e da presença de condições de necessidade estritas fixadas em lei, a coação direta exercida pela polícia de segurança pública assume pelo menos uma destas três formas, quais sejam, a intervenção sobre as pessoas ou coisas mediante violência corporal; o recurso a meios auxiliares; ou o uso de armas de fogo.[294] Seja

---

[292] O que se nota na Constituição Portuguesa, de forma muito positiva, ressalte-se, é a expressa previsão de estar a atividade policial não apenas jungida à prevenção de danos sociais ou à defesa da ordem pública, mas também voltada à "obrigação de proteção pública dos direitos fundamentais dos cidadãos", o que reflete e enfatiza o uso de medidas policiais não mais somente de caráter essencialmente ablativo de direitos, mas ainda prestacional. Tem-se, pois, neste sentido, que polícia não mais se vincula à tradicional atuação ablativa da Administração e evoluiu para um papel de intervenção no sentido do buscar a progressão da sociedade e de contribuição ao alcance dos fins sociais. É o Estado não mais somente voltado a interesses públicos – mais identificado a interesses de Estado -, mas sim a um Estado que reconhece os seus deveres com a coletividade, com a obrigação de agir de forma interventiva, ainda que, eventualmente, os direitos a proteger digam respeito a específicos cidadãos.
[293] "As medidas de polícia, na medida em que podem materializar-se na coacção directa, podem constituir uma forma de executar coactivamente actos administrativos. Sucede que existem numerosos actos da Administração que não são de polícia e são susceptíveis de execução forçosa, assim como existem muitas medidas de polícia que dispensam a coacção", p. 218 de LOMBA, Pedro. Sobre a teoria das medidas de polícia administrativa. In: Estudos de Direito de Polícia. Lisboa: AAFDL, 2003, 1º vol.
[294] No Brasil, examinar a Lei nº 13.060/2014, que disciplina o uso dos instrumentos de menor potencial ofensivo – IMPO pelos agentes de segurança pública.

de que forma for, dever ser necessária (necessidade de eliminar um perigo grave e atual 'desordem'), idônea e eficaz (próprias para a eliminação do perigo), proporcional (proporção entre o sacrifício dos direitos e os resultados), tempestiva e de duração limitada ao perigo.[295]

Certo é que, para desempenhar a sua função, a polícia de segurança pública pode e, a depender da situação concreta, deve se valer de *meios coercitivos*, especialmente pelo uso direto da força, como a utilização de armas de fogo. O uso da força entra em cena quando medidas de polícia não são aptas, por si sós, a controlarem o perigo. No entanto, enquanto as medidas de polícia em ação podem ser ilimitadas quanto ao seu número e formas, por dependerem da situação de perigo a ser enfrentada, os meios coercitivos postos a disposição da polícia de segurança pública devem estar rigorosamente previstos em lei, de forma que a autoridade policial não pode se valer de outros meios de execução coercitiva senão aqueles especificados em lei dado o grau envolvido de afetação dos direitos, liberdades e garantias. Mas, não bastante isso, o uso da força pela autoridade policial sujeita-se à rigorosa observância do princípio da proporcionalidade, de modo a serem adequados à manutenção da ordem pública, assim entendido que o meio coercitivo seja indispensável, necessário e suficiente. E, como medida extrema que são, o seu uso condiciona-se ao esgotamento de medidas de polícia executáveis por outros meios que não a força, como o diálogo e a persuasão. As *situações de utilização de força*, por sua vez, não necessitam – ou sequer podem – estar previstas taxativamente em lei, aplicável, no caso, o método da cláusula geral, assumindo destaques a constatação de *estado de necessidade* e observância rigorosa do o princípio da proporcionalidade na concretização do uso da força policial.

2.8 Responsabilidade civil do Estado

Há a configuração de um direito subjetivo à proteção estatal (correspondente a um dever de proteção), no âmbito policial de segurança pública, quando presente uma atuação pública *indispensável*. Tal atuação ocorre quando necessária à realização ou à salvaguarda de um determinado direito subjetivo, nos seus aspectos nucleares, designadamente, numa evidente

---

[295] P. 346-347 de VIEIRA DE ANDRADE, José Carlos. **Os Direitos Fundamentais na Constituição Portuguesa de 1976**. Coimbra: Almedina, 2009. 4ª ed.

situação de perigo decorrente de prática supostamente criminosa, muito especialmente quando presente a circunstância de haver previsão constitucional expressa de um dever especial de proteção[296], na proporção da sua importância para a garantia da dignidade da pessoa humana[297]. É o caso do direito de manifestação[298] previsto no art. 5º da Constituição Federal brasileira, com destaque para os incisos II, IV, XVI e XVII.[299] O Estado fica não apenas constituído num dever de não intervir, privar e de não limitar sem necessidade o seu exercício, mas também num dever de *proteger o direito de manifestação*.[300] Dúvida não há quanto à indispensabilidade da atuação da polícia de segurança pública, por ser evidente a possibilidade de ofensas físicas por terceiros que ajam como *contramanifestantes*, cumprindo à autoridade agilizar providências no sentido de que o exercício do direito de manifestação ocorra livre da interferência de *contramanifestações* que possam perturbar o pleno exercício dos direitos dos participantes.[301] Necessário ressaltar, entretanto, não haver garantias absolutas, tratando-se a proteção de uma obrigação de meios e não de resultados,[302] não podendo

---

[296] P. 147 de VIEIRA DE ANDRADE, José Carlos. **Os Direitos Fundamentais na Constituição Portuguesa de 1976**. Coimbra: Almedina, 2009. 4ª ed.

[297] P. 147, nota nº 99, de VIEIRA DE ANDRADE, José Carlos. **Os Direitos Fundamentais na Constituição Portuguesa de 1976**. Coimbra: Almedina, 2009. 4ª ed.

[298] Cuja titularidade é individual, mas se trata de direito fundamental de exercício conjunto, cfr. p. 31 de SÉRVULO CORREIA. **O Direito de Manifestação**: âmbito de protecção e restrições. Lisboa, 2006.

[299] "Art. 5º Todos são iguais perante a lei, sem distinção de qualquer natureza, garantindo-se aos brasileiros e aos estrangeiros residentes no País a inviolabilidade do direito à vida, à liberdade, à igualdade, à segurança e à propriedade, nos termos seguintes: [...] II - ninguém será obrigado a fazer ou deixar de fazer alguma coisa senão em virtude de lei; [...] IV - é livre a manifestação do pensamento, sendo vedado o anonimato; [...] XVI - todos podem reunir-se pacificamente, sem armas, em locais abertos ao público, independentemente de autorização, desde que não frustrem outra reunião anteriormente convocada para o mesmo local, sendo apenas exigido prévio aviso à autoridade competente; [...] XVII - é plena a liberdade de associação para fins lícitos, vedada a de caráter paramilitar"

[300] P. 49 de SÉRVULO CORREIA. **O Direito de Manifestação**: âmbito de protecção e restrições. Lisboa, 2006.

[301] P. 50 de SÉRVULO CORREIA. **O Direito de Manifestação**: âmbito de protecção e restrições. Lisboa, 2006.

[302] Conforme destacado pelo Tribunal Europeu dos Direitos do Homem, no Acórdão de 21.06.1988, caso Ärzte für das Leben

a polícia de segurança pública garantir o afastamento de todos os riscos,[303] com reflexos nos questionamentos de responsabilização do Estado frente ao dever de proteção policial, sempre respeitados os princípios e limites aplicáveis à matéria.

Quando devida a atuação do Estado para proteger, cabe a polícia de segurança pública se desincumbir da sua obrigação sob pena de responder pelos danos decorrentes da criminalidade, o que não gera para o Estado a condição de *garantidor universal*. Ainda que a polícia de segurança pública exerça adequadamente a sua função policial, danos podem ocorrer ao titular do direito protegido. São danos que acontecem em circunstâncias que superam o que é razoável exigir da atuação administrativa policial. Está-se, neste caso, diante de uma *normalidade* de prestação do serviço policial, o que afasta a hipótese de responsabilização objetiva da Administração.[304]

Constatado que a polícia de segurança pública agiu corretamente, ou seja, respeitados os limites princípiológicos de atuação e de maneira a

---

[303] No caso Ärzte für das Leben, as autoridades austríacas foram acusadas de não oferecerem a proteção necessária contra indevidas interferências de terceiros por ocasião de duas manifestações contra a interrupção voluntária de gravidez. O Tribunal Europeu dos Direitos do Homem entendeu que mesmo uma manifestação que provoque fortes reações contrárias deve acontecer sem que os participantes sejam constrangidos ao ponto de paralisarem o seu direito de manifestação, cumprindo ao Estado diligenciar para que garantir o seu lícito exercício. A garantia, no entanto, tem limites, não se podendo exigir que ultrapasse o que se considere razoável, próprio e adequado, ou, como acrescentado pelo Professor SÉRVULO CORREIA, "o dever de protecção, e, sobretudo, o dever de protecção administrativa, tem de ser aferido à luz de *parâmetros de possibilidade*" (in: p. 51 de SÉRVULO CORREIA. **O Direito de Manifestação**: âmbito de protecção e restrições. Lisboa, 2006). O caso mencionado pode ser encontrado em http://cmiskp.echr.coe.int/tkp197/view.asp?item=1&portal=hbkm&action=html&highlight=%E4rzte&sessionid=50029881&skin=hudoc-en. Acesso em 27.03.2010.
[304] Como destacado na já mencionada decisão do Tribunal Europeu dos Direitos do Homem, de 21 de junho de 1988, "Os Estados serão julgados, isso sim, segundo o padrão da razoabilidade e propriedade ou adequação das medidas que tomarem". O professor português Sérvulo Correia acrescenta que "o dever de protecção administrativa, tem de ser aferido à luz de *parâmetros de possibilidade*." Desta forma, a não atuação policial além do que fosse razoável exigir para afastar o dano não configura omissão. O caso Ärzte für das Leben, já referido, é emblemático. O Estado não pode omitir-se diante da exigência de proteção exigida pela Ordem Jurídica, devendo agilizar medidas *razoáveis* e *apropriadas* para o exercício do direito protegido. Uma vez adotadas tais medidas – razoáveis, próprias ou adequadas – não há como garantir, por ser isso simplesmente impossível, que todos os riscos estarão afastados. *In*: p. 51 de SÉRVULO CORREIA. **O Direito de Manifestação**: âmbito de protecção e restrições. Lisboa, 2006.

proteger quem devia ser protegido (inocorrência do funcionamento *anormal* do serviço), o dano por este sofrido não gera responsabilidade para o Estado.[305] Não se pode esquecer, no entanto, que o *parâmetro de possibilidade* deve estar a um só tempo vinculado à *idoneidade* – propriedade para a eliminação do perigo -, *necessidade, proporcionalidade, tempestividade* e *suficiência temporal* – duração limitada à necessidade de proteção -, muito especialmente quando ao direito protegido se constate a existência de direitos ou interesses contrapostos. Assim, a polícia de segurança pública, na sua atuação policial protetiva, não pode perder de vista os direitos contrários àquele protegido, de forma a não infringir o seu dever de não intervenção – salvo por previsão legal. Dito de outra forma, os direitos e interesses contrapostos são também merecedores de cuidados por parte da polícia de segurança pública, sem o que o excesso de proteção poderá gerar danos para terceiros, passíveis de responsabilização estatal.[306]

De maneira esquemática, o Estado se sujeita a responder por danos quando, *presente o direito a ser protegido* e não ultrapassados os limites legais de atuação, a polícia de segurança pública atua, mas age mal por *supervalorizar* o perigo – peca por excesso -; ou, *subvalorizar* o perigo – medidas aquém das necessárias. Ou não atua por *não valorizar* o perigo – peca por omissão absoluta.

Por outro lado, não se descarta a hipótese – ainda que, a princípio, aparentemente absurda - de, *não presente um direito a ser protegido*, a polícia de segurança pública ainda assim age. Eventuais danos decorrentes da atuação indevida são passíveis de atribuição de responsabilização indenizatória ao Estado.

Ainda que *devidamente valorizado o perigo*, o Estado também está sujeito a responsabilização por danos se a polícia de segurança pública executa mal a *medida certa*, seja por excesso, seja por insuficiência de atuação (omissão relativa); ou porque define *incorretamente a medida policial cabível*.

---

[305] Notadamente quando o titular do direito protegido extrapola o seu exercício, como aconteceria, por exemplo, no caso de manifestantes, ainda lembrando o caso Ärzte für das Leben, valerem-se de provocações contra os contramanifestantes e estes, em razão da agressão indevida, causassem danos aos manifestantes.

[306] Sobre a multilateralidade ou multipolaridade das relações administrativas, ver item 3.3.4.

3 – Princípios jurídicos e limites da polícia de segurança pública

3.1 Introdução

Mais grave que a transgressão a uma norma é a violação a um princípio na medida em que não se está a ofender um mandamento específico obrigatório, mas a contrariar *um sistema de comandos*.

Se princípios jurídicos são vetores de interpretação de normas,[307] princípios constitucionais funcionam como mandamentos nucleares de um sistema jurídico que compõem o espírito e servem de critério para a exata compreensão e inteligência das suas normas,[308] conferindo estrutura e coesão ao ordenamento jurídico. É na conjugação com os seus princípios que os preceitos constitucionais têm seu sentido exato encontrado, de maneira tal que as normas não expressadas cabalmente pelo legislador constituinte se tornam explícitas ou explicitáveis.[309]

No Brasil, o exercício do poder de polícia se sujeita aos princípios postos para a Administração Pública, estabelecidos no art. 37, *caput*, da Constitui-

---

[307] P. 27 de CARVALHO, Welinton Sousa. **Despedida Arbitrária no Texto Constitucional de 1988**. Curitiba, Juruá, 1998.
[308] P. 450-451 de MELLO, Celso Antônio Bandeira de. **Curso de Direito Administrativo**.
[309] P. 226-227 de MIRANDA, Jorge. **Manual de Direito Constitucional**. Coimbra, Coimbra Editora, 1991, T. II.

ção Federal,[310,311] de modo a sempre estar pautado na legalidade, impessoalidade, moralidade, publicidade e eficiência. Visa-se com isso garantir atos de polícia não arbitrários uma vez que o Estado moderno confere valoração aos direitos fundamentais que não pode ser desviada pela Administração Pública. Assim, a limitação de tais direitos somente ocorrerá com base legal e em prol do bem comum. É o texto constitucional, enfim, que legitima e justifica atuações policiais limitadoras, mesmo agressivas a direitos fundamentais, ou de qualquer outra ordem.

Seja do ponto de vista das funções tradicionais de polícia genericamente considerada, quais sejam, a de ordenadora e de garantidora visando a satisfação de necessidades coletivas – a segurança, a proteção dos cidadãos e seus bens, a saúde pública, a tranquilidade pública -, seja, mais modernamente, o atendimento também da proteção ambiental, a qualidade alimentar, o acesso a certas atividades econômicas, o urbanismo, o funcionamento do mercado etc - domínios administrativos próprios – não há dúvidas para se afirmar que a atividade policial está compreendida nas funções administrativas do Estado. A polícia de segurança pública, por sua vez, não se autonomiza da Administração como um todo, de forma a constituir apenas um dos ramos de atividade[312] materialmente administrativa[313] na medida em que a proteção dos interesses ali envolvidos configura "um fim público

---

[310] Constituição Brasileira de 1988: "Art. 37. A administração pública direta e indireta de qualquer dos Poderes da União, dos Estados, do Distrito Federal e dos Municípios obedecerá aos princípios de legalidade, impessoalidade, moralidade, publicidade e eficiência e, também, ao seguinte (...)."

[311] Estes são os princípios expressos, assim considerados por sua menção no texto constitucional. Além deles, a doutrina e jurisprudência reconhecem outros – sejam os não enunciados no art. 37 da Constituição Federal, mas afirmados no texto constitucional; sejam aqueles tidos como consequências irrefragáveis dos princípios expressos; sejam ainda os tidos como "implicações evidentes do próprio Estado de Direito e, pois, do sistema constitucional como um todo" (p. 52 de MELLO, Celso Antônio Bandeira de. **Curso de Direito Administrativo**. São Paulo, Malheiros, 1996) - que, não obstante, também compõem o conjunto principiológico atinente à Administração Pública.

[312] Nas palavras de Roberto Dromi, "La policía no tiene peculiaridades que la distingan como función estatal propia y autónoma. La regulación jurídica de la policía es común al resto de la función administrativa" (p. 665 de DROMI, Roberto. **Derecho Administrativo**. Buenos Aires, Ciudad Argentina, 2000).

[313] Ibidem.

do poder".[314] Os princípios aplicáveis à atuação administrativa estatal – que representam "cânones pré-normativos"[315] - naturalmente alcançam a atuação policial de segurança pública, devendo esta observar os princípios que regem a Administração Pública. Em outras palavras, qualquer função de polícia de segurança pública deixa de ser dedutível de um imanente conceito de Estado para gravitar decisivamente no âmbito da Constituição. Consequentemente, os artigos constitucionais referentes, direta ou indiretamente, à atividade policial de segurança pública, e, além deles, leis e demais atos hierarquicamente iguais ou inferiores, devem ser interpretados e aplicados em máxima congruência com princípios constitucionais[316] sistêmicos,[317] de modo que no Estado constitucional a atuação policial encontra os seus limites básicos nos limites impostos pela Constituição.

Mais ainda, a relação policial de segurança pública não é apenas caracterizada pela relação da Administração com o cidadão. Ou seja, não se trata somente de uma relação jurídica administrativa. É também uma relação jurídica constitucional na medida em que está na Constituição o seu fundamento, bem como os seus fins e limites. Desta forma, antes da relação entre Administração de polícia de segurança pública e cidadãos, preexiste uma relação constitucional,[318] ainda que a Constituição Federal do Brasil não estabeleça, de forma específica, as funções e limites da função policial estatal.[319] Assim, as medidas de polícia de controle de perigos são válidas e

---

[314] P. 201 de LOMBA, Pedro. Sobre a teoria das medidas de polícia administrativa, *in* **Estudos de Direito Policial**. Lisboa, AAFDL, 2003, 1º vol.Em Portugal os princípios aplicáveis à atuação policial decorrem dos artigos 266º e 272º, podendo-se afirmar, quanto a estes, que a exigência mais expressiva de conformidade constitucional no que concerne à atividade policial refere-se aos princípios da legalidade, igualdade, proporcionalidade, imparcialidade, justiça, boa-fé e da prossecução do interesse público.
[315] P. 11 de CARVALHO FILHO, José dos Santos. **Manual de Direito Administrativo**. Rio de Janeiro, Lumen Júris, 1999.
[316] P. 37-39 de CARRAZA, Roque Antônio. **Curso de Direito Constitucional Tributário**. São Paulo, Malheiros, 2000.
[317] Assim como "a autoridade normativa e a imediata aplicabilidade do sistema de direitos fundamentais gizado pela Constituição (cfr. p. 184 de LOMBA, Pedro. Sobre a teoria das medidas de polícia administrativa, *in* **Estudos de Direito Policial**. Lisboa, AAFDL, 2003, 1º vol).
[318] Ver SILVA, Vasco Pereira da. **Em Busca do Acto Jurídico Perdido**. Coimbra, 1998, p. 258 e ss.
[319] Diferentemente da Constituição da República Portuguesa. No caso de Portugal, princípios específicos são estabelecidos no nº 1 do art. 272º da Constituição da República Portuguesa, não ficando o poder de polícia imune aos demais princípios que regem a Administração Pública

lícitas quando a atuação da polícia de segurança pública não conflite com a Constituição, bem como com os princípios e as leis que lhe sejam afins.

O resultado das medidas de polícia tem importância decisiva uma vez que serve para sinalizar a ocorrência de violação aos limites de aplicação das medidas em análise, em especial aos princípios decorrentes da atividade policial, além de se poder detectar desvios de poder.[320] Se observados tais limites, o exercício do poder se legitima quanto a este aspecto. A revelar a complexidade envolvida, a atuação aquém das necessidades de efetivação do poder de polícia sob o pretexto de respeito aos limites, pode configurar um inaceitável quadro condenável de renúncia ilegítima de poderes administrativos, uma vez que à Administração não é dado deixar de exercer poderes que devem ser utilizados na plenitude em prol do interesse da coletividade. Não pode, de outro lado, vir a Administração Pública agir além dos limites, sob pena de configuração de arbítrio e abuso de poder, desprezando direitos individuais, quadro também não admissível no Estado Democrático de Direito.

Interessa também considerar que o princípio da legalidade, como um dos a serem observados, pode, no Direito brasileiro, ter interpretação ampla de modo a ser tomado como *princípio da juridicidade*, sendo por isso conveniente examinar as limitações da atuação policial de segurança pública também no que respeita ao princípio da proporcionalidade uma vez que este nasce dos dispositivos que consagram a submissão da Administração ao princípio da legalidade.

Por fim, cumpre à polícia de segurança pública atuar observando princípios específicos à atividade que, evidentemente, são congruentes com os princípios constitucionais aplicáveis.

3.2 Princípio da legalidade

No absolutismo monárquico, ou o que se convencionou designar Estado de Polícia, o soberano exercia os seus poderes – confusão de poderes - sem

---

– art. 266º daquela Constituição – bem como todos os demais princípios legais infraconstitucionais, mesmo os estabelecidos pelo Código de Procedimento Administrativo – CPA, cfr. Marcelo Rebelo de Sousa (**Constituição da República Portuguesa Comentada**, Lisboa, Editora Lex, 2000, p. 406/407).

[320] P. 214 de LOMBA, Pedro. Sobre a teoria das medidas de polícia administrativa. In: Estudos de Direito de Polícia. Lisboa: AAFDL, 2003, 1º vol.

a necessidade de definição normativa prévia, assim como direitos subjetivos dos súditos não lhe serviam de limites de atuação, de modo que, arbitrariamente e em nome de um interesse público pelo próprio soberano identificado, os particulares eram lesados em seus direitos sem quaisquer contrapartidas ou "remédios jurídicos suficientes, quer na possibilidade de dispensar alguns particulares (e não outros) do cumprimento de deveres legais, quer ainda no direito de o príncipe ou o rei outorgar privilégios a certos particulares a seu bel-prazer".[321]

Ainda antes da Revolução Francesa, o poder absoluto e arbitrário atenuou-se com a distinção doutrinal entre Estado Soberano e Estado Fisco, sendo neste último possível a apreciação jurisdicional de decisões ilegais do Estado.

Com as revoluções liberais, a separação de poderes passou a ser base dos sistemas administrativos e sustentáculo do Estado de Direito. No Estado de Direito Liberal o princípio da legalidade surgiu numa primeira roupagem, ficando a Administração Pública subordinada à lei formal.[322] Vigorava a ideia de liberdade como limitadora da ação estatal – limitação negativa –, seja pela separação dos poderes, seja pela redução das funções do Estado perante a sociedade.[323] Consubstanciou-se, pois, o Estado Constitucional de Direito, valendo ressaltar que o princípio da legalidade funcionava então como a necessária observância da lei como limite à atividade administrativa. A Administração Pública, entretanto, em que pese a lei como um limite à sua ação, usufruía de liberdade idêntica aos dos particulares uma vez que lhe era consentido tudo aquilo que não fosse expressamente vetado por lei.[324]

A seguir, o Estado Pós-Liberal surgiu sob três regimes: o autoritário de direito; o comunista, e o democrático ocidental.[325] No autoritário o Estado de Direito foi convertido em Estado de Legalidade, onde a noção de princí-

---

[321] P. 980 de AMARAL, Diogo Freitas. Legalidade (Princípio da), in **Dicionário Jurídico de Administração Pública**. Lisboa, s. n., 1994.

[322] P. 665-666 de CORREIA, Sérvulo. Os princípios constitucionais da Administração Pública, in **Estudos sobre a Constituição**. Lisboa, Livraria Petrony, 1979, v. III.

[323] P. 86 de MIRANDA, Jorge. Manual de Direito Constitucional. Coimbra, Coimbra Editora, 1997, t. I.

[324] P. 101 de SOUSA, Marcelo Rebelo de. **Lições de Direito Administrativo**. Lisboa, s. n., 1994-1995.

[325] P. 980-981 de AMARAL, Diogo Freitas. Legalidade (Princípio da), in **Dicionário Jurídico de Administração Pública**. Lisboa, s. n., 1994.

pio da legalidade passa a servir de instrumento de proteção dos interesses da Administração do Estado, e não de proteção dos direitos dos particulares. Neste contexto, a lei formal não mais tem necessariamente a sua origem no Poder Legislativo uma vez que a sua validade é admitida como tal a qualquer norma geral e abstrata assim decretada pelo Poder Executivo.

O princípio da legalidade foi assumido no regime comunista como um instrumento administrativo do Estado de construção do *socialismo*, constituindo uma *legalidade socialista*, com a interpretação da lei devendo ser em prol da causa socialista.[326]

Já no regime democrático ocidental – Estado Social de Direito – a lei não mais serve apenas de limite à atuação da Administração Pública, mas também é o seu fundamento, de modo que somente poderá agir se a lei permitir e, ainda assim, na extensão exata da permissão legal. A lei deixa de ser tida somente no seu sentido formal e passa a ser compreendida num sentido mais amplo, de modo que a Administração Pública fica submetida ao Direito.[327] Tem-se que "o princípio da legalidade não visa apenas a proteção dos direitos subjetivos e interesses legalmente protegidos dos particulares, como também não visa apenas a proteção dos interesses objetivos da Administração e do Estado – visa simultaneamente garantir o respeito das normas aplicáveis, quer no interesse da Administração, quer no interesse dos particulares".[328] O princípio da legalidade passa a constituir o fundamento, o critério e o limite de toda a atuação administrativa.[329, 330]

Decorrem do princípio da legalidade na formulação típica do Estado Social de Direito duas modalidades ou subprincípios. Quais sejam, a *pre-*

---

[326] P. 47 de AMARAL, Diogo Freitas do. **Curso de Direito Administrativo**. Coimbra, Almedina, 2001, v. II.

[327] P. 102 e ss. de SOUSA, Marcelo Rebelo de. **Lições de Direito Administrativo**. Lisboa, s. n., 1994-1995.

[328] P. 48 de AMARAL, Diogo Freitas do. **Curso de Direito Administrativo**. Coimbra, Almedina, 2001, v. II.

[329] FREITAS DO AMARAL e outros. **Código do Procedimento Administrativo** Anotado. *Apud* p. 177 de ESTORNINHO, Maria João. **A Fuga para o Direito Privado**. Coimbra, Almedina, 2009.

[330] Freitas do Amaral destaca que uma das funções do princípio da legalidade é "assegurar o primado do poder legislativo sobre o poder administrativo", porque este é apenas detentor "de uma autoridade derivada e secundária", enquanto o poder legislativo "emana da soberania popular e a representa" in P. 49 de de AMARAL, Diogo Freitas do. **Curso de Direito Administrativo**. Coimbra, Almedina, 2001, v. II.

valência da lei e a *precedência de lei*. O primeiro deles, princípio da prevalência da lei ou princípio da legalidade negativa, "significa que nenhum acto de categoria inferior à lei a pode contrariar, sob pena de ilegalidade". Já o princípio da precedência de lei ou princípio da reserva de lei, ou ainda princípio da legalidade positiva, "significa que nenhum acto de categoria inferior à lei pode ser praticado sem fundamento nela".[331] A Administração fica impedida de atuar *contra legem* pelo princípio da prevalência da lei[332], enquanto que o princípio da reserva de lei[333] coíbe a atuação administrativa *praeter legem*.[334]

Em outras palavras, o princípio da *prevalência da lei* significa a submissão e respeito à lei, ao passo que o princípio da reserva de lei decorre do imperativo constitucional de que a regulamentação de certas matérias deve ser feita, necessariamente, por lei formal,[335] cumprindo ainda distinguir a reserva de lei *absoluta* da *relativa*. É *absoluta* quando a Constituição estabelece que a matéria será exclusivamente disciplinada por lei, com exclusão de qualquer outra fonte infralegal. Será *relativa* quando a Constituição admitir que a matéria seja, em parte, disciplinada por outra fonte

---

[331] P. 176-177 de ESTORNINHO, Maria João. **A Fuga para o Direito Privado**. Coimbra, Almedina, 2009.

[332] A precedência da lei, ou primado da lei, significa que os atos do Estado sob o formato de lei prevaleçam sobre quaisquer outros atos estatais, sejam eles, em se tratando de ato da Administração, atos normativos ou atos administrativos. Resulta que a Administração está impedida de adotar qualquer conduta contrária à lei.

[333] Reserva de lei importa que "a Constituição reserva determinadas decisões para o legislador e que a Administração só poderá adoptar determinadas medidas quando a lei formal expressamente lho autorize", *in* p. 48, nota 102, de SOUSA, António Francisco de. **A Polícia no Estado de Direito**. São Paulo, Editora Saraiva, 2009. Em especial, destaca o autor (p. 48) "ninguém pode ser obrigado pela Administração a uma acção, tolerância ou omissão quando não haja uma lei que o exija ou permita".

[334] P. 673 de CORREIA, Sérvulo. Os princípios constitucionais da Administração Pública, *in* **Estudos sobre a Constituição**. Lisboa, Livraria Petrony, 1979, v. III.

[335] P. 423 de SILVA, José Afonso da. **Curso de direito constitucional positivo**. 15 ed. Cidade: Malheiros, 1998."Tem-se, pois, reserva de lei, quando uma norma constitucional atribui determinada matéria exclusivamente à lei formal (ou atos equiparados, na interpretação firmada na praxe), subtraindo-a, com isso, à disciplina de outras fontes, àquela subordinada" (p. t. 1/52 de CRISAFULLI, Vezio. **Lezioni di Diritto Costituzionale**. Padova, CEDAM, 1975, v. II apud p. 423 de SILVA, José Afonso da. **Curso de direito constitucional positivo**. 15 ed. Cidade: Malheiros, 1998.

diferente da lei, desde que "esta aponte as bases em que aquela deva produzir-se validamente".[336]

Sob o ponto de vista de Gomes Canotilho e Vital Moreira, deve-se dar ao princípio da legalidade entendimento o mais amplo possível,[337] de modo que o princípio da legalidade seja interpretado como o *princípio da juridicidade*. Assim considerado, o princípio da legalidade é tomado como um princípio mais abrangente, de modo que o Direito, no seu todo serve de base e pressuposto de toda a atividade administrativa. Convertido, pois, em princípio da juridicidade, o princípio da legalidade assume nos artigos 5°, II, e 37 da Constituição brasileira maior amplitude que a habitualmente considerada. É o entendimento de Carmem Lúcia Antunes Rocha, para quem o princípio da juridicidade implica em que a Administração Pública seja "o próprio Direito tornada movimento realizador de seus efeitos para intervir e modificar a realidade social a qual incide".[338]

A Administração não se sujeita apenas à lei formal, mas à legalidade *lato sensu*, devendo haver respeito à Constituição, ao Direito Internacional, aos princípios gerais do direito e aos regulamentos, aos atos constitutivos de direitos, e ainda aos contratos administrativos. Está-se, aqui, diante de juridicidade e de bloco legal.[339] É assim que Hauriou entende que, não obstante considerar-se a lei formal como sua principal fonte, cumpre à

---

[336] P. 424-425 de SILVA, José Afonso da. **Curso de direito constitucional positivo**. 15 ed. Cidade: Malheiros, 1998.O primeiro caso, ou seja, reserva de lei absoluta acontece quando a Constituição faz uso de expressões do tipo: 'a lei regulará', 'a lei disporá', 'a lei complementar organizará', 'a lei criará', 'a lei poderá definir' etc. Já a reserva de lei relativa é notada quando o texto constitucional emprega fórmulas tais como: 'nos termos da lei', 'no prazo da lei', 'na forma da lei', 'com base na lei', 'nos limites da lei', 'segundo critérios da lei' etc.

[337] P. 923 de CANOTILHO, J.J. Gomes; MOREIRA, Vital. **Constituição da República Portuguesa Anotada**. Coimbra, Coimbra Editora, 3ª ed. revista, 1993.

[338] P. 81 de ROCHA, Carmén Lúcia Antunes. **Princípios Constitucionais da Administração Pública**. Belo Horizonte, Del Rey, 1994.

[339] Na concepção de Marcelo Rebelo de Sousa, bloco de legalidade é o "conjunto formado pelos princípios e pelas regras constitucionais, internacionais e legais, bem como por atos como regulamentos administrativos, os contratos administrativos e de direito privado e atos administrativos constitutivos de direitos, que, nos termos da lei, condicionam a atuação da administração pública" (p. 105 de SOUSA, Marcelo Rebelo de. **Lições de Direito Administrativo**. Lisboa, s. n., 1994-1995).

Administração sujeitar-se e obedecer a esse bloco de legalidade que, noutras palavras, é composto por todas as fontes do Direito Administrativo.[340]

Em síntese, parte expressiva da doutrina compreende o princípio da legalidade não somente como limite da atividade administrativa. Vai-se além ao considerar a legalidade como efetivo fundamento da atuação da Administração, e mais ainda quando tomada a ideia de legalidade na dimensão de bloco de legalidade, de forma tal que a atividade administrativa não estaria apenas sujeita à lei, mas ao Direito na sua integralidade.

É preciso ressaltar que sob circunstâncias excepcionais previstas expressamente na Constituição brasileira, o princípio da legalidade pode sofrer *transitória constrição*.[341] Tal ocorre quando da decretação de *estado de defesa* e do *estado de sítio*. Certo é que, no estado de defesa, adota-se uma legalidade especial, "cujo conteúdo depende do Decreto que o instaurar".[342] Ademais, a Constituição prevê restrições aos direitos de reunião, ao sigilo de correspondência, de comunicação telegráfica e telefônica, bem como contempla a ocupação e o uso temporário de bens, na hipótese de calamidade pública, restando, enfim, em suspenso, a vinculação ao texto constitucional ou à lei – princípio da legalidade – no formato normalmente tomado como regra do ordenamento jurídico brasileiro.

Para fazer face a situações fáticas específicas, instaura-se um regime de legalidade extraordinária configuradora do estado de sítio. Tal como anotado para o estado de defesa, também há aqui substituição do regime jurídico de legalidade comum, ou ordinário, por um de legalidade constitucional especial ou extraordinária cujo conteúdo dependerá do teor do decreto presidencial de instauração, sendo que a Constituição já contempla limites ao estado de legalidade excepcional no estado de sítio nos casos de comoção grave de repercussão nacional e de ocorrência de fatos que comprovem a ineficácia de medida tomada durante o estado de defesa.

---

[340] A doutrina ainda considera uma acepção mais ampla de bloco de legalidade na qual se inclui normas não escritas, de modo a que a legalidade não se prenda a elementos escritos, de tipo legislativo ou regulamentar. Sérvulo Correia noticia que, em Portugal, o Supremo Tribunal Administrativo - STA já decidiu que a não validade dos atos administrativos pode resultar da violação de princípios gerais do direito (p. 234-235 de SÉRVULO CORREIA. **Noções de Direito Administrativo**. Lisboa: Danubio, 1982).

[341] P. 61 de MELLO, Celso Antônio Bandeira de. **Curso de Direito Administrativo**. São Paulo, Malheiros, 1996.

[342] P. 739 de SILVA, José Afonso da. **Curso de direito constitucional positivo**. 15 ed. Cidade: Malheiros, 1998.

3.2.1 Reflexos do princípio da legalidade nos limites de atuação da polícia de segurança pública

No Brasil, o princípio da legalidade não somente está assentado no princípio do Estado Democrático de Direito, como decorre da Constituição Federal, art. 37[343,344] e ainda do inciso II, do art. 5º.[345] Interpreta-se o sentido de *lei* no art. 5º, II, da Constituição brasileira, em seu sentido formal, ou restrito, ou seja, como ato jurídico resultante da regular atividade do Poder Legislativo.[346] Não há no Direito brasileiro uma atribuição à Administração de poder normativo autônomo, significando que esta, efetivamente, nada pode fazer senão o que a lei determina.[347] A atividade policial

---

[343] CF art. 37: "A administração pública direta e indireta de qualquer dos Poderes da União, dos Estados, do Distrito Federal e dos Municípios obedecerá aos princípios de legalidade, impessoalidade, moralidade, publicidade e eficiência e, também, ao seguinte".

[344] O inciso II, do art. 5º, e o art. 37 da CF conferem uma compreensão estrita do princípio da legalidade, de modo que, diferentemente do que ocorre em Portugal, a Administração age sem considerável desenvoltura. É que no Brasil não são admitidos regulamentos autônomos ou independentes, mas apenas regulamentos de execução e de organização, muito especialmente quando têm por objetivo impor restrições ou limitações à liberdade dos particulares. Nas palavras de Celso Antônio Bandeira de Mello, "o princípio da legalidade, como é óbvio, tem, em cada país, o perfil que lhe haja atribuído o respectivo direito constitucional. Assim, em alguns será estrito, ao passo que em outros possuirá certa flexibilidade, da qual resulta, para a administração, um campo de liberdade autônoma, que seria juridicamente inimaginável ante nossas Constituições. Tanto na França, por exemplo (e sobretudo nela), como na Alemanha, na própria Itália ou mesmo em Portugal e Espanha, a esfera em que a Administração pode se manifestar com alguma desenvoltura em relação à lei é incomparavelmente maior que no Brasil", p. 58 dne MELLO, Celso Antônio Bandeira de. **Curso de Direito Administrativo**. São Paulo, Malheiros, 1996.

[345] CF art. 5º, II: "ninguém será obrigado a fazer ou deixar de fazer alguma coisa senão em virtude de lei".

[346] Para Celso Antônio Bandeira de Mello, "Aí não se diz 'em virtude de' decreto, regulamento, resolução, portaria ou quejandos. Diz-se 'em virtude de lei'. Logo, a Administração não poderá proibir ou impor comportamento algum a terceiro, salvo se estiver previamente embasada em determinada lei que lhe faculte proibir ou impor algo a quem quer que seja. Vale dizer, não lhe é possível expedir regulamento, instrução, resolução, portaria ou seja lá que ato for para coatar a liberdade dos administrados, salvo se, *em lei*, já existir delineada a contenção ou imposição que o ato administrativo venha a minudenciar", p. 59 de MELLO, Celso Antônio Bandeira de. **Curso de Direito Administrativo**. São Paulo, Malheiros, 1996.

[347] P. 58 de MELLO, Celso Antônio Bandeira de. **Curso de Direito Administrativo**. São Paulo, Malheiros, 1996.

para ser válida tem de estar fundamentada em lei formal[348] que, por sua vez, vincula-se ao texto constitucional, de modo que a autoridade policial deve atuar *secundum legem*, e não *contra legem* ou *praeter legem*, o que demanda a questão de se conhecer a extensão e os limites traçados pelo princípio da legalidade no que concerne à atuação policial em segurança pública.

A atividade policial de segurança pública exige a precedência de lei. No entanto, nem sempre está a ela sujeita,[349] de forma que a exigência merece temperamento.[350] Pretender que as situações de perigo ou que as medidas de polícia de segurança pública devam ser apenas as taxativamente previstas na lei contraria a realidade das coisas uma vez que há uma pluralidade ilimitada de circunstâncias em que perigos decorrentes da criminalidade se configuram e exigem pronta ação da polícia de segurança pública. Desse modo, é insensata a pretensão de que as situações e medidas de polícia de segurança pública admissíveis sejam apenas aquelas tipificadas em lei.[351] Admite-se a intervenção policial com preterição de requisitos de legalidade quando verificadas as circunstâncias de *estado de necessidade*[352] que, diante da gravidade, atualidade e relevância da ameaça

---

[348] Vale ressaltar que as medidas provisórias, instrumento previsto no artigo 62 da Constituição brasileira, não funcionam como fundamento da atividade policial, uma vez que são providências de caráter precário e transitório, que devem obedecer a limites impostos pelo texto constitucional, além de não se equipararem às leis surgidas do processo legislativo, de modo a não se poder tomá-las como *lei formal*. Jorge Miranda esclarece que só são atos legislativos os definidos pela constituição nas formas por ela prescritas. No caso de Portugal, a lei, o decreto-lei e o decreto legislativo regional (p. 890-891 de MIRANDA, Jorge. Sobre a reserva constitucional da função legislativa, *in* **Perspectivas Constitucionais: Nos Anos 20 da Constituição de 1976**. Coimbra, Coimbra Editora, 1996-1998, v. II). Como destaca Roque Antonio Carrazza, "a medida provisória não é lei, só se transforma em lei quando ratificada pelo Congresso Nacional" (p. 200 de CARRAZZA, Roque Antonio. **Curso de Direito Constitucional Tributário**. São Paulo, Malheiros, 2000.

[349] Alguns autores, entre eles CATARINA SARMENTO E CASTRO, entendem que a atividade policial está *sempre* sujeita à precedência de lei. P. 86 de CASTRO, Catarina Sarmento. A Questão das Polícias Municipais. Coimbra: Coimbra, 2003.

[350] Com apoio em JORGE REIS NOVAIS *in* NOVAIS, Jorge Reis. **As Restrições aos Direitos Fundamentais não Expressamente Autorizadas pela Constituição**. Coimbra: Coimbra, 2003.

[351] P. 247 de CORREIA, Sérvulo. **Noções de Direito Administrativo**. Lisboa, 1982, v. I.

[352] O novo Código do Procedimento Administrativo - CPA português, a exemplo do previsto na legislação anterior, admite o *estado de necessidade* nos termos do artigo 3º, nº 2: "Os atos administrativos praticados em estado de necessidade, com preterição das regras estabelecidas no presente Código, são válidos, desde que os seus resultados não pudessem ter sido alcan-

e dos bens em perigo, torna imprescindível e urgente a atuação policial de segurança pública. Ocorre, então, uma atenuação das exigências do princípio da legalidade, na sua vertente de precedência da lei.

É importante distinguir *estado de necessidade* de *urgência*. Urgência e estado de necessidade não possuem o mesmo significado, embora constituam circunstâncias habilitantes de atuação policial. É da exigência de uma célere intervenção administrativa, conjugada com a eficácia, que decorre a urgência. Se é bem verdade que todas as atuações em estado de necessidade são urgentes,[353] é preciso considerar, entretanto, que o estado de necessidade caracteriza-se pela excepcionalidade da intervenção administrativa relativamente à lei,[354] ao passo que a urgência não representa uma derrogação ao princípio da legalidade[355] e implica atuações policiais que podem ser classificadas comuns.

Ausente lei específica autorizadora de atuação, mas havendo a necessidade indubitável de salvaguarda de direitos ou interesses legalmente protegidos, a polícia pode agir com base no art. 144, caput, denominada *cláusula*

çados de outro modo, mas os lesados têm o direito de ser indemnizados nos termos gerais da responsabilidade da Administração". Examinando a questão ainda à luz do CPA anterior, DIOGO FREITAS DO AMARAL e MARIA DA GLÓRIA F. P. D. GARCIA entendem que o Direito português "consagra um pressuposto do estado de necessidade e um princípio de actuação. Consagra como pressuposto do estado de necessidade a *urgência da decisão*. É a urgência que impede que as formalidades procedimentais se cumpram. E consagra também, ainda que implicitamente, uma referência ao *princípio da proporcionalidade*, enquanto princípio que deve modelar o agir administrativo em estado de necessidade, porquanto se dá por assente que os resultados atingidos com o acto praticado em estado de necessidade são adequados às circunstâncias". *In*: p. 482/483 de AMARAL, Diogo Freitas; GARCIA, Maria da Glória F. P. O estado de necessidade e a urgência em Direito Administrativo. **Revista da Ordem dos Advogados**, Lisboa, ano 59, abril 1999.

[353] P. 485 e ss. de AMARAL, Diogo Freitas; GARCIA, Maria da Glória F. P. O estado de necessidade e a urgência em Direito Administrativo. Revista da Ordem dos Advogados, Lisboa, ano 59, abril 1999.

[354] V. Código de Procedimento Administrativo português, art. 3º, nº 2.

[355] P. 491 de AMARAL, Diogo Freitas; GARCIA, Maria da Glória F. P. O estado de necessidade e a urgência em Direito Administrativo. **Revista da Ordem dos Advogados**, Lisboa, ano 59, abril 1999.

geral de polícia,[356,357] e amparada nos efeitos irradiantes do *caput* do art. 5º da Constituição Federal.[358] A preocupação maior deve estar centrada na observância de pressupostos para verificação do real *estado de necessidade* administrativa como forma de compensar o défice inevitável decorrente da impossibilidade de se prever todas as situações onde a atuação policial se faça necessária, donde se tomam como relevantes "a gravidade, anormalidade ou excepcionalidade da situação, a iminência ou atualidade do perigo para um interesse público essencial ou de realização imperiosa, a urgência da ação e consequente impossibilidade de observância integral dos requisitos de legalidade, a superioridade manifesta ou a maior relevân-

---

[356] Segundo Jorge Reis Novais, *cláusula geral de polícia* é "a faculdade de a Administração, ainda que sem o correspondente fundamento legal específico, pode tomar as medidas urgentes e necessárias para manter ou repor a ordem pública e a segurança em caso de ameaça directa, grave e iminente, mesmo que para isso tenha que proceder a limitações não previstas dos direitos fundamentais." In: nota nº 842, da p. 476, de NOVAIS, Jorge Reis. As Restrições aos Direitos Fundamentais não Expressamente Autorizadas pela Constituição. Coimbra: Coimbra, 2003. SÉRVULO CORREIA, referindo-se às legislações em matéria de Direito geral da polícia e da ordem na República Federal da Alemanha, cabíveis exclusivamente aos *Länder*, esclarece que "Estas legislações contêm normalmente uma cláusula geral que, subsidiariamente, isto é, na ausência de normas que tipifiquem as situações em causa, habilitam os serviços policiais e de ordem (*Polizei – und Ordnungsbehörden*) a praticar actos administrativos e actos materiais destinados a prevenir um perigo (*Gefarh*) ou a eliminar uma perturbação (*Störung*) para a segurança pública e, por vezes também, para a ordem pública." In: p. 7 de SÉRVULO CORREIA. Polícia: Dicionário Jurídico da Administração Pública. Separata do volume VI, dez. 1994.

[357] No caso de Portugal, a cláusula geral de polícia resulta de previsão constitucional - assim como na Áustria e na Espanha (*in*: p. 75 de CASTRO, Catarina Sarmento. A Questão das Polícias Municipais. Coimbra: Coimbra, 2003) - mais precisamente do art. 272º, n.º 1: "A polícia tem por funções defender a legalidade democrática e garantir a segurança interna e os direitos dos cidadãos". Afirma-se que a cláusula do n.º 3 do art. 237 da CRP, que atribui às polícias municipais a protecção das comunidades locais e a garantia da tranquilidade, também compõe a cláusula geral de polícia em Portugal (segundo CASTRO, Catarina Sarmento. A Questão das Polícias Municipais. Coimbra: Coimbra, 2003, na p. 76). Art. 237, n.º 3: "As polícias municipais cooperam na manutenção da tranquilidade pública e na protecção das comunidades locais".

[358] P. 485 de NOVAIS, Jorge Reis. **As Restrições aos Direitos Fundamentais não Expressamente Autorizadas pela Constituição.** Coimbra: Coimbra, 2003. Art. 18º, n.º 1: "Os preceitos constitucionais respeitantes aos direitos, liberdades e garantias são directamente aplicáveis e vinculam as entidades públicas e privadas".

cia do interesse prosseguido relativamente ao bem preterido ou afetado pela intervenção administrativa."[359,360]

A existência de circunstâncias de fato consideradas extraordinárias que demande uma necessária e urgente ação por envolver a ameaça ou a continuação de uma efetiva situação de perigo ou de dano de valores, bens ou interesses públicos, compõem, enfim, o quadro de *estado de necessidade* ao qual ainda se soma a verificação de essencialidade da tutela por via de atuação policial com preterição de regras que, numa situação de normalidade, desautorizariam a atuação da polícia de segurança pública. Frente a um quadro como tal existente, cumpre à polícia de segurança pública avaliar, por meio de juízo ponderativo de adequação e necessidade entre meios e fins, as consequências de não ser observada a precedência de lei. Contudo, havendo outros meios de ação que sejam suficientes ao afastamento do perigo ou da continuação do dano e que não impliquem desconsideração

---

[359] P. 486 de NOVAIS, Jorge Reis. **As Restrições aos Direitos Fundamentais não Expressamente Autorizadas pela Constituição**. Coimbra: Coimbra, 2003. O Autor, no entanto, considera que a natureza *imanente* deste tipo de limites ao exercício de direitos fundamentais é enfraquecida por duas razões, mesmo em situações extremas de *urgente necessidade*. São elas: não se dispensa "juízos de ponderação relativos à preferência relativa a atribuir aos interesses conflituantes", de modo a restar prejudicado "o pretenso caráter de evidência implicado, à partida, na noção de imanência"; e não se dispensa o controle de legitimidade da intervenção, mesmo em *estado de necessidade*, controle este realizado quanto aos "padrões de proporcionalidade, da imparcialidade e da igualdade, cujo cumprimento é igualmente indispensável à justificação". Noutros termos, a intervenção não tem caráter "meramente declarativo" – "como seria próprio de uma intervenção feita no âmbito da imanência" – em função de ser imprescindível uma verificação daqueles parâmetros. *In* p. 487 de NOVAIS, Jorge Reis. **As Restrições aos Direitos Fundamentais não Expressamente Autorizadas pela Constituição**. Coimbra: Coimbra, 2003.

[360] É também importante distinguir, com base no princípio da legalidade como fundamento da atuação policial, o estado de necessidade policial do estado de necessidade geral do direito administrativo. Enquanto na atuação policial tem-se situações previstas em lei e perante as quais se admite o uso da força, no estado de necessidade geral há uma legalização que autoriza seja o princípio da legalidade preterido. Noutras palavras, no âmbito da discricionariedade geral há uma quebra do princípio da legalidade que, curiosamente, objetiva a reposição de uma situação de normalidade legal. Pode-se afirmar que, no Estado de Direito, a legalidade teria se apropriado da discricionariedade, ou que a discricionariedade passou a estruturar a legalidade. Ver a respeito na p. 354 de NOGUEIRA DE BRITO, Miguel. Direito de Polícia, *in* **Tratado de Direito Administrativo Especial**. Coimbra, Almedina, 2009, vol. I.

do princípio da legalidade, estes outros meios devem ser preferidos sob pena de configuração de um excesso de estado de necessidade policial.[361]

Sinteticamente, a ocorrência de estado de necessidade é condição *sine qua non* para que a atuação policial de segurança pública se dê fundamentada na cláusula geral policial de segurança pública existente na Constituição brasileira. Sem a configuração de estado de necessidade, não há que se falar, portanto, em atuação policial baseada na cláusula geral policial.

O caráter de cláusula geral do art. 144, *caput*, da Constituição brasileira, brota do estabelecimento expresso de que a segurança pública é dever do Estado e "é exercida para a preservação da ordem pública e da incolumidade das pessoas e do patrimônio",[362] cláusula geral habilitante da atuação policial focada essencialmente na preservação da ordem pública, modernamente compreendida.[363] Pode a polícia de segurança pública, por exemplo, impor restrições ao exercício de direitos visando ao bem estar da coletividade como meio de controlar perigos decorrentes da criminalidade.[364] Contudo, na ocorrência de lei que defina *habilitações específicas* ajustáveis

---

[361] P. 996/997 de OTERO, Paulo. **Legalidade e Administração Pública**: O sentido da vinculação da administração à juridicidade. Coimbra: Almedina, 2007. FREITAS DO AMARAL e MARIA DA GLÓRIA GARCIA primeiramente analisam 'urgência' como pressuposto de verificação do 'estado de necessidade', contribuindo para "determinar a medida a adoptar e a sua intensidade, de acordo com uma normatividade excepcional" (p. 489). Mas também tomam a 'urgência' como realidade autônoma, ou seja "como realidade geradora de *consequências jurídicas próprias*, a urgência como *realidade autônoma em situação de normalidade legal* (p. 490 e seguintes, itálicos são do original) *in* AMARAL, Diogo Freitas; GARCIA, Maria da Glória F. P. O estado de necessidade e a urgência em Direito Administrativo. **Revista da Ordem dos Advogados**, Lisboa, ano 59, abril 1999.

[362] Art. 144, *caput*, da Constituição do Brasil: "A segurança pública, dever do Estado, direito e responsabilidade de todos, é exercida para a preservação da ordem pública e da incolumidade das pessoas e do patrimônio, através dos seguintes órgãos [...]"

[363] É preciso considerar que, inexistente na Constituição brasileira previsão semelhante àquela estabelecida no nº 2 do art. 272º da Constituição portuguesa ("*2. As medidas de polícia são as previstas na lei, não devendo ser utilizadas para além do estritamente necessário*"), a polícia de segurança pública está, em princípio, autorizada a se valer de medidas de polícia de segurança pública não previstas expressamente em lei. Há que se ponderar, no entanto, que o inciso II, do art. 5º, da Constituição do Brasil figura como limite a esta aparente liberdade de atuação (vide item 3.2.2), de modo que o respeito aos direitos e garantias individuais é também um limitador da atuação policial de segurança pública.

[364] Neste sentido, diversas decisões do Superior Tribunal de Justiça, entre elas a publicada em 6 de abril de 1992, no Recurso Ordinário em Habeas Corpus 1833/RHC 1992/0004861-7, de relatoria do Ministro Luiz Vicente Cernicchiaro.

ao caso concreto para a atuação policial de segurança pública, tal lei terá um *efeito bloqueador* da cláusula geral do art. 144, *caput*, da Constituição brasileira.[365] A cláusula geral do art. 144 da CF é, portanto, subsidiária da autorização expressa da lei.

A habilitação da polícia de segurança pública para agir verificado um estado de necessidade depende, sempre, de prévia lei de atribuição e competência policial. Não se trata de uma tipificação normativa das possíveis situações autorizadoras de atuação policial[366] - preterição do princípio da legalidade, na sua vertente *precedência de lei* -, mas de definições de atribuições e competências que autorizam a polícia de segurança pública atuar quando verificado que a sua presença é necessária ao controle de *perigo*

---

[365] António Francisco de Sousa tem a ordem pública – tomando-a como o conjunto de "normas" extrajurídicas, não positivadas, portanto, reconhecidas e protegidas pelo Direito, indispensáveis à vida humana e cívica ordenada em comunidade - como fonte de habilitação e limite de intervenção das forças policiais. No entanto, e para tanto, afirma ser obrigatório reconhecer "importantes restrições jurídico-constitucionais numa sociedade livre, pluralista e democrática", de onde se extrai que, de um lado, é violação da ordem pública o exercício da liberdade individual – seja ele qual for – que viole o sentimento ético e social dominantes. De outro lado, a existência de normas ético-sociais de, muitas vezes, difícil comprovação porque controversas, impõe, quando configurada a dúvida, a não adoção de medidas policiais tendentes à sua proteção. Em que pese a dificuldade ressaltada, para o autor não pode ser posta em dúvida a condição da ordem pública de fonte de habilitação das forças de segurança. As tentativas de desqualificação da ordem pública decorreriam da sua imprecisão conceitual, fruto da sua dinâmica, instabilidade e necessidade de concretização, tendo de conviver com a variação de conteúdo de acordo com o tempo, com o local e com a matéria em questão, além da dificuldade de determinação da sua observância majoritária na comunidade, *in* p. 23/26 de SOUSA, António Francisco de. **A Polícia no Estado de Direito**. São Paulo, Editora Saraiva, 2009.

[366] P. 247 de SÉRVULO CORREIA. Noções de Direito Administrativo. Lisboa: Danubio, 1982.

decorrente do imposto pela cláusula geral do *caput* o art. 144 da Constituição Federal.[367, 368, 369]

Enquanto no Estado liberal a cláusula geral de polícia habilitava a atividade policial do Estado para restringir direitos individuais como forma de manter ou restaurar a *ordem pública*, é fundamental ressaltar que no Estado social a cláusula geral de polícia inclui destacadamente entre as

---

[367] Abre-se, então, margem a um caráter discricionário, dito funcional, para o exercício da atividade policial, devendo a polícia de segurança pública, posta diante de um caso concreto, e face à clareza dos fins constitucionais de polícia e das atribuições e competências legalmente previstas, ponderar para aferir a operacionalização de medida policial adequada. A respeito, ver o item 3.2 em diante. Em Portugal, quanto este aspecto para a polícia administrativa, ver Parecer nº 9/96-B/Complementar, publicado no Diário da República, II série, de 29 de Janeiro de 2000.

[368] Examinando o caso português, Pedro Lomba não concorda com a admissão de uma cláusula constitucional geral para o poder de polícia por entender que "normas de polícia são, em boa verdade, normas de competência", ao passo que o art. 272º, nº 1º "pode ser configurado como uma norma de atribuições e não como uma norma de competências". Assim, considera que as medidas de polícia, "por constituírem intervenções na esfera dos direitos fundamentais, não podem ancorar-se em normas de atribuições", ou seja, não podem ter por fundamento o nº 1 do art. 272º. Mais ainda, o autor afirma que é significante a projeção do princípio da legalidade (princípio da tipicidade) para a atividade de polícia na medida em que levanta uma dúvida constitucional acerca da "existência de uma norma geral ou de uma cláusula que habilite a Administração a praticar quaisquer medidas de polícia, destinadas a prevenir factores de perigo que ameacem a legalidade democrática, a segurança interna e os direitos dos cidadãos". Isto porque, explica, a consequência inevitável de se aceitar uma cláusula geral em matéria de medidas de polícia seria "a dificuldade de distinguir tipicidade e atipicidade neste domínio", algo que, para o autor, a Constituição portuguesa não admite, *in* P. 202/203 de LOMBA, Pedro. Sobre a teoria das medidas de polícia administrativa, *in* **Estudos de Direito Policial**. Lisboa, AAFDL, 2003. A distinção entre normas de atribuições e norma de competência pode ser encontrada na p. 604 e ss de AMARAL, Diogo Freitas do. **Curso de Direito Administrativo**. Coimbra, Almedina, 1992.

[369] P. 203 de LOMBA, Pedro. Sobre a teoria das medidas de polícia administrativa, *in* **Estudos de Direito Policial**. Lisboa, AAFDL, 2003. Com base no princípio da reserva legal, o autor português ainda levanta dois argumentos contrários à admissão da cláusula geral em seu país: o primeiro está em que aquele princípio, ao exigir lei parlamentar, "implica a proibição de outras fontes normativas", de modo que, ilustra o autor, p. 203, "no domínio territorial, acarreta a proibição de as Regiões Autónomas legislarem em matéria de medidas de polícia, visto constituírem uma intervenção numa matéria reservada à Assembleia da República (v.g. direitos, liberdades e garantias), limite negativo ao poder legislativo regional." Como segundo argumento, ainda na p. 203, o mesmo princípio da reserva legal proíbe "regulamentos independentes para instituir e regular medidas de actuação policial". É que o art. 272º da Constituição estabelece a rejeição de "uma intervenção administrativa mais ampla do que a mera execução da lei".

finalidades da atuação policial a proteção de direitos fundamentais (art. 5º, *caput* da CF). Na concepção tradicional da atividade policial, a cláusula geral de polícia expressava a competência geral da Administração para a manutenção ou reposição da *ordem pública*.[370,371] Ou seja, era dado à Administração, de maneira alargada, ou mesmo ilimitada, prevenir e eliminar perigos, de forma a proteger a sociedade de situações que, se não impedidas, ocasionavam danos em bens de ordem pública. Isso, em nome de uma tradicional viabilidade de convivência social.[372] Neste sentido, face a importância de preservação da ordem pública a Administração podia intervir restringindo atividades individuais – mesmo que tais atividades

---

[370] No Direito francês, o fim da *ordem pública* está na trilogia *segurança pública, tranquilidade pública* e *salubridade pública* (*in* p. 6 de SÉRVULO CORREIA. Polícia: **Dicionário Jurídico da Administração Pública**. Separata do volume VI, dez. 1994. No mesmo sentido, com base em Paul Bernard e Louis Rolland, as considerações de Álvaro Lazzarini e José Cretella Júnior, respectivamente em p. 14 de LAZZARINI, Álvaro. Segurança nacional e segurança pública na Constituição de 1988. **Revista de Direito Administrativo**. São Paulo, v. 213, e p. 6 de CRETELLA JÚNIOR, José (Coord.). **Direito Administrativo da Ordem Pública**. Rio de Janeiro: Forense, 1998, 3ª ed.).Já no Direito germânico, é tradicionalmente feita a distinção entre *segurança pública* e *ordem pública*, podendo-se considerar entre os *bens* da *ordem pública*, 'lato sensu', a *segurança pública* – proteção contra danos que afetam a existência do Estado ou das suas instituições ou que ameaçam a vida, a saúde, a liberdade, a honra ou o patrimônio – e pela *ordem pública*, propriamente dita, que é constituída pelos *bens* "cuja proteção decorre da síntese de normas (estatais, mas também não escritas, de origem social, cultural ou moral) cuja observância é tida, de acordo com as concepções éticas e sociais dominantes, como pressuposto indispensável a uma adequada convivência na comunidade" (*in* p. 476 de NOVAIS, Jorge Reis. **As Restrições aos Direitos Fundamentais não Expressamente Autorizadas pela Constituição**. Coimbra: Coimbra, 2003.Ordem *pública* pode ser tomada de forma ainda mais ampla, assim incluída a *moralidade pública*, havendo divergências doutrinárias acerca da sua inclusão como quarta componente do conceito de *ordem pública* (sobre essa questão, ver p. 6 de SÉRVULO CORREIA. Polícia: **Dicionário Jurídico da Administração Pública**. Separata do volume VI, dez. 1994).

[371] As cláusulas gerais de polícia já são, em si, uma evolução em relação ao Estado absoluto: "As cláusulas gerais de polícia são fruto da redução geral da actividade estadual ocorrida com a entrada no Estado de direito que desligou o entendimento da polícia de um sentido de abrangência de toda e qualquer atividade estadual. Reduzindo o âmbito da intervenção estadual em geral, deixando simultaneamente um amplo espaço de livre conformação ao indivíduo, confinou-se a actuação de polícia à salvaguarda da segurança e ordem públicas. Estas finalidades passaram a fazer parte do conteúdo tradicional das cláusulas gerais de polícia". (*in*: p. 75/76 de CASTRO, Catarina Sarmento. **A Questão das Polícias Municipais**. Coimbra: Coimbra, 2003).

[372] P. 478/479 de NOVAIS, Jorge Reis. **As Restrições aos Direitos Fundamentais não Expressamente Autorizadas pela Constituição**. Coimbra: Coimbra, 2003.

estivessem fundadas em direitos fundamentais – sob a alegação de pretender afastar uma ameaça ou de reconduzir um quadro de segurança e ordem públicas. Para tanto, o poder público se valia de fórmulas gerais do tipo *perigo para a ordem e tranquilidade pública* ou para a *segurança dos cidadãos*, ainda quando inexistia uma previsão legal específica de atribuição e competência autorizando adoção de medida policial adequada a cada caso.[373] Cláusulas dessa amplitude, que *remetiam a juízos metajurídicos*, foram conduzidas ao gradativo desaparecimento em decorrência de pelo menos dois aspectos: "a elevação do grau de tolerância pela diferença no seio das sociedades" e "um entendimento mais estrito, à luz da ideia de Estado de Direito, dos imperativos de definição e precisão dos pressupostos dos actos de autoridade."[374] É que, no Estado democrático de direito, valores éticos, sociais e culturais dominantes passaram a influenciar diretamente o que se possa entender por *prevenção de perigos ou manutenção da ordem pública* na medida em que estes valores éticos, sociais e culturais são valores constitucionais. Assim, uma pretensão estatal de restrição de direitos, mesmo no controle de perigos decorrentes da criminalidade, somente terá vez se, além de ter embasamento constitucional, não expressar irrefletida lesão a outros valores constitucionais.

Soma-se a isso que a mediação de interesses de ordem pública, para servir de parâmetro para medidas concretas que restrinjam direitos, seja, via de regra, amparada em competências suficientemente determinadas pelo legislador.

O que se vislumbra no Estado social não é, então, um recurso não mais admissível a ocasionais juízos metajurídicos, mas a uma compatibilização entre poder de autoridade e liberdade, entre integração social e autonomia individual, que reflita a dinâmica de impregnação de valores da ordem constitucional aberta e pluralista do Estado Democrático de Direito. Essa compatibilização implica uma indeterminalidade decorrente da impossi-

---

[373] Tinha-se, então, no ambiente clássico, um quadro no qual a cláusula geral de polícia funcionava como um "limite imanente dos direitos fundamentais", *in*: p. 478 de NOVAIS, Jorge Reis. **As Restrições aos Direitos Fundamentais não Expressamente Autorizadas pela Constituição.** Coimbra: Coimbra, 2003.

[374] P. 8/9 de SÉRVULO CORREIA. Polícia: **Dicionário Jurídico da Administração Pública.** Separata do volume VI, dez. 1994. Na construção de Otto Mayer, no Estado Liberal o Estado manteve-se como base jurídica do direito administrativo, integrando-se o instituto da polícia ao Estado de Direito (p. 329 de SOUTO, Carlos. **Poder policial y Derecho Administrativo**).

bilidade de se definir, prévia e abstratamente, todas as situações concretas e pontuais a serem utilizadas pela Administração, muito especialmente pela polícia de segurança pública.[375] Certo é que, no Estado social, diante de uma situação concreta, deve a polícia de segurança pública proceder a uma ponderação de valores e interesses conflitantes, sem que haja prevalência geral e abstrata de quaisquer bens[376] – inclusive os de ordem pública – de maneira a que cláusula geral de polícia não mais espelhe à polícia uma competência geral implícita e por si só suficiente para restringir direitos fundamentais.[377]

Quando em causa a atuação da polícia de segurança pública especificamente, face ao *caput* do art. 144 da Constituição brasileira, a polícia está apta, então, em princípio, a enquadrar situação de controle de perigos em contextos não previstos em lei, com a limitação ainda assim representada pelo respeito ao princípio da legalidade, uma vez que, como visto, na ocorrência de lei que defina especificidades para a atuação policial de segurança pública, tal lei terá um efeito bloqueador da cláusula geral do art. 144, *caput*, da Constituição brasileira.

Existe, portanto, um *poder/dever* de intervenção policial decorrente da cláusula geral de polícia de segurança pública, como tal considerada uma fórmula genérica que autoriza a polícia a intervir, sempre que, configurado um quadro de perigo em ambiente de estado de necessidade, sendo imprescindível a atuação policial para prevenir um perigo, não se possa apoiar em norma especial[378]. Há um dever de examinar e, se for o caso, agir, não tendo apenas um poder[379], o que significa que a polícia de segurança

---

[375] P. 482 de NOVAIS, Jorge Reis. **As Restrições aos Direitos Fundamentais não Expressamente Autorizadas pela Constituição**. Coimbra: Coimbra, 2003.

[376] Nota-se, pois, que o raciocínio é, a princípio, aplicável a toda atuação policial, ainda, como se verá, em situação de urgência decorrente de um quadro de "estado de necessidade".

[377] Quando VIEIRA DE ANDRADE afirma que em matéria de polícia, especialmente da polícia de segurança pública, a lei deixa, através de cláusulas gerais, um largo espaço de manobra à Administração (*in* p. 334 de VIEIRA DE ANDRADE, José Carlos. **Os Direitos Fundamentais na Constituição Portuguesa de 1976**. Coimbra: Almedina, 2009. 4ª ed.), deve-se ter atenção aos parâmetros de limitação e de vinculação postos pelo próprio Autor - idoneidade, necessidade, proporcionalidade e duração limitada ao perigo - (*Ob. cit.* p. 335), e não pressuposta a ideia de prevalência da manutenção da ordem (segurança pública).

[378] P. 46 de SOUSA, António Francisco de. **A Polícia no Estado de Direito**. São Paulo, Editora Saraiva, 2009.

[379] P. 17 de SOUSA, António Francisco de. **A Polícia no Estado de Direito**. São Paulo, Editora Saraiva, 2009. Segundo o autor, a polícia recebeu a atribuição da função de salvaguarda

pública tem a obrigação e não apenas a faculdade de adotar as medidas necessárias para a manutenção da ordem pública.[380]

A atuação policial exige o cumprimento de pelo menos cinco fases distribuídas em duas etapas – *etapa cognitiva* e *etapa prática* –, na rigorosa ordem: 1ª.: examinar se há a configuração de perigo presente ou futuro; 2º.: analisar e identificar se entre as leis que especificam as situações autorizadoras da atuação policial está aquela relativa ao caso concreto. Se inexistente lei específica, cumpre à autoridade policial verificar se estão presentes os elementos caracterizadores de estado de necessidade autorizador da atuação policial sob o manto da cláusula geral policial; 3º.: identificar se entre as leis que especificam medidas de polícia está aquela aplicável ao caso concreto. Se inexistente lei especificando a medida policial adequada ao caso, deve a autoridade policial, se presente o estado de necessidade, identificar aquela que se ajuste perfeitamente à situação enfrentada; 4º.: identificar o(s) meio(s) de coerção adequado(s), desde que autorizado(s) por lei; e 5º.: o final do cumprimento integral das etapas anteriores dá início à operacionalização ou não operacionalização da atuação policial. É quando a autoridade policial discricionariamente decide *se* atuará, *como* atuará e *quando* atuará.

---

da ordem e segurança públicas e tal incumbência significa obrigação de agir no sentido da função recebida: "O sentido da atribuição da função só pode ser o de que a autoridade deve prosseguir (realizar) a função que lhe foi confiada, ou seja, que no domínio da sua função a polícia deve agir, não tendo apenas um poder para agir".
[380] P. 18 de SOUSA, António Francisco de. **A Polícia no Estado de Direito**. São Paulo, Editora Saraiva, 2009. Para o autor, p. 18, "a obrigação de intervir que recai sobre as forças de ordem e segurança é, aliás, consequência necessária quer do monopólio estadual do poder de coacção, quer do dever de protecção dos cidadãos. Por conseguinte, não há discricionariedade quanto ao "se", uma vez que a atribuição da função de salvaguarda da ordem e segurança públicas obriga não apenas a que toda a situação de perigo seja cuidadosamente examinada para se saber se deve haver intervenção, como também obriga à prevenção dos perigos que venham a ser considerados necessitados de prevenção. O reconhecimento de um poder discricionário quanto ao "se" é contrário à ideia de que o recebimento de uma missão significa simultaneamente uma obrigação de realização dessa missão. O poder de apreciação da situação como de perigo, ou não, é uma questão que integra o domínio do jurídico (pois desde logo tem reflexos para a protecção do cidadão). A distinção entre *funções* e *competências* exige que a discricionariedade se instale no domínio das competências, uma vez que no domínio das funções (atribuições) não há lugar a qualquer discricionaridade. Assim, da cláusula geral que atribui a função resulta um dever de actuação, o que exclui o poder discricionário"

3.2.2 Âmbitos de vinculação e de discricionariedade na atuação policial de segurança pública

Parte da doutrina brasileira entende que o poder de polícia teria natureza *predominantemente discricionária*, encontrando-se *vinculado* no que diz respeito à competência fixada por lei e aos fins também legalmente estabelecidos.[381] Outros autores defendem que no direito brasileiro a atuação policial seria limitada pela tipicidade das medidas de polícia de maneira que "em caso de necessidade de ação policial, por exigência constitucional, a polícia apenas poderá incidir na esfera do particular mediante atuação previamente fixada em lei".[382] A bem da verdade, a atuação policial de segurança pública é atividade administrativa vinculada na sua *etapa cognitiva*, e discricionária no momento da ação – ou na sua denominada *etapa prática*.

3.2.3 Etapas *cognitiva* e *prática* da atuação policial de segurança pública

Sob o ponto de vista jurídico, a atuação policial de segurança pública divide-se em duas etapas compostas, ao todo, por pelo menos cinco fases inarredáveis e independentes do grau de complexidade do perigo a ser enfrentado. Diante da corriqueira urgência da atividade policial, estas cinco fases podem, e normalmente devem, ser desenvolvidas no curto período de tempo – até mesmo, e comumente, instantaneamente - e sem qualquer solução de continuidade, a demandar preparo técnico e discernimento legal da autoridade policial. A primeira etapa, ou *etapa cognitiva* – composta das quatro primeiras fases -, é aquela na qual a autoridade policial se depara e avalia uma situação concreta de perigo, presente ou futuro, e que, obediente ao princípio da legalidade, identifica a autoriza-

---

[381] Como diz Moreira Neto, "a atividade de polícia é caracteristicamente discricionária e, no caso da preservação e restabelecimento da ordem pública, ela deve ser empreendida de imediato, onde e quando houver ameaça ou violação, muitas vezes por um agente isolado" *in* p. 148 de MOREIRA NETO, Diogo de Figueiredo. A segurança pública na Constituição *in* **Revista de Informação Legislativa**, Brasília, a. 28, n. 109, jan/mar 1991.

[382] Nelson Nery Junior e Rosa Maria de Andrade Nery entendem que "a atuação policial tem seus limites na Constituição e também na legislação que regulamentar sua atividade, ou seja, somente podem ser adotadas as medidas policiais legalmente permitidas e não aquelas que a autoridade policial, subjetivamente e sem respaldo legal objetivo, considerar convenientes para o deslinde de determinado caso concreto." P. 606 de NERY JR, Nelson, NERY, Rosa Maria de Andrade. **Constituição Federal Comentada e Legislação Constitucional**. 2ª ed. 2009.

ção legal para o agir, a medida policial legal precisamente ajustável ao caso concreto e o meio legal de coerção cabível.

Vencida a primeira etapa, é na *etapa prática* que a autoridade policial, amparada e limitada às identificações legais – legalidade no sentido de juridicidade - operadas na *etapa cognitiva*, parte para a ação policial, nela compreendida a decisão do *se* agirá ou não agirá; *como* agirá; e *quando* agirá.

3.2.3.1 *Etapa cognitiva*

Fase 1

A primeira fase da atuação policial de segurança pública consiste da avaliação do quadro concreto de situação de perigo – ou de dano, se já configurado - , presente ou futuro, que se põe à frente da autoridade policial.

Existe no exercício da atividade de polícia de segurança pública o *dever* de avaliar precisamente o perigo no sentido de adequadamente valorá-lo, uma prognose de perigo -precaução ou prevenção -,[383] de antecipação dos efeitos danosos ou potencialmente danosos da situação enfrentada.[384] Uma vez constatado que a situação examinada configura ou configurará efetivo perigo decorrente da criminalidade, adentra-se à segunda fase da atuação policial.

Fase 2

Concluído que a situação apresentada configura perigo decorrente da criminalidade, cumpre à autoridade policial identificar a lei autorizadora da atuação policial cabível ao caso concreto. Não se está, ainda, na fase de identificação da medida policial pertinente, mas da identificação da lei que autoriza, em tese, a atuação policial, uma vez que perfeitamente ajustável ao perigo a ser controlado. Mesmo quando a polícia se defronta com situações que pedem atuações estratégicas definidas em planos, a atuação policial de segurança pública está sob o império da lei e do Direito.

---

[383] Ver a respeito no item 2.4 em diante.
[384] P. 214 de LOMBA, Pedro. Sobre a teoria das medidas de polícia administrativa. In: Estudos de Direito de Polícia. Lisboa: AAFDL, 2003, 1º vol.

Considerando-se que o perigo é um conceito jurídico aberto, caberá a cada agente avaliar a exata concretização de hipótese legal autorizadora da atuação policial. Não há qualquer margem para a discricionariedade.

A doutrina tradicional defende a tese de que a discricionariedade policial decorreria da necessidade não incomum enfrentada pela polícia de ter de reagir com flexibilidade às circunstâncias do caso concreto, notadamente a mutabilidade e a imprevisibilidade. Somada a isso a necessidade de atuação eficaz e adequada, argumenta-se que tais aspectos impedem ou mesmo desaconselhariam a regulação legal e, portanto, abstrata, de todas as situações por parte do legislador, de modo que, na busca da melhor solução – solução justa -, deveria ser deixado à autoridade policial o poder de decisão frente ao caso concreto. Tal pensamento, embora compreensível e convincente no plano das ideias, é frágil já que, no ponto, é fictício o poder discricionário da autoridade policial. Nesta segunda fase da atuação policial, além de imperativa a necessidade de se respeitar princípios, direitos e liberdades,[385] a atuação policial converte-se necessariamente em vinculada. Inexistente lei autorizadora à qual a situação de perigo se subsuma com precisão, desautorizada estará a atuação policial. No entanto, se configurado, rigorosamente, um *estado de necessidade*, então a autorização para agir dar-se-á com base na cláusula geral da polícia de segurança pública, art. 144, caput, da Constituição Brasileira. Mas ainda neste espaço, não há que se falar em discricionariedade uma vez que, identificada a situação de perigo, inexistente lei autorizadora específica, mas presente *estado de necessidade*, há, em tese, o *dever* de agir policial, dando-se início à terceira fase da etapa *cognitiva* de atuação da polícia de segurança pública.

Nesta segunda fase da etapa cognitiva, a cláusula geral de polícia de segurança pública é regida em termos de um *dever* de *examinar* se deve, em princípio, haver uma intervenção policial. Ela não disciplina se e como as autoridades policiais devem reagir em face de uma situação de perigo para a segurança pública. Portanto, a cláusula geral de polícia de segurança pública implica, em princípio, um *dever* agir.

Valer-se da cláusula geral exige, como pressupostos, (a) a presença de um perigo concreto para a ordem e segurança públicas, em quadro de

---

[385] P. 54 de SOUSA, António Francisco de. **A Polícia no Estado de Direito**. São Paulo, Editora Saraiva, 2009.

estado de necessidade; (b) inexistência de uma norma especial excludente, aplicável diretamente ao caso,[386] ou seja, afastamento de lei bloqueadora.

Fase 3

Inadmite-se que se reconheça poder discricionário à autoridade policial não apenas na identificação de situação de perigo e de autorização para o agir policial, mas também na identificação da medida policial aplicável[387], mesmo no caso de operações muito complexas ou em que a atuação esteja inserida num plano estratégico.[388,389] Ou seja, a autoridade policial de segurança pública não goza de um poder discricionário na escolha entre meios preventivos e, ou, repressivos disponíveis. Tal escolha está determinada pela vontade do legislador ou pelas exigências do caso concreto, não havendo, em última análise, liberdade de escolha. Cumpre à autoridade policial identificar na lei, precisamente, qual – ou quais – medida policial deve, em tese, ser levada a efeito para o fim de controle do perigo a ser enfrentado.

---

[386] P. 46 de SOUSA, António Francisco de. **A Polícia no Estado de Direito**. São Paulo, Editora Saraiva, 2009.

[387] Ainda quando aplicáveis ao caso concreto múltiplas medidas policiais.

[388] O Estado de direito aceita forças de segurança com atuação flexível no combate ao crime organizado, de maneira a se garantir uma *igualdade de armas*. Questiona-se como "juridificar" juridicamente a atuação operativa da polícia no enfrentamento da criminalidade organizada. Uma parte da doutrina entende que tal atuação tem enquadramento jurídico-penal – a regulação é dada pelo Código de Processo Penal, e não pelas leis de polícia. Outra parte compreende que esta atuação é essencialmente administrativa – afastada, pois, da atuação do Ministério Público ou mesmo do Judiciário, sendo o seu fim fundamentalmente preventivo, *in* p. 55 de SOUSA, António Francisco de. **A Polícia no Estado de Direito**. São Paulo, Editora Saraiva, 2009.

[389] Considerando-se que a discricionariedade policial deve respeitar o fim da lei, questiona-se se uma medida policial pode ser adotada com finalidade de prevenção pela intimidação. Por exemplo, releva saber se a polícia pode agir por meio de identificação de pessoas com o objetivo de intimidar o cidadão, forçando-o a ter conduta pacífica. Certo é que "a *intimidação deliberada* só pode ter lugar no respeito pela lei e pelo Direito" (*in* p. 56 de SOUSA, António Francisco de. **A Polícia no Estado de Direito**. São Paulo, Editora Saraiva, 2009), de modo a justificar-se apenas quando efetivamente presente a necessidade de combate a uma situação de perigo efetivo, de modo a não haver interferência direta nos direitos e liberdades fundamentais dos cidadãos. O mesmo raciocínio se aplica ao acompanhamento policial de manifestações em desfile com o objetivo visível de intimidar ou impressionar os participantes da manifestação.

Inexistente lei à qual o caso concreto se ajuste, mas presente o *estado de necessidade*, o artigo 144, *caput*, da Constituição Federal, cláusula geral da polícia de segurança pública, dispensa qualquer especificação legal concreta das medidas de polícia uma vez que estas estão abrangidas pela própria cláusula geral. Mas novamente não há que se falar em discricionariedade já que a identificação da medida policial cabível com base na cláusula geral é um exercício de desvendar, com exatidão – sem considerações de oportunidade ou conveniência entre umas e outras -, aquela medida policial pertinente ao controle do perigo.

A previsão exaustiva de todas as condutas policiais é incompatível com a natureza da própria atividade policial[390], razão pela qual admissível a identificação da medida policial cabível ao caso concreto, bastando, ou a configuração do *estado de necessidade*, ou a existência de lei autorizadora da atuação policial face o perigo a ser enfrentado, sem que isso possa ser traduzido em incerteza ou insegurança jurídica[391] na medida em que ocorre uma adequação do alcance da exigência constitucional do princípio da legalidade ao âmbito da efetiva atuação policial de segurança pública. A solução está em que a definição da medida de polícia de segurança pública com base na cláusula geral – sempre condicionada à verificação de um *estado de necessidade*, repita-se - não se sujeita a uma reserva de lei, de modo que tais medidas não se caracterizam por uma tipificação normativa que vincule todas as condutas policiais a pressupostos determinados. Isso não afasta, sempre conveniente ressaltar, a necessidade da definição legal genérica – norma de competência e de atribuição policial.[392] O entendimento

---

[390] Cfr. Sérvulo Correia, a exigência de taxatividade vai *"contra a realidade das coisas, visto que a pluraridade ilimitada de circunstâncias em que os perigos para os interesses públicos exigem acções preventivas por parte da Administração não se compadece com a exigência de uma tipificação normativa de todas as possíveis condutas administrativas"*, in p. 247 de CORREIA, Sérvulo. **Noções de Direito Administrativo**. Lisboa, Danúbio, 1982, v. I.

[391] A Alemanha faz uso do método das cláusulas gerais. O Tribunal Constitucional alemão considera que as cláusulas gerais conferem "uma determinalidade suficiente na perspectiva do princípio do Estado de Direito, uma vez que as mesmas se consolidaram no discurso jurídico, se tornaram claras quanto aos seu significado e foram suficientemente precisadas quanto ao seu conteúdo, propósito e extensão ao longo de décadas de desenvolvimento jurisprudencial e doutrinal", conforme informa NOGUEIRA DE BRITO, Miguel. Direito de Polícia, *in* **Tratado de Direito Administrativo Especial**. Coimbra, Almedina, 2009, vol. I, p. 367/368.

[392] Há quem não concorde com o entendimento exposto. Exemplificativamente, Gomes Canotilho e Vital Moreira consideram que, em decorrência do princípio da tipicidade, os atos policiais não apenas têm fundamento necessariamente na lei, mas devem ser medidas indi-

exposto desafia que se observe a devida caracterização da atividade de polícia de segurança pública em *estado de necessidade*.

Razões práticas fazem crer que o método da exaustiva tipicidade das medidas de polícia de segurança pública não se impõe como o adequado, embora pudesse demonstrar algumas vantagens. Certo é que a tipificação de certas medidas de polícia, ou, de outro lado, a aceitação de que sejam admissíveis com base numa cláusula geral, dependerá da pressuposta intensidade da restrição do direito fundamental vinculada à medida policial e ainda da possibilidade de se identificar um conjunto de casos típicos idênticos que exigem previsão legal da medida. Na esfera da polícia de segurança pública bem se sabe que a restrição de direitos fundamentais se faz intensamente presente, de modo que, embora adotado o método da cláusula geral, a tipificação das medidas faz-se preferencial e enfaticamente presente. Seja como for, no âmbito da polícia de segurança pública permanece viva a consideração de ser impossível, por irrealista, enumerar taxativamente todas as medidas de polícia, de maneira que a atuação policial de segurança pública deve ajustar-se à peculiaridade da situação concreta de *perigo*.

Em princípio, mas apenas na aparência, é permitido à polícia escolher a conduta ou o meio que lhe parecesse mais conveniente. No entanto, esta aparente *permissão de escolha* fundada na também apenas aparente *oportunidade* da decisão – a, em tese, caracterizar decisão discricionária – é invariavelmente o exercício do poder vinculado, decorrente da *redução da discricionariedade a zero*.[393] As medidas de polícia de segurança pública regem-se pelo caráter vinculado da decisão policial,[394] havendo ou não havendo lei específica, mesmo quando em causa medidas de polícia de

---

vidualizadas e com conteúdo suficientemente definido na lei, seja qual for a natureza dessas medidas. Noutros termos, *"todos os procedimentos estão sujeitos ao princípio da precedência da lei e da tipicidade legal"*, cfr. CANOTILHO, J.J. Gomes; MOREIRA, Vital. **Constituição da República Portuguesa Anotada**. Coimbra, Coimbra Editora, 3ª ed. revista, 1993, p. 956, p. 956.

[393] P. 53 de SOUSA, António Francisco de. **A Polícia no Estado de Direito**. São Paulo, Editora Saraiva, 2009.

[394] Medidas de polícia são o "campo clássico da discricionariedade administrativa", na opinião de Tomas Ramon Fernandez (FERNANDEZ, Tomas Ramon. Arbitrariedad y discricionariedad *in* **Estudios sobre la Constitucion Española- homenaje al professor Eduardo Garcia de Enterria III**. Madrid, Civitas, 1991, p. 2290), conforme lembrado por Pedro Lomba (p. 213 de LOMBA, Pedro. Sobre a teoria das medidas de polícia administrativa. In: Estudos de Direito de Polícia. Lisboa: AAFDL, 2003, 1º vol.

segurança pública positivas ou ampliativas,[395,396] fazendo-se também preciso a caracterização de estado de necessidade para o caso de identificação da medida de polícia com base na cláusula geral de polícia de segurança pública.

Fase 4

Definida a medida polícia cabível, e quando se tratar de atuação policial restritiva de direitos, cumpre à autoridade policial identificar na legislação específica qual o instrumento de coerção apropriado a ser utilizado para dar efetividade à medida de polícia adotada – quando, evidentemente, e somente quando, se fizer absolutamente necessário o uso de meio de coerção, seja ele qual for -, não podendo fazer uso de armas ou outros meios cujas especificações não estejam expressamente previstas em lei. Não há discricionariedade na decisão. O instrumento de coerção – ou os instrumentos – deve ser exata e somente aquele previsto em lei, necessário e suficiente à conquista da finalidade específica de segurança pública em causa.

3.2.3.2 *Etapa prática*

---

[395] P. 214 de LOMBA, Pedro. Sobre a teoria das medidas de polícia administrativa. In: Estudos de Direito de Polícia. Lisboa: AAFDL, 2003, 1º vol. O autor identifica, exemplificativamente, maior discricionariedade "na valoração de conceitos indeterminados, como o conceito de idoneidade profissional no domínio do acesso às profissões ou de estética urbana no domínio do Direito de Construção ou na liberdade de oposição de cláusulas acessórias."

[396] Uma corrente doutrinária alemã entende que o princípio da legalidade alcança tanto a atuação agressiva da Administração, quanto a administração prestadora. Outra, no entanto, considera que a administração prestadora não está vinculada ao princípio da legalidade. Adequado aprofundamento sobre o tema em p. 55 e ss. de AMARAL, Diogo Freitas do. **Curso de Direito Administrativo**. Coimbra, Almedina, 2001, v. II. Na concepção de Diogo Freitas do Amaral, o princípio da legalidade aplica-se indistintamente à administração agressiva, assim como à administração prestadora, de modo que, impondo restrições ou oferecendo benefícios ao particular, a atividade policial deve subordinar-se ao princípio da legalidade. P. 56 e ss. de AMARAL, Diogo Freitas do. **Curso de Direito Administrativo**. Coimbra, Almedina, 2001, v. II.: "Quanto a nós, entendemos que, em face do direito português, o princípio da legalidade cobre todas as manifestações da Administração Pública, inclusive as da administração constitutiva ou de prestação, e não apenas da administração agressiva. a) Por um lado, porque para aí aponta claramente a letra do próprio artigo 266°, n° 2, da CRP que, sem distinguir entre tipos de atividade administrativa, consigna que 'os órgãos e agentes administrativos estão subordinados à constituição e à lei; b) Por outro lado, porque, além desse argumento literal extraído da própria Constituição, nesse sentido depõem também os princípios gerais".

Fase 5

A chamada *discricionariedade funcional* de segurança pública em matéria policial, ou *discricionariedade policial de segurança pública*, corresponde a um princípio da oportunidade aplicado ao poder policial e é tradicionalmente aceita face ao reconhecimento da exigência de uma *certa margem de liberdade de atuação* para o exercício da função policial, reconhecida verdadeiramente como um poder discricionário.[397] Neste sentido, a polícia não está sempre obrigada a efetivamente agir quando vencidas todas as fases da *etapa cognitiva* de atuação policial de segurança pública.[398] Há um poder discricionário da autoridade policial quanto a decisão referente ao *se*, ao *quando* e ao *como* agir. A *discricionariedade funcional*, além de excluir qualquer tipo de arbitrariedade, indica que o poder discricionário tem de ser exercido pela polícia de segurança pública com rigorosa obediência aos deveres próprios da função policial e obviamente com respeito às normas e princípios vigentes, especialmente o princípio da prossecução do bem comum.[399] A discricionariedade da polícia de segurança pública não é, portanto, uma discricionariedade livre, ou exercida de acordo com capricho ou arbítrio pessoal. A discricionariedade policial de segurança pública está limitada

---

[397] Neste sentido, Marcello Caetano: "Nunca foi possível, porém, cingir completamente a polícia na legalidade, reduzi-la a mera actividade executora da lei nos precisos termos por esta regulados. Embora no Direito moderno os poderes de polícia, como todas as formas de competência, tenham de ser conferidos por lei, o facto de as autoridades que os exercem estarem permanentemente em face das manifestações multímodas das condutas individuais e da vida social em tantos casos imprevisíveis senão na forma pelo menos quanto ao lugar, tempo e modo de produção, força a deixar-lhes uma certa margem de liberdade de actuação". Para o autor, "certa margem de liberdade de actuação" decorre de que "Sem essa discricionariedade perder-se-ia muitas vezes a oportunidade de intervir e não se alcançaria a utilidade de intervenção", concluindo que "A polícia ficou, pois, sempre a ser um sector só parcialmente controlado pela lei", *in* p. 1124 de MARCELLO CAETANO. **Manual de Direito Administrativo**. Coimbra, Almedina, 1990, V. II, 10ª ed.

[398] António Francisco de Sousa (*in* p. 52, nota 111, de SOUSA, António Francisco de. **A Polícia no Estado de Direito**. São Paulo, Editora Saraiva, 2009) informa que a doutrina alemã (Knemeyer e Götz) se refere a uma 'abertura do espaço de actuação policial' (*Eröffnung des polizeilichen Handlungsraums*), de modo que, "uma vez aberto o espaço de actuação policial, a polícia deve examinar a forma como pode cumprir a sua função de prevenção de perigo". Esclarece ainda que "o princípio da oportunidade não admite a 'inactividade e a falta de reacção' (*"Untätigkeit und Reaktionslosigkeit"*).

[399] P. 53 de SOUSA, António Francisco de. **A Polícia no Estado de Direito**. São Paulo, Editora Saraiva, 2009.

por princípios jurídico-constitucionais e jurídico-administrativos, e agir fora destes limites importa em cometimento de arbítrio e de abuso de poder, vícios de discricionariedade passíveis de responsabilização.

Um aparente, mas equivocado, poder discricionário ilimitado da autoridade policial resulta de que, na generalidade dos casos, o poder discricionário da autoridade policial tem o propósito de, apenas, dar às autoridades policiais de segurança pública a possibilidade de priorizar o que julguem mais importante e mais urgente, quando em causa, por exemplo, colisão temporal e, ou, espacial de tarefas.[400] A liberdade de escolha é, no entanto, conferida à autoridade policial de segurança pública para encontrar soluções *justas* e *adequadas* ao caso concreto, no momento da ação policial.

Por imposição prática, as forças policiais devem então valer-se do poder discricionário quanto ao *se*, ao *quando* e ao *como* agir – inconfundível com a identificação da medida policial cabível -, de acordo com as circunstâncias do caso concreto. Quanto ao *se*, a autoridade policial decide se intervém ou não. Optando pela intervenção, decide então pelo *quando*, isto é, pelo momento que, ao seu juízo, melhor convém a atuação. Tendo decidido pelo agir e definido o quando agir, a autoridade policial poderá escolher *como* agir, ou seja, as condutas e os meios concretos a serem empregados para efetivar as medidas policiais anteriormente identificadas na *etapa cognitiva* e alcançar o fim visado de segurança pública de controle de perigos decorrentes da criminalidade.[401] Faz-se aqui necessário o poder discricionário das forças de polícia na medida em que se garante ação policial flexível que pode adequar-se às circunstâncias das situações a serem enfrentadas, sabidamente múltiplas, aliando-se a isso a realidade policial no que respeita, exemplificativamente, ao seu efetivo de pessoas e às suas condições materiais de ação que, bem se sabe, no normal das vezes, são limitados.[402] No desempenho de

---

[400] P. 53 de SOUSA, António Francisco de. **A Polícia no Estado de Direito**. São Paulo, Editora Saraiva, 2009. Como expõe António Francisco de Sousa, em rigor, o poder discricionário da autoridade policial "só seria reconhecível nos casos hipotéticos em que se verificaria uma total 'indiferença' quanto ao 'se', ao 'quanto' e ao 'como'", que entretanto, são de difícil concretização real.

[401] Ainda no campo da discricionariedade funcional, pode a autoridade policial ajustar a ordem das decisões do *se*, *quando* e *como* de acordo com a conveniência do caso.

[402] António Francisco de Sousa informa que a ideia de que a discricionariedade policial deve ser exercida segundo os deveres funcionais está expressa na generalidade das leis de polícia alemã (*in* p. 55 de SOUSA, António Francisco de. **A Polícia no Estado de Direito**. São Paulo, Editora Saraiva, 2009). Por ser uma atividade administrativa subordinada à lei e ao Direito,

sua função, é dado ao policial desincumbir-se do mais importante em detrimento do menos importante quando, diante de um caso concreto, haja conflito temporal ou territorial e o contingente policial e meios disponíveis de ação sejam limitados.[403] O *dever* de *examinar* se deve haver uma intervenção policial demanda levar em conta, inclusive, aspectos eminentemente práticos como o da disponibilidade de efetivo humano – número de policiais – em atenção ao princípio da oportunidade.[404] A *discricionariedade funcional* configura um princípio geral de atuação, significando que a autoridade deve exercer o poder discricionário respeitando o fim estabelecido em lei de autorização,[405] as medidas policiais e os instrumentos de coerção identificados como precisamente adequados, a cláusula geral de polícia de segurança pública e os limites próprios da discricionariedade,[406] entre os quais estão o princípio da igualdade e o princípio da eficiência.[407] Em obediên-

---

as atuações policiais devem ser "razoáveis, isto é, justificadas, adequadas nos seus meios ao fim pretendido, proporcionais na sua resposta e efeitos e limitadas quanto ao seu objeto" (*in* p. 395 de JUAN. GATTA. PABLO. Reforma policial y Constitución. **RPA**, n. 109, 1986 *apud* p. 60, nota 119, de SOUSA, António Francisco de. **A Polícia no Estado de Direito**. São Paulo, Editora Saraiva, 2009).

[403] P. 17 de SOUSA, António Francisco de. **A Polícia no Estado de Direito**. São Paulo, Editora Saraiva, 2009. Complementa o autor, p. 17: "No mínimo, sempre que a salvaguarda da ordem e segurança públicas possam vir a ser garantidas de outro modo que não através da intervenção policial, a polícia deverá poder não intervir".

[404] Cfr. p. 442/444 NOGUEIRA DE BRITO, Miguel. Direito de Polícia, *in* **Tratado de Direito Administrativo Especial**. Coimbra, Almedina, 2009, vol. I, p. 367/368.

[405] O respeito pelo fim constitui um limite interno ao exercício do poder discricionário, conforme António Francisco de Sousa, "O caráter funcional da discricionariedade, que se opõe ao seu caráter arbitrário, não depende de previsão expressa na lei de habilitação (de atribuição do poder discricionário)" (*in* p. 60 de SOUSA, António Francisco de. **A Polícia no Estado de Direito**. São Paulo, Editora Saraiva, 2009).

[406] P. 60 de SOUSA, António Francisco de. **A Polícia no Estado de Direito**. São Paulo, Editora Saraiva, 2009.

[407] Nesta linha, informa António Francisco de Sousa (*in* p. 60, nota 120, de SOUSA, António Francisco de. **A Polícia no Estado de Direito**. São Paulo, Editora Saraiva, 2009) que o ac. De 29.4.1993 (proc. n° 24606), do Supremo Tribunal Administrativo, de Portugal, concluiu que "o princípio da igualdade, com a dimensão que lhe é conferida pelo art.° 13° da CRP, comporta a proibição do arbítrio e a proibição da discriminação. A proibição do arbítrio torna inadmissíveis diferenciações de tratamento sem justificação razoável, aferida esta por critérios de valor objectivos, constitucionalmente relevantes, bem como identidades de tratamento de situações manifestamente desiguais". E mais, o Supremo Tribunal Administrativo tem diversas vezes condenado arbítrios que levam ao desrespeito pelos direitos dos administrados. Foi o que aconteceu, p. ex., no ac. De 30.3.1995 (proc. n° 35433). O apelo do legislador ao critério

cia a tais limites, a autoridade policial não pode – pela vinculação ao fim – desviar o seu poder em relação ao fim para o qual o poder lhe foi conferido. Caso contrário, incidirá em desvio de poder.

Esquematicamente, a configurada discricionariedade funcional tem como limites: a) um limite interno, que é a necessidade de respeitar o fim da lei de atribuição do poder policial; e b) limites externos, compostos pela vinculação geral de prossecução do interesse público; vinculação aos princípios gerais de direito policial (como os princípios da proporcionalidade e da moralidade administrativa); e a vinculação aos direitos fundamentais.

Se desrespeitados os limites do exercício da discricionariedade funcional, configurando-se então ilegalidade, terá a autoridade policial de segurança pública praticado *vícios de discricionariedade* que podem ser: a) por ofensa ao limite interno: desvio de poder; e b) por ofensa aos limites externos: *não exercício* (ou *omissão*) da discricionariedade[408]; ou *excesso* de discricionariedade.[409]

A discricionariedade funcional pode, entretanto, ser reduzida a zero quando a obrigação de intervir ocorre diante de flagrante risco a bens como a vida, a saúde, a liberdade e a propriedade dos cidadãos, além do normal funcionamento dos serviços públicos.[410] Não há, nestes casos, uma discricionariedade de decisão. É dado à polícia de segurança pública examinar o quadro em que se põe a situação de perigo, podendo deixar de agir apenas quando não diante de risco aos bens maiores retro referidos.

---

do "bom pai de família" referencia não o "homem médio", mas o bom cidadão, o cidadão cumpridor dos seus deveres sociais, o que, transposto para o campo da responsabilidade dos entes públicos, exige a referência ao *funcionário ou agente zeloso e cumpridor*".

[408] Ocorre quando a autoridade não exerce, seja por desconhecimento, seja por decisão voluntária, a sua discricionariedade.

[409] Ocorre quando a autoridade excede em seus poderes ao decidir (por exemplo, ao decidir por um meio que a lei não permitia).

[410] P. 174 de GOMES, Carla Amado. **Contributo para o Estudo das Operações Materiais da Administração**. Coimbra. Coimbra Editora, 1999.

3.3 Princípio da Proporcionalidade

Ao princípio da legalidade não importa apenas que a conduta administrativa se amolde ao texto de lei, "mas reclama adesão ao espírito dela, à finalidade que a anima."[411] Dos dispositivos que consagram a submissão da Administração ao princípio da legalidade nasce o *princípio da proporcionalidade* que, face ao seu destaque, tem ares de autonomia, o que é salutar na medida também em que, se assim não fosse, poderia diluir, em alguma medida, o princípio da legalidade. A autoridade policial pode e deve agir em benefício do interesse coletivo, de forma a atender os fins previstos em lei, constituindo-se em um poder-dever instrumental. Neste sentido, se a medida adotada pela polícia de segurança pública ultrapassa o poder que lhe foi atribuído para alcance da finalidade legal, está-se diante de uma ação policial desproporcional. Tal ato é viciado e inválido, donde o princípio da proporcionalidade representa uma *adequação administrativa entre meios e fins*,[412] de modo que, no Estado de Direito, a discricionariedade é limitada pela lei e observadora do *princípio da proporcionalidade*, diferentemente da discricionariedade notada no Estado de Polícia.[413]

De origens antigas, o princípio da proporcionalidade teve nas teorias jusnaturalistas da Inglaterra dos séculos XVII e XVIII relevante impulso ao seu reconhecimento. Entretanto, consolidou-se no século XX, no pós II Grande Guerra, especialmente na década de 70. Atividade estatal voltada à segurança e organização, a polícia no século XVIII alcançava todo o quadro de ações destinadas à realização do bem comum. Desapegada de qualquer sujeição legal, os agentes do Estado de Polícia, além de agirem casuisticamente, buscavam o que entendiam ser o bem comum e a segurança pública. Com a Revolução Francesa, a consolidação do Estado de Direito refletiu a submissão do poder ao Direito – definido nas declarações de direitos do homem e nas leis. O avanço do princípio da legalidade fez progredir também as limitações à polícia, enfatizando-se a vinculação em detrimento à ampla discricionariedade.

---

[411] P. 66 de MELLO, Celso Antônio Bandeira de. **Curso de Direito Administrativo**. São Paulo, Malheiros, 1996.
[412] P. 97-98 de MELLO, Celso Antônio Bandeira de. **Discricionariedade e Controle Jurisdicional**. São Paulo, Malheiros, 1996.
[413] P. 352/353 NOGUEIRA DE BRITO, Miguel. Direito de Polícia, *in* **Tratado de Direito Administrativo Especial**. Coimbra, Almedina, 2009, vol. I.

O reconhecimento de valores imanentes à personalidade humana, oponíveis até mesmo contra o soberano por representarem garantia ao homem uma esfera de liberdade intangível, configurou o aparecimento de ideias que se contrapunham ao regime absolutista vigorante. Neste contexto, somente em nome do interesse coletivo se admitiria a limitação de direitos individuais, de modo a não confundi-la com o poder arbitrário. Mais ainda, as restrições impostas deveriam ser adequadas e necessárias ao benefício de todos.[414]

Após adquirir contornos mais precisos, com fundamento dogmático-jurídico residente no princípio do Estado de Direito e nos direitos fundamentais, o princípio da proporcionalidade passou a servir como limite geral de intervenção do executivo sempre quando em perigo a ordem pública, vindo a adquirir o reconhecimento de princípio constitucional.[415,416]

---

[414] P. 367 de LEITE, Lúcia Maria de Figueiredo F. Pereira. O princípio da proporcionalidade nas medidas de polícia, in **Estudos de Direito de Polícia**. Lisboa, AAFDL, 2003.

[415] P. 370 de BONAVIDES, Paulo. **Curso de Direito Constitucional**. São Paulo, 1998. O autor esclarece que o princípio da proporcionalidade criou raízes mais profundas e obteve originalmente importância como princípio constitucional na Alemanha. No direito norte-americano o princípio da proporcionalidade recebeu a denominação "princípio da razoabilidade" e teve como origem o princípio do devido processo legal. No direito brasileiro, entretanto, princípio da proporcionalidade e princípio da razoabilidade nem sempre são sinônimos uma vez que alguns autores entendem que o princípio da proporcionalidade é uma faceta do princípio da razoabilidade. Neste sentido, Celso Bandeira de Mello, p. 81 e 82 de MELLO, Celso Antônio Bandeira de. **Curso de Direito Administrativo**. São Paulo, Malheiros, 1996, e Lúcia Valle Figueiredo, pp. 50 e 203 de FIGUEIREDO, Lúcia Valle. **Curso de Direito Administrativo**. São Paulo, Malheiros, 2001. Ainda no direito brasileiro, outros autores tomam o princípio da razoabilidade como medida da adequação e da necessidade, ao passo que o princípio da proporcionalidade tem o sentido da proporcionalidade em sentido estrito (MEDAUAR, Odete. **Direito Administrativo Moderno**. São Paulo, 1996).

[416] A Constituição da República Portuguesa estabelece no seu art. 18°, ao cuidar da força jurídica do regime dos direitos, liberdades e garantias fundamentais, que somente a lei poderá restringir os direitos, liberdades e garantias nos casos expressamente previstos na Constituição. Pontua, no entanto, que as restrições devem "limitar-se ao necessário para salvaguardar outros direitos ou interesses constitucionalmente protegidos". Para Vieira de Andrade o princípio da proporcionalidade decorre de uma proibição geral de arbítrio, ao passo que a determinação existente no art. 18°, nos nºs 2 e 3 da CRP importa em uma proibição qualificada de arbítrio quanto à restrição dos direitos fundamentais (cfr. p. 299 de p. 334 de VIEIRA DE ANDRADE, José Carlos. Os Direitos Fundamentais na Constituição Portuguesa de 1976. Coimbra: Almedina, 2009. 4ª ed.).O nº 2 do art. 266° da CRP inclui o princípio da proporcionalidade como princípio fundamental da Administração Pública. Mais ainda, o art. 272°, ainda do texto português, então tratando da atividade da polícia administrativa,

Duas são as vertentes – ou modalidades - do princípio da proporcionalidade.[417] Uma é a proporcionalidade em sentido geral ou global, por meio da qual se exige respeito à essência do conjunto de valores constitucionais e legais. A outra é a proporcionalidade em sentido concreto da qual se extrai que no ato administrativo deve ser percebida adequação entre a atuação pública e o interesse público visado, aqui funcionando uma verdadeira garantia fundamental de promoção de justo equilíbrio entre os interesses individuais e sociais e o interesse público a ser objetivado pelo Estado, sempre presente a finalidade de preservação dos direitos fundamentais.[418]

Três níveis de apreciação compõem o conceito jurídico-administrativo de proporcionalidade, e são perfeitamente aplicáveis à atuação policial de segurança pública. São subprincípios que, se violados, importam em arbitrariedade. Primeiramente, a adequação da conduta administrativa à prossecução do interesse público pretendido. Isto é, busca-se a medida apta a atingir um determinado fim[419], idônea a alcançá-lo. Examina-se, assim, a conformidade dos meios – critério de avaliação empírica, tendo-se, de um lado, a medida, e de outro, a finalidade -, acrescentando-se serem inadmissíveis medidas que não visem um fim legal, bem como que sejam jurídica ou materialmente impossíveis – como tal, as aplicadas contra destinatário que não é parte legítima ou as que violem interesse público - , sob pena de serem tomadas por ilegais ou passíveis de nulidade. Considera-se suficiente, entretanto, que a "medida seja um passo na direção certa".[420]

---

expressamente declara a necessidade de se observar o princípio da proporcionalidade. O princípio da proporcionalidade está consagrado como princípio constitucional do Estado de Direito. No entanto, poucos são os textos constitucionais que a ele se referem expressamente, tal como acontece na Alemanha, Suíça, Áustria e Espanha (cfr. p. 372-373 de LEITE, Lúcia Maria de Figueiredo F. Pereira. O princípio da proporcionalidade nas medidas de polícia, *in* **Estudos de Direito de Polícia**. Lisboa, AAFDL, 2003.

[417] P. 145-146 de SOUSA, Marcelo Rebelo de. **Lições de Direito Administrativo**. Lisboa, s. n., 1994-1995.

[418] P. 254-256 de GUERRA FILHO, Willis Santiago. Notas em torno do princípio da proporcionalidade *in* **Perspectivas Constitucionais nos 20 anos da Constituição de 1976**, Org. Jorge Miranda, Coimbra, 1997, v. II.

[419] P. 207 de de MIRANDA, Jorge. **Manual de Direito Constitucional**. Coimbra, Coimbra Editora, 2000, T. IV, Direitos Fundamentais.

[420] P. 32 de SOUSA, Antonio Francisco de. Actuação policial e princípio da proporcionalidade, *in* **Revista Polícia**, ano LXI, n° 113, set./out. 1994. O autor, p. 46, exemplifica como medida adequada as buscas realizadas em locais perigosos, objetivando-se a prevenção criminal.

A seguir, a exigibilidade ou indispensabilidade da atuação administrativa, sendo esta imprescindível à consecução do interesse público. Ou seja, dentre diversas condutas idôneas ou adequadas passíveis de serem adotadas, dadas as circunstâncias, necessária ou exigível será aquela menos lesiva para se alcançar o resultado pretendido.

No âmbito da atuação policial de segurança pública está em jogo a necessidade material – a conduta policial a ser posta em ação deve limitar o menos possível o direito fundamental –; a necessidade espacial – a medida deve alcançar, obrigatoriamente, território limitado–; a necessidade pessoal – somente as pessoas cujos interesses serão limitados devem ser atingidas–; e necessidade temporal – a medida policial aplicada deve também estar limitada no tempo.

Finalmente, a proporcionalidade em sentido estrito ou relação custo-benefício, ou ainda princípio da racionalidade ou da justa medida como tal compreendido a verificação de correspondência – proporção – entre as vantagens obtidas com o alcance do interesse público conseguido e os sacrifícios impostos aos interesses privados.[421] Significa isto que, comparando-se o conjunto de bens, valores e interesses perseguidos – sintetizados no controle de perigos decorrentes da criminalidade - com o conjunto de bens, valores e interesses sacrificados, nota-se que é aceitável o prejuízo em função dos objetivos a serem atingidos. Noutros termos, é aceitável ou tolerável a medida policial adequada e necessária com vistas a se atingir os fins pretendidos.

O princípio da proporcionalidade é também denominado como *princípio da proibição do excesso*, e é hoje compreendido sob o ponto de vista da existência de "uma relação justa e equilibrada entre as vantagens do fim a ser alcançado e os custos das medidas adotadas para se atingir este fim".[422] Assim, são arbitrárias as medidas policiais não necessárias ou inadequadas, ou ainda excessivas – por desatendimento à proporcionalidade em sentido estrito.

No direito policial, o princípio da proporcionalidade assume evidência e é permanente e frequentemente aplicado. De fato, ao tratar da Administração Pública no Brasil, Celso Antônio Bandeira de Mello assinala que "a Administração Pública não deve atuar jamais servindo-se de meios

---

[421] P. 80 de CAUPERS, João. **Introdução ao Direito Administrativo**. Lisboa, Âncora, 2000.
[422] P. 372 de LEITE, Lúcia Maria de Figueiredo F. Pereira. O princípio da proporcionalidade nas medidas de polícia, *in* **Estudos de Direito de Polícia**. Lisboa, AAFDL, 2003.

mais enérgicos que os necessários à obtenção dos resultados pretendidos pela lei, sob pena de vício jurídico, que acarretará responsabilidade da Administração".[423] A atuação policial no Brasil deve, portanto, obediência, a um só tempo, à adequação, necessidade (ou proibição do excesso) e razoabilidade (ou proporcionalidade em sentido restrito), de modo que, não observados tais parâmetros pela autoridade policial, configurado estará abuso de poder de polícia.

Em outras palavras, a polícia não deve intervir na vida privada dos indivíduos, de modo a não ocupar-se de interesses particulares e respeitar a vida íntima e o domicílio dos cidadãos; a sua atuação deve se dar sobre o perturbador da ordem, e não sobre aquele que legitimamente use o seu direito; e, finalmente, a imposição de restrições e o uso da coação devem se limitar ao necessário, de modo que o poder de polícia seja exercido respeitando-se a "proporcionalidade entre os males a evitar e os meios a empregar para a sua prevenção".[424]

Por meio do princípio da proporcionalidade, aplicável à Administração em geral e à polícia de segurança pública em especial – sobretudo na terceira fase da *etapa cognitiva* e na *etapa prática* da atuação policial[425] –, o leque de identificação da medida policial adequada é reduzido, de modo a contribuir, no caso concreto, para a realização da justiça. Noutros termos, o princípio da proporcionalidade funciona como um auxiliar na identificação de medida policial legalmente prevista – ou baseada em *estado de necessidade*/cláusula geral de polícia de segurança pública – e um limitador ao exercício do poder discricionário. O princípio da proporcionalidade traz em si a ideia de ponderação entre os custos e os benefícios de uma intervenção policial, ou seja, implica numa *pesagem* entre os benefícios a serem alcançados com o fim visado e os custos para o alcance desse fim, isto é, os custos das medidas que necessitam ser adotadas – *justa relação*. Tal análise, realizada em toda extensão de aplicação do princípio da proporcionalidade objetiva garantir a justa relação entre as vantagens do fim a atingir e os custos das medidas, fim que deve estar devidamente explicitado, clara e precisamente na lei. Assim sendo, além de objetivar o fim de controle do perigo – fim geral que orienta a atividade policial de segurança pública –,

---

[423] P. 495 de MELLO, Celso Antônio Bandeira de. **Curso de Direito Administrativo**. São Paulo, Malheiros, 1996.
[424] Marcello Caetano, op. cit. p. 1156 e ss.
[425] Ver os fundamentos a respeito no item 3.2.1.

a lei aplicável a um caso concreto determina um fim específico, evidentemente integrado à ideia de prevenção do perigo.

Seja na intervenção jurídica – *etapa cognitiva* -, seja na escolha dos meios policiais – definição especialmente do *como* agir na *etapa prática* - o princípio da proporcionalidade deve ser rigorosamente respeitado de forma que as medidas policiais sejam adequadas, exigíveis (no sentido da menor afetação possível) e proporcionais (no sentido estrito).[426]

Na aplicação de uma medida de polícia, está sempre presente a possibilidade de análise casuística discricionária[427] a ser realizado pela autoridade policial, cumprindo a esta verificar o preenchimento de pressupostos e requisitos constantes da lei. Por outro lado, e como já visto, a discricionariedade não se fará presente quando a autoridade policial se ver diante da necessidade de identificar a medida de polícia, dentre as legalmente previstas, que exatamente atenda aos interesses públicos e privados em jogo, de modo a identificar a medida de polícia que se ajuste à máxima harmonização de salvaguarda dos bens públicas, com respeito aos direitos fundamentais dos cidadãos, de modo a privilegiar a preservação do núcleo essencial destes direitos.[428]

---

[426] No quadro exposto por Antònio Francisco de Sousa: "...a proporcionalidade impõe que não se atire sobre pássaros com canhões, tal como não se atira sobre aviões com fundas, ou seja, a proporcionalidade também proíbe uma repressão excessivamente suave dos comportamentos ilícitos", *in* p. 76 de SOUSA, António Francisco de. **A Polícia no Estado de Direito**. São Paulo, Editora Saraiva, 2009.

[427] Como acentuado por Marcello Caetano na p. 1171 de MARCELLO CAETANO. **Manual de Direito Administrativo**. Coimbra, Almedina, 1990, V. II, 10ª ed. (revista e atualizada pelo Professor Doutor DIOGO DE FREITAS DO AMARAL). Com ênfase nas componentes da "margem de livre decisão administrativa", consultar p. 105 e ss. de AYALA, Bernardo Diniz de. **O (Défice) Controle Judicial da Margem de Livre Decisão Administrativa**. Lisboa, Lex, 1995.

[428] P. 171-172 de GOMES, Carla Amado. **Contributo para o Estudo das Operações Materiais da Administração Pública e do seu Controle Jurisdicional**. Coimbra, Coimbra Editora, 1999. Esclarece a autora, p. 174, que é relevante "...num primeiro momento ...avaliar da verificação dos pressupostos de facto e de direito da situação de risco. As entidades administrativas terão de se mover em terreno altamente instável, uma vez que a realidade pode ser mutável. E cada actuação tem um tempo preciso. Dentro da sua margem de livre apreciação, a Administração vai preencher este conceito, estabelecendo um diálogo entre uma configuração ideal do que considera uma situação de necessidade de actuação no caso concreto em análise e aquilo que efectivamente está a ocorrer. Para tal terá de proceder a um juízo de prognose sobre as circunstâncias e os seus prováveis efeitos, no que constitui um

O princípio da proporcionalidade, que traz à baila na atuação policial de segurança pública os requisitos da necessidade, exigibilidade e proporcionalidade (em sentido estrito, ou razoabilidade), reforçam o entendimento de que, "em matéria de actos públicos potencialmente lesivos de direitos fundamentais", eles "só devem ir até onde seja imprescindível para assegurar o interesse público em causa", de modo a serem minimamente sacrificados os direitos dos cidadãos, conforme ensinam Canotilho e Vital Moreira, para quem tais direitos constituem fim e limite da atividade de polícia.[429] Transposto este entendimento para o âmbito da polícia de segurança pública, tem-se que a execução de medidas de polícia deve sempre ser justificada pela *estrita necessidade*. Mais que isso, nunca deve ser mais gravosa quando existentes meios de execução considerados mais brandos e capazes de cumprimento da mesma finalidade de controle de perigos.[430]

Intervindo nas suas três vertentes – adequação, necessidade e proporcionalidade em sentido estrito - o princípio da proporcionalidade controla a legitimidade das leis restritivas de direitos, liberdades e garantias, alcançando normas de polícia. Noutras palavras, na qualidade de conceito jurídico-administrativo que é, este princípio trata da análise da adequação – análise *ex-ante* - entre meio e fim – fim este fixado na lei de habilitação da competência -, tomado como parâmetro o que se alcança em termos de benefícios com a atividade policial no sentido do interesse público e os custos para tanto despendidos, como tal considerados os sacrifícios provocados aos interesses dos particulares.

O dever de identificação da atuação mais necessária, mais adequada à garantia dos bens coletivos em perigo e, ao mesmo tempo, menos gravosa[431]

---

momento pré-decisário". A autora destaca situações em que a discricionariedade por parte da administração é reduzida a zero.

[429] Cfr. p. 956 de CANOTILHO, J.J. Gomes; MOREIRA, Vital. **Constituição da República Portuguesa Anotada**. Coimbra, Coimbra Editora, 3ª ed. revista, 1993. Afirmam os autores: "Deste modo, os direitos dos cidadãos não são apenas um limite da atividade de polícia; constituem também um dos próprios fins dessa função".

[430] Cfr. p. 956 de CANOTILHO, J.J. Gomes; MOREIRA, Vital. **Constituição da República Portuguesa Anotada**. Coimbra, Coimbra Editora, 3ª ed. revista, 1993.

[431] António Francisco de Sousa destaca que a adoção, com base na cláusula geral de polícia, de medidas como a proteção provisória de direitos privados e, em geral, de medidas urgentes visando a prevenção de perigos para bens jurídicos relevantes deve sempre estar formatada da maneira menos gravosa para o cidadão e para a comunidade em geral, *in* P. 17 de SOUSA, António Francisco de. **A Polícia no Estado de Direito**. São Paulo, Editora Saraiva, 2009.

e excessiva para os particulares responsáveis pelas condutas perigosas ou por elas alcançadas é uma imposição do princípio da proporcionalidade, muito destacadamente como princípio de proibição do excesso aplicável à polícia de segurança pública de modo a que se atenda ao valor dos direitos individuais presentes, à ameaça aos interesses protegidos pelas normas de polícia e ao grau de gravidade da intervenção lesiva.[432] Ou seja, a medida policial de segurança pública deve ser exigível, indispensável ou absolutamente necessária para o alcance do fim previsto em lei. Após o exame das alternativas possíveis, cumpre à autoridade policial optar pela operação policial mais suave – princípio da menor afetação possível -, dirigindo-se tal exame e decisão à execução da medida adotada e contra quem ela deve ser dirigida.[433]

A medida policial deve ser suportável pelos atingidos, de modo a não produzir danos excessivos se comparados ao fim visado – proporcionalidade em sentido estrito. Ou seja, a medida policial cabível e a sua execução não podem provocar desvantagem evidentemente descompassada relativamente ao fim desejado. Percebe-se, pois, a configuração de um limite aos poderes interventivos policiais, fundado especialmente na proteção dos direitos dos destinatários das medidas policiais.[434]

É sobretudo através do princípio da proporcionalidade que também se realiza o controle jurídico *ex post* das medidas de polícia impostas pela urgência e pela necessidade.

No âmbito do direito administrativo aplicável à atuação policial tem-se que as competências são efetiva e validamente exercidas quando obedientes à extensão e intensidade proporcionais ao que realmente seja demandado para se alcançar o interesse público pretendido.[435] Quando aquela

---

[432] P. 205-206 de LOMBA, Pedro. Sobre a teoria das medidas de polícia administrativa, *in* **Estudos de Direito Policial**. Lisboa, AAFDL, 2003.

[433] António Francisco de Sousa oferece o exemplo de que será ilegal a dispersão de uma manifestação quando suficiente, para o contorno do perigo que se quer eliminar, a simples detenção de determinados agitadores, *in* p. 76, nota 160, de SOUSA, António Francisco de. **A Polícia no Estado de Direito**. São Paulo, Editora Saraiva, 2009.

[434] Como afirma António Francisco de Sousa, "A polícia não pode prosseguir as suas funções a qualquer preço; antes deve, em cada caso concreto, examinar através de uma correcta ponderação se os meios e os fins se encontram numa relação justa", *in* p. 77, nota 161, de SOUSA, António Francisco de. **A Polícia no Estado de Direito**. São Paulo, Editora Saraiva, 2009.

[435] P. 65 de MELLO, Celso Antônio Bandeira de. **Curso de Direito Administrativo**. São Paulo, Malheiros, 1996.

atuação ultrapassa o necessário ao alcance do objetivo, está-se diante do vício da ilegitimidade, uma vez que ultrapassado o âmbito de competência, lembrando, como destaca Celso Antônio Bandeira de Mello que "ninguém deve estar obrigado a suportar constrições em sua liberdade ou propriedade que não sejam indispensáveis à satisfação do interesse público".[436]

Pressupõe-se, na aplicação do princípio da proporcionalidade, a existência de conflito entre dois ou mais bens ou interesses, situação característica no âmbito de aplicação das medidas de polícia uma vez que normalmente presente, de um lado, uma restrição de liberdade e propriedade, e, de outro, um interesse público de controle de perigos decorrentes da criminalidade. Mais ainda, pressupõe-se uma situação de conflito real, não meramente possível. Ou seja, há efetiva restrição ou limitação de bens ou interesses, indo-se, pois, além da existência de tensão entre eles ou uma "probabilidade de concretização do dano social a partir do perigo objectivo configurado na conjugação dos elementos da situação concreta".[437] Não se está, portanto, diante de um perigo ilusório, mesmo que, posteriormente, seja verificado que os fatos não transcorreram da maneira aguardada.

Se violados os subprincípios do princípio da proporcionalidade, por inadequação, desnecessidade ou excesso da medida de polícia, ou por não razoabilidade, está-se diante de ato arbitrário. Por outro lado, no caso de dever de proteção policial, as medidas de polícia de segurança pública devem ser suficientes para "garantir uma proteção constitucionalmente adequada dos direitos fundamentais",[438] de modo a imperar a *proibição do défice*.

O princípio da proporcionalidade entre custos e benefícios da intervenção policial se reflete no dever de intervenção policial na medida em que, se no caso concreto a intervenção se mostrar desproporcional, haverá um fundamento para a não aplicação do dever de proteção, não sendo pois, excepcionalmente, prevenido o perigo.[439]

---

[436] P. 65 de MELLO, Celso Antônio Bandeira de. **Curso de Direito Administrativo**. São Paulo, Malheiros, 1996.
[437] P. 12 de SÉRVULO CORREIA. Polícia. **Dicionário Jurídico da Administração Pública**. Lisboa, 1994, separata do v. VI.
[438] P. 273 de de CANOTILHO, Joaquim J. **Direito Constitucional e Teoria da Constituição**. Coimbra, Almedina, 1998.
[439] P. 15 de SOUSA, António Francisco de. **A Polícia no Estado de Direito**. São Paulo, Editora Saraiva, 2009. É o que, segundo o autor, ocorre com as denominadas "bagatelas" (o caso clássico do salvamento de animais), "em que há efectivamente um perigo e, por conseguinte,

O dever geral do agir que recai sobre a polícia de segurança pública implica serem poucos os casos em que as forças de segurança têm efetivamente um poder discricionário no que respeita a escolha entre o agir e o não agir (*se*). Soma-se a isso a redução da discricionariedade a zero, especialmente pela aplicação do princípio da proporcionalidade enquanto princípio de atuação policial. A redução da discricionariedade a zero ocorre na situação do caso concreto em que, tendo a autoridade policial, a princípio, um poder *discricionário funcional*, a sua liberdade de escolha reduz-se a uma única possibilidade de decisão. Há, pois, um estreitamento nas alternativas de conduta da polícia[440], de modo a restar uma, e apenas uma, decisão ajustada ao caso concreto. Noutros termos, ocorre uma conversão de decisão, de princípio de livre escolha numa decisão vinculada já que apenas uma única decisão é possível. Esta *transformação* do poder discricionário em poder vinculado nem sempre é acompanhada, para o cidadão, de forma automática, de um reconhecimento de um direito à intervenção policial uma vez que a atuação policial continua no campo da prevenção dos perigos para a comunidade em geral, e não de perigos para o cidadão em concreto. Para que isto ocorra, isto é, para que o cidadão tenha um direito à intervenção policial, faz-se preciso que, além do dever de intervenção inerente à autoridade policial de segurança pública, haja previsão de proteção objetiva e direta dos interesses ou direitos do cidadão nas normas jurídicas atinentes, ou que a violação ou a colocação em perigo refira-se a um bem jurídico altamente pessoal do cidadão – por exemplo, perigos graves para a vida e para o corpo -, podendo-se então afirmar estar presente uma fronteira ao princípio da oportunidade, ou seja, onde se fazem

---

um dever de protecção, mas, devido à desproporcionalidade dos meios (e dos custos), o perigo não é (ou não pode ser) prevenido", p. 18.
António Francisco de Sousa ainda destaca que, em certos casos, "a não intervenção no caso concreto também pode estar justificada por razões de estratégia policial, como acontecerá quando seja de recear que a simples presença ou intervenção da polícia não é (ou pode não ser) prevenido", p. 18.
[440] Cfr. Volkmar Götz (n.m. de GÖTZ, Volkmar. **Allgemeines Polizei- und Ordnungsrecht**. Göttingen, 1995, 2ª ed. *apud* p. 63, nota 129, de SOUSA, António Francisco de. **A Polícia no Estado de Direito**. São Paulo, Editora Saraiva, 2009), "a aceitação de um atrofiamento do espaço discricionário assenta na ideia de que os interesses que no caso concreto apontam no sentido da intervenção podem pesar tanto que o seu recuo face a outros interesses não estaria coberto pela discricionariedade funcional".

presentes perigos graves para a vida e para o corpo, assim como perigos relevantes de dano.[441]

A relevância do bem jurídico ameaçado constitui, portanto, um critério importante quanto à intervenção policial no exercício da discricionariedade funcional. Geralmente, a necessidade de salvaguardar bens jurídicos de grande valor ocasiona um dever de intervir, entre aqueles incluídos bens fundamentais como a vida, a saúde ou a integridade física.[442]

3.3.1 Adequação das medidas policiais

Se, segundo a experiência geral – não bastando a opinião subjetiva de quem decide - uma medida é apta (idônea) à prevenção do perigo – ou, pelo menos, capaz de minorá-lo -, então esta medida é, a princípio, *adequada* à prevenção de um perigo policial. Desta forma, embora desejável, não se exige aptidão para sanar definitivamente o perigo, mas para controlá-lo. Exige-se, por outro lado, que, a partir de um juízo de idoneidade, a medida reúna condições para se alcançar o fim perseguido pela lei[443], de

---

[441] Cfr. António Francisco de Sousa, p. 63, nota 129, de SOUSA, António Francisco de. **A Polícia no Estado de Direito**. São Paulo, Editora Saraiva, 2009

[442] Cfr. António Francisco de Sousa (p. 64 de SOUSA, António Francisco de. **A Polícia no Estado de Direito**. São Paulo, Editora Saraiva, 2009), são controversos os bens e valores patrimoniais *importantes* como tais normalmente considerados os bens que integram o patrimônio histórico, artístico e arquitetônico, etc. Maior discussão ainda em torno do que se entende por bens jurídicos de valor "médio", ou seja, de valor patrimonial *relevante*, em função do patrimônio e da capacidade aquisitiva em concreto ou do seu significado para a comunidade. No caso de bens de valor baixo, não há o dever de intervir, "sobretudo quando seja de esperar a conveniência ou necessidade de manter os meios disponíveis (humanos e materiais) para outras intervenções..."

[443] Ainda recentemente o governo do Estado do Rio de Janeiro optou pela instalação das chamadas Unidades de Polícia Pacificadora – UPP's nas favelas da capital fluminense com a finalidade de ocupar territórios – favelas - então dominados pelo tráfico de drogas. Notícias dão conta de que criminosos – e a prática criminosa - migraram para outras regiões da cidade. O trecho a seguir, de António Francisco de Sousa (p. 79 de SOUSA, António Francisco de. **A Polícia no Estado de Direito**. São Paulo, Editora Saraiva, 2009) aplica-se ao caso: "...também se pode verificar um efeito de prevenção do crime quando a polícia procede a controlos sistemáticos em determinados locais, fazendo recuar para locais mais afastados os criminosos que ali costumam encontrar-se para combinar, preparar ou cometer crimes. Desta forma o crime é "empurrado" dos centros urbanos para os subúrbios pouco vigiados das cidades. A criminalidade enquanto tal subsiste, sendo apenas menos notada pelo público. Estas estratégias policiais de deslocação do local do crime só terão efeito preventivo se, e na medida

modo que, a partir de princípios gerais da lógica, os efeitos da medida a ser agilizada se identifiquem com o fim pretendido.[444]

A inadequação, entretanto, não se restringe à inidoneidade da medida para a prevenção de um perigo policial, mas também alcança aquelas medidas que imponham aos destinatários algo tido como ilícito ou impossível.

A adequação da medida policial colocada em execução está implícita em toda intervenção policial – como de resto, em toda a atividade administrativa –, razão pela qual não se exige a previsão expressa, na lei, da adequação de uma medida. O excesso dos efeitos decorrentes de certa medida efetivada – portanto, num exame *a posteriori* –, a princípio tida como adequada ao alcance dos fins pretendidos, faz significar que ela é ilegal. Consequentemente, a medida em tese adequada, não significa necessariamente ser legal. Ou seja, a adequação é parâmetro insuficiente para garantir a legalidade de uma medida policial.

3.3.2 Exigibilidade ou indispensabilidade das medidas policiais

Além da capacidade de atingir o fim pretendido, a operacionalização da medida policial de segurança pública adotada pela autoridade deve ser a mais favorável ao destinatário ou aos destinatários. Ou seja, diante da diversidade de *como* e *quando* executar medidas aptas à consecução de um fim pretendido, deve a autoridade optar por aquela execução mais benéfica ao destinatário. Não basta à autoridade a identificação de uma medida idônea e realizá-la alcançando a finalidade. Cumpre-lhe perquirir a existência de outro modo e tempo de execução da medida que, em tese também potencialmente capazes de atingir o fim almejado, menos afetem seja o particular, seja o público em geral. Noutros termos, é dever da polícia de segurança pública, no desempenho da sua atividade de controlar perigos decorrentes da criminalidade, intervir sem avançar além do efetivamente indispensável. No entanto, a adoção da execução mais suave, da interven-

---

em que, as condições externas de prática dos crimes forem, pelo menos, substancialmente dificultadas, nomeadamente pela diminuição dos oportunidades de crime. Se este for o caso, tais medidas poderão ser adequadas ao combate preventivo à criminalidade."

[444] Exemplificativamente, tem-se que a apreensão da carteira nacional de habilitação – CNH do condutor de motocicleta sem capacete (infração ao inciso I do art. 54 do Código de Trânsito Brasileiro), não é medida suficiente – por princípio lógico – para proteger a vida e a integridade física do próprio.

ção mínima ou da menor afetação possível somente se impõe quando a operacionalização da medida eleita seja igualmente adequada ao alcance do fim visado. As execuções só serão lícitas se, a um mesmo tempo, forem efetivas no seu grau menos ablativo de intervenção e capazes de efetivarem o fim almejado. Conjuga-se, pois, concomitantemente, adequação e indispensabilidade, procedendo-se primeiramente ao exame da adequação da atuação no controle do perigo, para a seguir, definir o limite da sua implantação, de forma tal a não invadir o que razoavelmente é exigível para a consecução da finalidade de manutenção da ordem pública. Assim, diante de várias execuções aptas, deve-se adotar a mais branda. No que se refere a uma medida especificamente, a sua execução, ou os meios para a sua implantação, devem se limitar ao que é exigível, e não mais.

3.3.3 Proporcionalidade, em sentido estrito

Se os *custos* globais da execução de medida policial de segurança pública forem consideravelmente superiores aos benefícios globais, isto é, quando a afetação for sensivelmente maior que os interesses que se pretende proteger, aquela medida policial não deve ser adotada, sob pena de ser ilegal. O resultado da operação de avaliação entre vantagens globais e os custos globais da intervenção é a pesagem entre o interesse público a salvaguardar por meio da medida policial e o dano global que ela possivelmente provocará, seja no que concerne ao interesse público, seja no que se refere aos particulares. A constatação de que os custos estão *fora da relação* idealizada importa, em regra, o abandono da *execução* da medida alvo da avaliação, o que não implica necessariamente no descarte da *medida* policial identificada como adequada. Assim sendo, há aqui um limitador na atividade policial, de modo a que à autoridade policial é vedado alcançar os seus objetivos a qualquer custo. Impõe-se, pois, o dever de ponderar corretamente a relação custos/benefícios decorrente da medida em causa. No caso concreto, constata-se haver proporcionalidade da atuação policial, em sentido estrito, sempre que não houver uma alternativa mais favorável, tendo sido verificados os pressupostos materiais exigidos na norma de competência.[445]

---

[445] Cfr. António Francisco de Sousa, "O legislador deve determinar, na norma de atribuição de competência, a necessária 'relação' entre o interesse público em geral e os direitos e

Verificada que uma certa operacionalização de medida policial de segurança pública é adequada e indispensável, isto não significa, por si só, que seja ela proporcional em sentido estrito, de modo a ser possível que determinada execução de medida, embora adequada e indispensável ao alcance do fim legal, não seja proporcional em sentido estrito. Diante deste quadro, deve a autoridade policial optar pela não adoção da execução, sob pena de ilegalidade, cumprindo-lhe a reavaliação quanto ao *como*, ao *quando*, e eventualmente até mesmo quanto ao *se* agir.

3.3.4 Proteção dos direitos fundamentais

Domínio de império do princípio *favor libertatis*, o respeito aos direitos fundamentais é um mandato ao legislador como função de princípio constitucional e de um Estado constitucional que se orienta para a realização e proteção dos direitos fundamentais, assim como é um ditame para a polícia de segurança pública que deve necessariamente dar preferência à aplicação de medidas de polícia mais concordante com os direitos fundamentais.[446,447]

As medidas de polícia constituem habilitações de atuação que podem produzir conflitos com direitos[448], devendo imperar o princípio da prevalência dos direitos fundamentais na atividade policial.[449] Desta forma, os

---

interesses legalmente protegidos do particular", *in* p. 79 de SOUSA, António Francisco de. **A Polícia no Estado de Direito**. São Paulo, Editora Saraiva, 2009.

[446] P. 205 de LOMBA, Pedro. Sobre a teoria das medidas de polícia administrativa, *in* **Estudos de Direito Policial**. Lisboa, AAFDL, 2003.

[447] No que concerne especificamente à criminalidade, entende o Tribunal Constitucional português que "a prevenção de crimes constitui, aliás, uma das competências constitucionalmente reconhecidas às polícias em geral, se bem que só possa fazer-se com observância das regras gerais sobre a polícia e com respeito pelos direitos, liberdades e garantias dos cidadãos – Constituição da República Portuguesa art. 272º, nº 3." Acórdão do Tribunal Constitucional nº 456/93, de 12 de Agosto, processo nº 422/93, publicado no DR, nº 212, de 9 de setembro de 1993, p. 4811 e ss.

[448] Neste sentido, o nº 3 do art. 272º da Constituição da República Portuguesa.

[449] P. 197 de LOMBA, Pedro. Sobre a teoria das medidas de polícia administrativa, *in* **Estudos de Direito Policial**. Lisboa, AAFDL, 2003. A propósito, o autor informa que o Acórdão º 479/94 do Tribunal Constitucional e respectivas declarações de voto dão "conta da 'tensão' entre as medidas de polícia e os direitos fundamentais".

direitos fundamentais balizam a interpretação das normas de polícia[450] de maneira que a restrição de polícia é admitida como excepcionalidade, sendo a liberdade a regra.

Enquanto na Constituição de Portugal a importância dos direitos fundamentais para a atividade policial é facilmente deduzida da aplicabilidade direta e da vinculação das entidades públicas aos preceitos respeitantes aos direitos, liberdades e garantias, nos termos do nº 1 do art. 18º,[451] pode-se chegar, no Direito brasileiro, à mesma conclusão quando considerado que a previsão do §1º do art. 5º,[452] da Constituição Federal, determina a aplicação imediata das normas definidoras dos direitos e garantias fundamentais, determinação esta que alcança a atuação de toda a Administração Pública, atingindo-se, por via de consequência, a atividade da polícia brasileira de segurança pública.

Nenhuma autoridade pode restringir direitos, liberdades e garantias, salvo com consentimento legal.[453] Para tanto, exige-se, em tese, expressa tipicidade legal das medidas policiais, de modo que a polícia de segurança pública não pode conformar e concretizar os direitos, liberdades e garantias, especificando limites implícitos a esses direitos, sem o consentimento legal, mesmo executando diretamente a Constituição.[454] No entanto, a Administração pode e deve, no âmbito das suas atribuições e competências, "proteger, promover e até concretizar, na falta de lei específica, as normas relativas aos direitos, liberdades e garantias", de modo que "a mediação legal mantém-se, mas a proibição de actuação administrativa *praeter legem* não pode prejudicar a actividade administrativa de *aplicação*

---

[450] Cfr. P. 257 de SILVA, Vasco Pereira da. **Em Busca do Acto Jurídico Perdido**. Coimbra, 1998. Vieira de Andrade defende a interpretação em conformidade com os direitos fundamentais como um princípio hermenêutico (p. 141 de VIEIRA DE ANDRADE, José Carlos. Os Direitos Fundamentais na Constituição Portuguesa de 1976. Coimbra: Almedina, 2009. 4ª ed.).

[451] Constituição da República Portuguesa, **Artigo 18.º:** "1. Os preceitos constitucionais respeitantes aos direitos, liberdades e garantias são directamente aplicáveis e vinculam as entidades públicas e privadas."

[452] § 1º, do art. 5º, da Constituição do Brasil: "As normas definidoras dos direitos e garantias fundamentais têm aplicação imediata."

[453] P. 224 de VIEIRA DE ANDRADE, José Carlos. Os Direitos Fundamentais na Constituição Portuguesa de 1976. Coimbra: Almedina, 2009. 4ª ed.

[454] P. 198 de LOMBA, Pedro. Sobre a teoria das medidas de polícia administrativa. In: Estudos de Direito de Polícia. Lisboa: AAFDL, 2003, 1º vol.

directa dos preceitos constitucionais", não configuradora de uma atividade de execução da lei, mas sim de *execução vinculada da Constituição*.[455]

Existem direitos e liberdades em regra intocáveis pelas medidas de polícia de segurança pública: "todos aqueles que mais perto se encontram no princípio da dignidade humana: a privacidade, a intimidade, a liberdade religiosa, a liberdade de correspondência".[456] Medidas de polícia típicas, ainda que legalmente amparadas, não podem *lesar* a dignidade da pessoa humana e os direitos fundamentais que dela defluem, o que constitui intransponível esfera ética.[457]

Na moderna compreensão da atividade administrativa tida como de natureza *relacional*,[458] as situações ocorrentes na atividade da Administração – que é titular de direitos, mas também, e especialmente, de deveres – são compreendidas num quadro que não comporta apenas relações jurídicas bilaterais, mas também multipolares ou complexas – havendo quem

---

[455] P. 225 de de VIEIRA DE ANDRADE, José Carlos. Os Direitos Fundamentais na Constituição Portuguesa de 1976. Coimbra: Almedina, 2009. 4ª ed.

[456] P. 200 de LOMBA, Pedro. Sobre a teoria das medidas de polícia administrativa. In: **Estudos de Direito de Polícia**. Lisboa: AAFDL, 2003, 1º vol.

[457] Ibidem.

[458] E não apenas legal, ou seja, não basta que a Administração simplesmente observe o princípio da legalidade. P. 23 de MONCADA, Luís S. Cabral. **A Relação Jurídica Administrativa**. Para um novo paradigma de compreensão da actividade, da organização e do contencioso administrativos. Coimbra: Coimbra Editora, 2009. P. 24: "É necessário que a própria ordem constitucional e legislativa dos direitos esteja estruturada em moldes <<relacionais>>.Como destaca MONCADA numa perspectiva evolutiva, p. 89/90: "A noção de relação jurídica administrativa assentou arraiais no contacto entre a Administração e os destinatários da respectiva actividade modificando a posição destes perante a Administração num sentido mais igualitário no domínio processual e procedimental. O cidadão deixa de ser mero súbdito, como se disse, e passa a ser titular de uma posição jurídica nova". Em trecho um pouco mais adiante, o autor localiza bem a evolução em causa quando diz, p. 90, "A doutrina tradicional excluía efectivamente a noção de relação jurídica do âmbito do direito público. Sendo, neste âmbito, o principal interveniente o Estado, a noção de relação pulverizaria aquilo que dele é marca distintiva ou seja, a unidade de substância e de vontade e apta a exprimir-se com autoridade legítima e, portanto, de modo autoritário e até tendencialmente executório." Mas o autor faz um alerta importante no sentido de que o conceito de relação jurídica não pode compreender todo e qualquer contato da Administração com o cidadão. É que a Administração continua a ter o seu "tradicional poder, pleno de autoridade e unilateral". "O contato recíproco [Administração e cidadão] não implica a paridade absoluta dos intervenientes. Pensar o contrário é desconhecer a natureza da actividade administrativa", p. 101. Assim, o papel tradicional da Administração, diante da noção de relação jurídica, apenas foi modificado ou atenuado sob o ponto de vista de certas características do exercício do poder.

as denomine *poligonais*[459] – onde se confrontam mais do que dois sujeitos[460] portadores de direitos fundamentais – *direitos, liberdades e garantias* ou *direitos sociais* –, ou de interesses juridicamente protegidos, e de correlatos direitos de proteção.[461]

A multilateralidade das relações administrativas começa por decorrer, a bem da verdade, do texto constitucional já que a própria Constituição brasileira exige do legislador e da Administração intervenções na ordem econômica e social que permanentemente alcançam esferas jurídicas de uma multidão, direta ou indiretamente, não havendo apenas relações individualizadas e, consequentemente, não interessando apenas os efeitos para os destinatários diretos das atuações administrativas, mas ainda para toda um multidão de *terceiros*[462] que veem seus interesses e direitos afetados. Cumpre à Administração efetivar as transformações estabelecidas na Constituição – concretização de direitos econômicos, sociais e culturais - tendo a Sociedade Civil como titular de direitos e interesses e não como mera destinatária das transformações.

Quando a Administração atua na proteção de direitos por meio de *atos policiais*, os efeitos da sua ação podem também ser multiplicados ao todo

---

[459] Sujeito a críticas: "Contra a designação de relação jurídica poligonal, argumenta-se que o polígono é uma figura geométrica, pelo que a ligação entre os seus diferentes pontos apresenta um carácter fechado. Assim, as relações num polígono poderiam apenas estabelecer-se entre dois pólos contíguos, mas nunca entre pólos que não se encontrem ao lado uns dos outros. (...). Pela minha parte, tenho usado – e julgo preferível fazê-lo - a denominação de relação jurídica multilateral, na medida em que permite descrever melhor um relacionamento entre sujeitos, que pode apresentar múltiplas configuração, pautado pela lógica de flexibilidade ..." (assim escreve Vasco Pereira da Silva em SILVA, Vasco Pereira da. Verde cor de direito, **Lições de Direito do Ambiente**. Coimbra: Almedina, 2002. p. 107.

[460] LUÍS S. CABRAL DE MONCADA define *relação jurídica administrativa* como "o vínculo abstrato e geral ou individual e concreto constituído entre dois ou mais sujeitos de direito por uma norma de direito administrativo ou por um acto individual e concreto, mediante o qual cada um dos intervenientes pode exigir do outro certa conduta positiva ou negativa. In: p. 13 de MONCADA, Luís S. Cabral. **A Relação Jurídica Administrativa**. Para um novo paradigma de compreensão da actividade, da organização e do contencioso administrativos. Coimbra: Coimbra Editora, 2009.

[461] P. 17 de MONCADA, Luís S. Cabral. **A Relação Jurídica Administrativa**. Para um novo paradigma de compreensão da actividade, da organização e do contencioso administrativos. Coimbra: Coimbra Editora, 2009.

[462] Segundo MONCADA, a noção de 'terceiro' na relação administrativa não se confunde com a figura no direito civil. Na relação jurídica administrativa implica a evidência de que os efeitos que alcançam sujeitos que não aqueles diretamente envolvidos.

social, ou a parte dele, não ficando restrito ao indivíduo, mesmo que este seja o destinatário direto da atuação. Exige-se, assim, uma atenção para a posição destes *terceiros*[463] vez que estes podem significar desde um indivíduo até uma multidão de interesses heterogêneos postos num sistema de relações recíprocas divergentes conflitantes.

Os atos policiais de segurança pública ocorrem em ambiente relacional no qual a concepção dos direitos sociais é tida em conjugação com os direitos, liberdades e garantias individuais – numa visão *unicitarista*[464] – de maneira que, dada a complementaridade entre ambos os gêneros de direitos fundamentais, a proteção de um – decorrente da titularidade de direitos de um indivíduo - exige cuidados quanto aos efeitos no outro – decorrente de direitos ou interesses alheios juridicamente protegidos. Assim, essa visão tipicamente solidária impõe que a proteção policial importe também em considerandos quanto aos seus efeitos de natureza social.

É evidente que não se pode esquecer que devem ser considerados ao menos dois tipos de multipolaridade quando em causa a contraposição de direitos. Um, que respeita a direitos contrapostos individuais; e outro, que se refere a direitos individuais postos em situação de oposição a direitos sociais. Se a atuação policial protetiva dos direitos e liberdades de uma pessoa pode, por vezes, significar ofensa a direito ou interesse legalmente protegido de terceiro, cumpre à Administração Pública proteger mediante ponderação dos *valores* ou *bens* envolvidos, respeitando-se o princípio da proporcionalidade, "nos termos gerais válidos para as situações de colisão ou de conflito".[465]

Se não há dúvida de que a atuação policial em situações essencialmente bilaterais requer a observância do princípio da proporcionalidade, questionamento também inexiste de que tal cuidado se faz mais especialmente presente quando o exercício policial se dá em ambiente multilateral. Ocorre que neste segundo quadro o exame de idoneidade da medida policial - e a sua execução, especialmente - usado para o fim pretendido

---

[463] No âmbito da relação jurídica administrativa, interessa ressaltar os efeitos dos atos na esfera jurídica de sujeitos que não os seus destinatários diretos.

[464] P. 41 de MONCADA, Luís S. Cabral. **A Relação Jurídica Administrativa**. Para um novo paradigma de compreensão da actividade, da organização e do contencioso administrativos. Coimbra: Coimbra Editora, 2009.

[465] P. 141 de VIEIRA DE ANDRADE, José Carlos. **Os Direitos Fundamentais na Constituição Portuguesa de 1976**. Coimbra: Almedina, 2009. 4ª ed.

pela polícia de segurança pública fica radicalmente condicionado pelo estabelecimento da necessidade, custo e benefício do ato, de forma a restar inconteste inexistir melhor alternativa. Noutras palavras, o ato policial deverá atingir a finalidade, mas a maneira escolhida deverá ser aquela não apenas que leve em consideração a pessoa protegida, mas que também dê importância para os efeitos dela decorrentes para terceiros, de forma que os direitos e interesses destes sejam minimamente afetados.

Mais ainda, configurada a inexistência de meio de proteger a pessoa sem ofender drasticamente interesses de terceiros, pode a polícia de segurança pública concluir que a proteção não deve ser prestada – *discricionariedade funcional* quanto ao *se agir*. Entra em jogo, para definição do agir ou do não agir da polícia de segurança pública, o ressabido princípio da *prossecução do interesse público* de modo que, entre a ação e a inação, haverá de ser identificado o que melhor atenda ao interesse público.

Assim, não é impossível situação na qual deixe a polícia de segurança pública de proteger o indivíduo porque, se o fizer, isto é, se agir protegendo, prejudicará uma multidão. Isso, como resultante de uma avaliação adequada donde se conclua que o interesse público assim impõe. Perceba-se que não é um critério quantitativo, puro e simples – e que não se descarta –, mas sobretudo qualitativo. Não é o número de pessoas contrariadas que, em regra, interessa, mas sim a natureza e importância do direito ou do interesse que está em questão.

Pode-se imaginar situação contrária em que, embora agredindo interesses de muitos, a atuação policial se volte à proteção do indivíduo porque, também aqui, num caso específico, o interesse público, diretamente vinculado à preservação da dignidade humana, assim impõe. MONCADA, ao avaliar genericamente o princípio da *proporcionalidade*, não apenas como critério geral de ponderação da atividade administrativa, mas em especial nas relações jurídicas administrativas, faz a seguinte afirmação com aplicação ao estudo do ato policial de segurança pública em ambiente multipolar: "Aí mais do que em qualquer outro lugar impõe-se um critério de justa medida de modo a não fazer pagar apenas um pelo benefício geral nem o pobre pelo rico nem o *justo pelo pecador*, violando o princípio da adequada repartição dos encargos públicos."[466]

---

[466] P. 174 de MONCADA, Luís S. Cabral. **A Relação Jurídica Administrativa**. Para um novo paradigma de compreensão da actividade, da organização e do contencioso administrativos. Coimbra: Coimbra Editora, 2009.

Enquanto numa relação *bilateral* a polícia de segurança pública fundamenta o seu ato policial numa adequação, necessidade e *proporcionalidade* propriamente dita (equilíbrio entre os custos e benefícios) tomando-se como pólos 1. o interesse público, e 2. o direito subjetivo do cidadão à proteção, já na relação *multilateral* a decisão da polícia de segurança pública levará em conta uma terceira dimensão que é o interesse de terceiros, de modo que, em havendo conflito entre a proteção ao direito subjetivo e o interesse de terceiros, a atuação policial, se houver, será aquela que o interesse público impuser, seja sacrificando o direito subjetivo e, assim, resguardando o interesse de terceiros em causa, seja, ao contrário, pondo em sacrifício o interesse de terceiros, protegendo o interesse individual.

3.4 Princípio da Impessoalidade

Presente no art. 37 da Constituição brasileira, o princípio da impessoalidade voltado à Administração Pública decorre da primazia do interesse público como fim último dos atos administrativos. É uma releitura do clássico princípio da finalidade que impõe ao administrador público somente praticar o ato para seu fim legal, assim considerado como aquele que, unicamente, expressa ou virtualmente, é indicado, de forma impessoal, pela norma de direito como objetivo do ato.[467]

É a concretização da junção do princípio da igualdade com o princípio da legalidade no seio da Administração Pública, encontrando-se no campo de incidência desses dois princípios. Ora localiza-se como manifestação do princípio da legalidade, ora se posiciona como explicitação do princípio da igualdade. É que o princípio da legalidade é *tradução jurídica* do propósito político de impor um quadro normativo – sistema de normas gerais, abstratas, e, por isso, impessoais - ao administrador – exercente do poder concreto em concreto – que o impeça de favoritismos, perseguições e desmandos, de tal forma que a lei seja efetiva concretização da vontade geral. [468] Neste contexto, o princípio da impessoalidade pode ser denominado *princípio da finalidade administrativa.*

---

[467] P. 85 de MEIRELLES, Hely Lopes. **Direito Administrativo Brasileiro**. São Paulo, Malheiros, 1997.

[468] P. 57 de P. 630 de MELLO, Celso Antônio Bandeira de. **Curso de Direito Administrativo**. São Paulo, Malheiros, 1996. Diz o autor que, assim, "o princípio da legalidade contrapõe-se,

O princípio da igualdade ou isonomia releva que a Administração deve tratamento igualitário aos administrados e, portanto, impessoal, de maneira a restarem afastados atos administrativos influenciados por "simpatias ou animosidades pessoais, políticas ou ideológicas", ou que sejam "sectários de facções ou de grupos de qualquer espécie".[469]

3.4.1 Limitações da atuação policial pelo princípio da impessoalidade

Do primado do interesse público como fim último do ato policial de segurança pública, sempre respeitados os direitos e garantias fundamentais, decorrem pelo menos três consequências que consubstanciam o princípio da impessoalidade no âmbito de atuação da polícia de segurança pública. Primeiramente, inadmite-se a implementação de medidas de polícia, ou mesmo a sua divulgação, que de alguma maneira sirva ao benefício ou à publicidade de uma pessoa em especial. A finalidade última de controle de perigos decorrentes da criminalidade visada por determinada medida policial, seja aquela finalidade alcançada ou não, não pode servir para beneficiar ou prejudicar terceiro, seja ele autoridade policial, outro agente administrativo, ou mesmo pessoa estranha aos quadros da Administração, física ou jurídica. Portanto, a Constituição brasileira proíbe que autoridades policiais ou outros sejam pessoalmente identificados por nomes, símbolos ou imagens em publicidade de medidas policiais de segurança pública,[470] salvo se, com finalidade jornalística, a divulgação for do interesse público e não oferecer benefícios ou prejuízos pessoais. Neste contexto, o agente policial de segurança pública não pode, no exercício da sua atividade funcional, valer-se das suas competências e atos para obter qualquer promoção pessoal ou de terceiros, de modo que é proibida qualquer identificação da ação policial com dados que vinculem pessoalmente a autoridade poli-

---

portanto, e visceralmente, a quaisquer tendências de exacerbação personalista dos governantes", p. 57.

[469] P. 68 de P. 630 de MELLO, Celso Antônio Bandeira de. **Curso de Direito Administrativo**. São Paulo, Malheiros, 1996.

[470] Sobre o tema na esfera da Administração Pública, ver p. 647/648 de SILVA, José Afonso da. **Curso de direito constitucional positivo**. 15 ed. Cidade: Malheiros, 1998. O §1º do art. 37 da Constituição proíbe que, em publicidade de atos, programas, obras, serviços e campanhas dos órgãos públicos constem nomes, símbolos ou imagens que caracterizem promoção pessoal de autoridades ou servidores públicos.

cial ou outrem, e desvirtue a finalidade última da medida policial que é o alcance do interesse público.

De igual forma homenageando o princípio da impessoalidade, cumpre à autoridade policial atuar sem diferenciar os beneficiários ou prejudicados com a sua ação. O parâmetro de igualdade está posto na *observância dos direitos fundamentais de uns e de outros*. Cumpre à polícia tratar a todos os administrados sem discriminação, de modo a que os atos policiais sejam efetivamente praticados em prol do interesse público no controle dos perigos decorrentes da criminalidade. Desse modo, é regra geral que a polícia de segurança pública trate a todos, perturbadores da ordem pública ou não, com igualdade, seja a medida policial restritiva de direitos ou não, benéfica ou detrimentosa.

Ainda como consequência do princípio da impessoalidade, os atos policiais de segurança pública devem ser imputados ao órgão policial a que está vinculado o agente policial responsável pela sua prática, e não à pessoa física do agente. Em decorrência disso, é dever do agente policial ter permanente consciência de que, no exercício da sua função policial de segurança pública, não age em nome próprio, mas em nome da entidade *polícia de segurança pública* que, como tal, visa nada mais ou menos que o controle dos perigos decorrentes da criminalidade.

Dessas limitações constitucionais à atuação policial de segurança pública, conclui-se que o princípio da impessoalidade influencia de maneira crucial a relação administrativa entre polícia de segurança pública e administrados, em ao menos três pontos de vista essenciais: a impessoalidade perpassa a forma como a polícia *enxerga* o administrado; como o administrado *enxerga* a polícia de segurança pública e os seus agentes; e, finalmente, como o agente policial e a polícia de segurança pública devem *se enxergar*.

3.5 Princípio da moralidade

Todos os atos estatais – sejam eles administrativos, legislativos ou jurisdicionais – encontram-se submetidos ao princípio da moralidade administrativa, de maneira que ao agente público não basta a observância do princípio da legalidade.[471] No exercício da função pública, deve ainda obe-

---

[471] P. 195 de ROCHA, Carmén Lúcia Antunes. **Princípios Constitucionais da Administração Pública**. Belo Horizonte, Del Rey, 1994.

decer a princípios éticos institucionais, de modo a ser possível afirmar a existência de uma moral própria da Administração Pública, distinta da moral comum porque constituída de um conjunto de "regras de conduta retiradas da disciplina interior da administração".[472]

O conceito de moralidade administrativa decorre do desenvolvimento da teoria do desvio do poder. Ao fazer uso de meios lícitos para alcançar resultados ilícitos, o administrador age com imoralidade administrativa ou com desvio de poder. Há identificação do princípio da moralidade administrativa com o princípio da legalidade,[473] sem que haja a absorção de um pelo outro – o que não afasta a interdependência entre eles. A autonomia do princípio da moralidade decorre não apenas da previsão expressa no art. 37 da Constituição Federal brasileira, mas de outros preceitos constitucionais que a reafirmam, tais como o art. 5º, incisos LXVIII, LXIX e LXXIII, §9º, no próprio artigo 37, §4º, ou mesmo no art. 85. Ou seja, de acordo com a previsão constitucional, não se está a meramente reenviar a norma legal à norma moral, mas sim atribuindo-se à moralidade administrativa relevância jurídica, eficácia plena e natureza mandamental autônoma.[474]

---

[472] P. 648 de SILVA, José Afonso da. **Curso de direito constitucional positivo**. 15 ed. Cidade: Malheiros, 1998.

[473] P. 68-70 de DI PIETRO, Maria Sylvia Zanella de. **Direito Administrativo**. São Paulo, Atlas, 2001. António Francisco de Sousa coloca em destaque que, para alguns autores, a moralidade pública se emancipou da ordem pública, "arvorando-se em princípio ao lado do princípio da legalidade" (*in* p. 28 de SOUSA, António Francisco de. **A Polícia no Estado de Direito**. São Paulo, Editora Saraiva, 2009), de modo que, na sua atuação, a Administração deveria respeitar a concepção moral dominante, "por vezes mesmo contra a legalidade formal" (p. 28). A explicação estaria em que enquanto o "princípio da legalidade poria em execução o contrato social pelo qual o povo manifesta a sua vontade de constituir uma comunidade estática; diferentemente, o princípio da moralidade seria a expressão do primeiro contrato social, fundado na adesão dos indivíduos aos costumes comuns, reflectindo a dinâmica da comunidade" (p. 28-29). Isto significaria que "a moralidade pública traduz, no fundo, a concepção dominante da moralidade no seio de uma dada comunidade, embora, por vezes, seja apenas um mero reflexo das conveniências da maioria", havendo ainda os que considerem a moralidade pública apenas "o nível moral médio dos indivíduos que compõem a respectiva colectividade" (p. 29).

[474] Ministro Demócrito Reinaldo do Superior Tribunal de Justiça *apud* p. 126 de SARAIVA FILHO, Oswaldo Othon de Pontes. O princípio da moralidade da Administração Pública, *in* **Revista de Informação Legislativa**, Brasília, ano 33, n. 132, out./dez. 1996.

3.5.1 Limitações da atuação policial pelo princípio da moralidade

O princípio da moralidade impõe que o exercício da atividade policial de segurança pública, ainda que por meios, em tese, lícitos, ocorra livre do intuito deliberado de causar prejuízo ou favorecer alguém. Condenável, pois, o ato policial que, mesmo formalmente legal a pretexto de controle de perigos decorrentes da criminalidade, contrarie a moralidade administrativa.

Tido como um princípio constitucional geral revestido de caráter ético-jurídico, o princípio da moralidade administrativa implica a conclusão de que não se admite, quanto à atividade administrativa, interpretações com ele incompatíveis. A sua aplicação à atividade policial de segurança pública demanda que o cumprimento de medidas policiais visem fins e fundamentos consonantes com a ética democrática e cidadã.

Portanto, com base no princípio da moralidade administrativa, a atividade policial de segurança pública vislumbra a ética que deve fornecer subsídios aos seus elementos de ação, quais sejam a razoabilidade, a justiça e a probidade administrativas.

O princípio da moralidade administrativa condiciona a legitimidade e a validade dos atos da polícia de segurança pública. A sua aplicação no âmbito policial do Estado importa a possibilidade de que o ato administrativo policial, embora concordante com a lei, seja, em tese, desfeito ou, senão, objeto de reparação a que terceiros façam jus.[475]

3.6 Princípio da publicidade

Objetivando que os administrados tenham pleno conhecimento acerca dos atos desenvolvidos pelos administradores[476], o poder público deve agir

---

[475] Como destaca José Afonso da Silva, ao tratar a questão de forma genérica na Administração Pública, "isso é possível porque a *moralidade administrativa* não é meramente subjetiva, porque não é puramente formal, porque tem conteúdo jurídico a partir de regras e princípios da Administração" *in* p. 648 de SILVA, José Afonso da. **Curso de direito constitucional positivo**. 15 ed. Cidade: Malheiros, 1998.

[476] Podendo, assim, exercerem o seu controle por uso dos instrumentos constitucionais tais como o mandado de segurança, o direito de petição, o *habeas data*, a suspensão de direitos políticos por improbidade administrativa (cfr. p. 86 de MEIRELLES, Hely Lopes. **Direito Administrativo Brasileiro**. São Paulo, Malheiros, 1997).

com ampla transparência.[477] Expresso no art. 37 da Constituição brasileira, do princípio da publicidade decorre a exigência de que os atos, genericamente considerados, sejam publicados oficialmente para que surtam efeito externamente aos órgãos da Administração.[478] O princípio da publicidade é também assegurado para garantia do direito de acesso à informação e do direito de acesso aos arquivos e registros administrativos.[479]

Requisito de eficácia e moralidade,[480] a publicação oficial e, portanto, o princípio da publicidade, efetiva-se pela divulgação do ato em jornal oficial ou por meio de afixação de edital em local de divulgação de atos públicos.[481] Sem ela a executoriedade do ato não produz efeitos externos, constituindo-se, pois, em exigência fundamental.

Mas os efeitos do princípio da publicidade vão além. Mais que a devida divulgação, a publicidade dos atos administrativos se efetiva com o acesso ao conhecimento da conduta interna dos agentes públicos pelos administrados, o que inclui atos concluídos e em formação, processos em andamento, pareceres de órgãos técnicos e jurídicos, despachos intermediários e finais, entre outros, aos quais os administrados podem examinar em

---

[477] P. 649 de SILVA, José Afonso da. **Curso de direito constitucional positivo**. 15 ed. Cidade: Malheiros, 1998.

[478] P. 86 de MEIRELLES, Hely Lopes. **Direito Administrativo Brasileiro**. São Paulo, Malheiros, 1997.

[479] Da Constituição da República Portuguesa, "Artigo 268.º - Direitos e garantias dos administrados: 1. Os cidadãos têm o direito de ser informados pela Administração, sempre que o requeiram, sobre o andamento dos processos em que sejam directamente interessados, bem como o de conhecer as resoluções definitivas que sobre eles forem tomadas; 2. Os cidadãos têm também o direito de acesso aos arquivos e registos administrativos, sem prejuízo do disposto na lei em matérias relativas à segurança interna e externa, à investigação criminal e à intimidade das pessoas; 3. Os actos administrativos estão sujeitos a notificação aos interessados, na forma prevista na lei, e carecem de fundamentação expressa e acessível quando afectem direitos ou interesses legalmente protegidos."

[480] Como ensina Hely Lopes Meirelles, a publicidade não é um elemento formativo do ato administrativo e nem um seu requisito. "Por isso mesmo os atos irregulares não se convalidam com a publicação, nem os regulares a dispensam para a sua exeqüibilidade, quando a lei ou o regulamento a exige" *in* P. 86 de MEIRELLES, Hely Lopes. **Direito Administrativo Brasileiro**. São Paulo, Malheiros, 1997.

[481] Como destaca José Afonso da Silva, a notificação pessoal ao interessado no ato ou a quem o ato beneficie ou prejudica pode ser a forma de publicidade exigida (*in* p. 650 de SILVA, José Afonso da. **Curso de direito constitucional positivo**. 15 ed. Cidade: Malheiros, 1998).

qualquer órgão da Administração e dele obter certidão ou cópia para os fins constitucionais.[482]

3.6.1 Limitações da atuação policial pelo princípio da publicidade

Apenas excepcionalmente, embora comum e fundamental a exceção, a atividade policial de segurança pública pode ser realizada mediante a prática de atos sigilosos.[483] A regra é a publicização da ação policial. O princípio constitucional fundamental do Estado Democrático de Direito reforça a impossibilidade de ocultamento aos administrados dos assuntos de interesse geral e muito especialmente aqueles que possam afetar o interesse individual, de modo que a ação policial sigilosa está no campo da excepcionalidade. Afora esta excepcionalidade, a polícia de segurança pública tem por dever publicizar os seus atos, de modo a que possam ser submetidos ao conhecimento dos administrados e ao crivo legal de órgãos de controle externo da atividade policial.

Dar publicidade no âmbito da atividade policial de segurança pública não significa, no entanto, necessariamente, tornar público, de forma automática, o ato praticado, ou seja, estar a todos acessível por meio de órgão oficial, mas sim, disponibilizar informação quando for demandada à autoridade policial e de acordo com o previsto em lei, caso evidentemente, não esteja a ação protegida por sigilo também decorrente de previsão legal.[484]

---

[482] P. 87 de MEIRELLES, Hely Lopes. **Direito Administrativo Brasileiro**. São Paulo, Malheiros, 1997.
[483] Esta excepcionalidade decorre da própria Constituição que, no seu art. 5°, XXXIII, prevê: "Todos têm direito a receber dos órgãos públicos informações de seu interesse particular, ou de interesse coletivo ou geral, que serão prestadas no prazo da lei, sob pena de responsabilidade, ressalvadas aquelas cujo sigilo seja imprescindível à segurança da sociedade e do Estado".
[484] A Lei Federal 12.527/11 relativiza um amplo e irrestrito acesso a informações policiais. De fato, em homenagem à imprescindibilidade de segurança da sociedade e do Estado, prevê a Lei: Art. 6° Cabe aos órgãos e entidades do poder público, observadas as normas e procedimentos específicos aplicáveis, ***assegurar*** a: ...III - *proteção da informação sigilosa e da informação pessoal, observada a sua disponibilidade, autenticidade, integridade e eventual restrição de acesso. Art. 24. A informação em poder dos órgãos e entidades públicas, observado o seu teor e em razão de sua imprescindibilidade à segurança da sociedade ou do Estado, poderá ser classificada como ultrassecreta, secreta ou reservada. Art. 25. É dever do Estado controlar o acesso e a divulgação de informações sigilosas produzidas por seus órgãos e entidades, assegurando a sua proteção. Art. 34. Os órgãos e entidades públicas respondem diretamente pelos danos causados em decorrência da divulgação não autorizada ou utilização indevida de informações sigilosas ou informações pessoais, cabendo a apuração de responsabilidade funcional nos*

Se inexistente previsão legal, a polícia de segurança pública não está obrigada a fornecer livre acesso a seus *bancos de dados* até mesmo órgãos de controle externo.[485] De fato, o controle externo da atividade policial não significa a redução do prestígio ou do elenco das atribuições da polícia de segurança pública (artigo 144, da CF), bem como não pode implicar hierarquia administrativa não legalmente prevista uma vez que tal controle é, antes, fruto do sistema de freios e contrapesos imposto pela Carta Magna entre os Poderes e as instituições públicas.[486]

casos de dolo ou culpa, assegurado o respectivo direito de regresso. Parágrafo único. O disposto neste artigo aplica-se à pessoa física ou entidade privada que, em virtude de vínculo de qualquer natureza com órgãos ou entidades, tenha acesso a informação sigilosa ou pessoal e a submeta a tratamento indevido.
[485] O Capítulo III da Lei Complementar nº 75/1993 descreve tipos de medidas adotadas pelo Ministério Público da União - MPUpara realizar o Controle Externo da Atividade Policial: Artigo 9º O Ministério Público da União exercerá o controle externo da atividade policial por meio de medidas judiciais e extrajudiciais podendo: I — ter livre ingresso em estabelecimentos policiais ou prisionais; II — ter acesso a quaisquer documentos relativos à atividade-fim policial; III — representar à autoridade competente pela adoção de providências para sanar a omissão indevida, ou para prevenir ou corrigir ilegalidade ou abuso de poder; IV — requisitar à autoridade competente para instauração de inquérito policial sobre a omissão ou fato ilícito ocorrido no exercício da atividade policial;V — promover a ação penal por abuso de poder. Artigo 10. A prisão de qualquer pessoa, por parte de autoridade federal ou do Distrito Federal e Territórios, deverá ser comunicada imediatamente ao Ministério Público competente, com indicação do lugar onde se encontra o preso e cópia dos documentos comprobatórios da legalidade da prisão. Desta forma, há disposição legal que dispõe acerca do acesso a estabelecimentos e documentos, possibilidade que o Ministério Público fiscalize a legalidade da atuação policial e exerça um limitado controle formal do inquérito. Contudo, falta um dispositivo que diga de forma clara como o Ministério Público exercerá o controle externo da atividade policial.
[486] Nas palavras do Procurador de Justiça de São Paulo Walter Paulo Sabella "esse controle, por seus pressupostos finalísticos, não significa poderes gerais de tutela, muito menos substituição da atividade policial e de seus agentes no exercício de suas atribuições precípuas. Não tem conteúdo de ascendência hierárquica, disciplinar ou punitiva sobre os agentes policiais", *in* SABELLA. Walter Paulo. Apud SÍRIO, Antônio Iran Coelho. O Ministério Público e o controle externo da atividade policial: aspectos da lei complementar estadual nº 09/98. Procuradoria Geral de Justiça do Ceará. Artigos, 2005. Disponível em: http://www.agu.gov.br/page/download/index/id/8619925.
No mesmo sentido é a interpretação de Hugo Nigro Mazzilli quanto ao regime de controle externo adotado pela Constituição: "Por certo não é intuito do legislador criar verdadeira hierarquia ou disciplina administrativa, subordinando a autoridade policial aos agentes do Ministério Público. (...) Tal controle externo não importa poder disciplinar algum do Ministério Público sobre a polícia. Na área funcional, se o promotor de justiça verificar a ocorrência de quaisquer faltas disciplinares, tendo esse órgão ministerial atribuições de controle externo

O princípio da publicidade estampado na Constituição Federal quando aplicado no âmbito de controle policial de perigos decorrentes da criminalidade – ou seja, na esfera da atividade material de polícia de segurança pública –, não deve ser confundido com a exposição da instituição policial de segurança pública para fins de comunicação social orgânica. O alcance desses fins se dá mediante técnicas de comunicação e parâmetros do Direito Administrativo que escapam ao âmbito do Direito Policial material.

Também é certo que a polícia de segurança pública não pode se amparar na publicidade para, valendo-se da sua atuação material própria, valorizar-se como instituição com o objetivo de demonstrar o quão é relevante para a sociedade. A publicidade de seus atos materiais deve se dar com discrição na medida em que, em função do princípio da impessoalidade, a própria instituição policial não pode beneficiar-se da publicização dos seus atos sem uma efetiva contrapartida de alcance do interesse público no controle de perigos decorrentes da criminalidade.

3.7 Princípio da eficiência

O princípio da eficiência administrativa, *caput* do art. 37 da Constituição Federal, corresponde à prestação qualificada de serviços como resultado da organização racional dos meios e recursos humanos, materiais e institucionais, observadas condições econômicas de igualdade dos administrados.[487] A Administração, com fundamento no princípio da eficiência,

---

– forma irrecusável de correição sobre a polícia judiciária –, há de dirigir-se aos superiores hierárquicos do funcionário público faltoso", *in* p. 235 de MAZZILLI, Hugo Nigro. Regime Jurídico do Ministério Público. 2. ed. São Paulo: Saraiva, 1995.

[487] P. 652 de SILVA, José Afonso da. **Curso de direito constitucional positivo.** 15 ed. Cidade: Malheiros, 1998. Em Portugal, o princípio da eficiência, em geral para a Administração, parece ter algum apoio no artigo 267.º, n.ºs 1 e 2, da Constituição da República Portuguesa: "Artigo 267.º, Estrutura da Administração, 1. A Administração Pública será estruturada de modo a evitar a burocratização, a aproximar os serviços das populações e a assegurar a participação dos interessados na sua gestão efectiva, designadamente por intermédio de associações públicas, organizações de moradores e outras formas de representação democrática; 2. Para efeito do disposto no número anterior, a lei estabelecerá adequadas formas de descentralização e desconcentração administrativas, sem prejuízo da necessária eficácia e unidade de acção da Administração e dos poderes de direcção, superintendência e tutela dos órgãos competentes." Está consagrado no artigo 5.º, do novo Código de Procedimento Administrativo – CPA:

norteia-se para a obtenção dos melhores resultados, com os meios disponíveis, e ao menor custo. Está-se, portanto, diante de um conceito econômico-administrativo.[488]

A atividade da Administração deve visar o bem comum sem desperdícios e com garantia da *rentabilidade social*. Para tanto, e com este fim, deve-se agir, na atividade administrativa, de forma imparcial, neutra, transparente, participativa, eficaz, sem excessiva burocracia e em busca da qualidade, com base na lei e na moral para o melhor uso dos recursos públicos.[489]

Elege-se, com fundamento na melhor avaliação de custo-benefício, que o princípio da eficiência é especialmente importante nas decisões administrativas, muito particularmente quando diante de situações de discricionariedade administrativa, ou quando se visa adequar e controlar a proporcionalidade dos atos administrativos.

Ao argumento de que o dever de eficiência já é inerente à atividade administrativa, alguns doutrinadores entendem que o princípio da eficiência administrativa nada mais é que uma manifestação do dever de boa administração ou do princípio da finalidade administrativa.[490]

3.7.1 Limitações da atuação policial pelo princípio da eficiência

Há que ser considerado o dever legal de intervenção policial de segurança pública no contexto dos custos. Identifica-se este dever legal de intervenção quando reunidos: a) os pressupostos materiais de intervenção previstos na lei; b) critério da proporcionalidade dos custos da operação face

---

"Artigo 5.º - **Princípio da boa administração** – 1 - A Administração Pública deve pautar-se por critérios de eficiência, economicidade e celeridade."

[488] Para Batista Júnior, o princípio da eficiência, no "Estado Democrático de Direito de desiderato social, traduz um mandamento de boa administração, que determina a necessidade do Estado atender, da melhor forma possível, com os recursos escassos de que dispõe, às necessidades dos excluídos. O princípio não veicula uma libertação da Administração Pública das amarras legais, em detrimento de direitos e garantias dos administrados, mas estabelece uma vinculação tendencial que a obriga a perseguir de forma otimizada o bem comum, eliminando a ideia de um pretenso 'indiferente jurídico' nas margens discricionárias", *in* p. 14 de BATISTA JÚNIOR, Onofre Alves. **Princípio Constitucional da Eficiência Administrativa**. Belo Horizonte: Editora Fórum, 2012, 2ª ed., 576 p.

[489] P. 294 de MORAES, Alexandre de. **Direito Constitucional**. São Paulo, Atlas, 1999.

[490] P. 60 de FIGUEIREDO, Lúcia Valle. **Curso de Direito Administrativo**. São Paulo, Malheiros, 2000.

ao valor do bem a salvaguardar. Aqui, só se admite a intervenção policial se os custos não forem excessivamente elevados em comparação ao bem a proteger[491]; e c) a não confrontação em simultâneo com outro dever de intervenção para defesa de um bem de maior relevância, sem que se possa salvaguardar os dois bens.[492]

Não há dever de intervenção quando os ônus globais da operação policial se mostrem insuportáveis ou, ainda, se verificada a colisão com outras funções policiais de segurança pública.[493] A exceção, para qualquer dos casos, se dá quando em causa bens fundamentais, tais como a vida, a integridade física e a liberdade. Face aos critérios de suportabilidade dos custos e da colisão com outras funções policiais, é dado à polícia de segurança pública o poder de escolha pela *discricionariedade funcional* presente na *etapa prática* da atuação policial de segurança pública. Na planificação prática da intervenção e na estratégia da intervenção a polícia tem discricionariedade quanto ao *se*, ao *como*, e ao *quando* agir – discricionariedade funcional. Assim, se diante de uma situação concreta de perigo, há, em princípio, o dever de intervir da polícia, mesmo quando em causa bem jurídico-policial sem grande relevância, obrigatoriedade que restará afastada – disposição do poder discricionário quanto ao *se* – em havendo, por exemplo, em outros locais, simultaneamente, também a necessidade de ação policial para a proteção de bens de idêntico valor e que estão sujeitos a idêntico perigo.

---

[491] Relevante aqui também considerar aquelas situações em que a eventual intervenção policial pode acarretar danos ainda maiores que os danos que ocorreriam sem a ação policial. Por oportuna, segue a transcrição do exemplo de António Francisco de Sousa: "Face ao caso concreto, a não intervenção, por exemplo contra os perturbadores numa manifestação, pode estar justificada com base no receio de a intervenção vir a desencadear a escalada da violência ('faísca no bidão da pólvora') e, assim, danos muito significativos", in p. 66 de SOUSA, António Francisco de. **A Polícia no Estado de Direito**. São Paulo, Editora Saraiva, 2009.

[492] P. 64 de SOUSA, António Francisco de. **A Polícia no Estado de Direito**. São Paulo, Editora Saraiva, 2009.

[493] Além dos meios materiais da polícia serem limitados, há que se considerar que não se faz possível que ela esteja simultaneamente em todos os locais. Desta forma, diante de situações de colisão de deveres jurídico-funcionais, não há omissão no que concerne àquelas ocorrências não atendidas. Neste sentido, a decisão do Supremo Tribunal Federal do Brasil no Agravo de Instrumento n. 400.336 AgR/RJ, relatoria do Ministro Joaquim Barbosa e publicação em 7 de junho de 2011, a confirmar o entendimento proferido no Tribunal de Justiça do Estado do Rio de Janeiro (disponível em HTTP://www.stf.jus.br, em 2.02.2012). António Francisco de Sousa noticia que este não foi o entendimento do Supremo Tribunal Administrativo, de Portugal, no ac. De 27.4.1993 (*AD* 382.989 ss) – omissão de agir da Polícia de Segurança Pública.

Há que se observar, no âmbito policial de segurança pública, e independentemente de expressa previsão legal, o princípio da proibição de simplificação das operações administrativas, aplicável à toda Administração. Quer ele significar que, no Estado de Direito, inadmite-se que os direitos e liberdades dos cidadãos sofram restrição significativa por razões meras de simplificação das operações policiais, tendo-se como alvo de justificativa a economia de tempo e de meios (humanos e, ou, materiais),[494] salvo se a medida adotada estiver no âmbito de uma autorização legal.[495]

O princípio da eficiência da atuação policial se faz especialmente presente, portanto, no campo da discricionariedade funcional policial, ou seja, diz respeito inclusive ao que concerne à escolha entre vários perturbadores da ordem pública.[496] Toma-se o princípio da eficiência como um critério da escolha discricionária. Noutros termos, no âmbito policial de segurança pública, o princípio da eficiência implica na rápida e eficaz prevenção do perigo, em nome do interesse público, inadmitindo-se diligências morosas na busca de certo perturbador ou de todos eles, sabidamente responsáveis pela perturbação alvo da atuação policial. Assim, a eficiência é um elemento a ser considerado na tomada de decisão na esfera da atividade policial.

---

[494] É ilegal uma exigência de presença de agentes policiais em locais com aglomerações de pessoas quando a mera concentração de pessoas não significa, por si só, perigo concreto de furto e roubo de carteiras ou de tumultos, por exemplo. Ver a respeito p. 72, nota 149, de SOUSA, António Francisco de. **A Polícia no Estado de Direito**. São Paulo, Editora Saraiva, 2009. António Francisco de Sousa (ob. cit., p. 72-73) ainda põe em destaque o seguinte quadro: "são frequentes exigências que apenas têm por objectivo a simplificação das operações é o da *operações de controlo* à entrada de locais de reunião ou concentração pública (por exemplo, recintos desportivos ou recintos de realização de concertos musicais), não para o fim – lícito – de prevenir a entrada de objectos de porte ilícito (por exemplo armas e outros objectos perigosos) por pessoas que se preparam para participar na reunião ou assistir ao espectáculo, mas com um fim intimidativo". Na concepção do autor, estas operações de controle são verdadeiras barreiras psicológicas à participação nesses eventos, traduzidas em restrição ao exercício de uma liberdade fundamental.

[495] O princípio da proibição da simplificação das operações policiais não se aplica às leis, mas apenas aos atos policiais.

[496] P. 74 de SOUSA, António Francisco de. **A Polícia no Estado de Direito**. São Paulo, Editora Saraiva, 2009.

3.8 Princípios e limites intrínsecos à atuação policial de segurança pública

Até este ponto foram examinados princípios que alcançam toda a Administração e que, por via de consequência, também implicam limites à atuação policial de segurança pública. São, pois, de alguma maneira, espécie de *limites extrínsecos* à atividade policial de segurança pública. Ocorre que, num movimento contrário, ou seja, partindo-se do cerne da atividade policial de segurança pública, são identificáveis outros limites e princípios decorrentes da peculiaridade da atuação policial. São princípios e limites que podem ser tidos como *intrínsecos* à atividade policial de segurança pública, também ditos típicos da atuação policial de segurança pública.[497]

Tais limites e princípios integram o contexto no qual direitos e garantias fundamentais devem ser resguardados mesmo quando o agente policial de segurança pública se põe frente a um agente infrator, de modo a poder até cercear-lhe liberdade sem, entretanto, haver o comprometimento de outros direitos ou garantias fundamentais. São princípios intrínsecos à atividade de polícia de segurança pública e, ao mesmo tempo, gerais na medida em que alcançam toda a atividade policial.

Decorrente do princípio da legalidade, a adequação da atuação policial ao ordenamento jurídico significa internamente que a conduta pessoal do agente policial deve estar assentada na neutralidade política, imparcialidade, integridade e dignidade, bem como deve estar obediente às regras de organização institucional fundadas na hierarquia e subordinação. Trata-se do princípio e consentâneo limite de *adequação ao ordenamento jurídico*.

Princípios e limites relativos à relação funcional podem ser assim sintetizados: a. total dedicação profissional do agente policial de segurança pública, significando dever, em princípio, de intervenção sempre, em qualquer tempo e lugar, estando ou não em serviço; b. segredo profissional, com a consequente desobrigação de revelação das fontes de informação, salvo disposição contrária de lei, ou quando o caso específico imponha solução distinta; e c. hipótese de responsabilização pessoal e direta do agente de polícia, sem prejuízo, quando aplicável, da responsabilidade objetiva do Estado-Administração.

---

[497] Sobre o tema, examinar p. 101/102 de ALFONSO, Luciano P.; DROMI, Roberto. **Seguridad pública y derecho administrativo**. Madrid: Marcial Pons, 2001. 410 p.

São identificados ainda *princípios e limites relativos à atuação com incidência nos administrados*: a. respeito do agente policial ao administrado, importando em trato correto e esmerado; b. atuação focada na proteção e auxílio ao administrado, proibida a prática abusiva, arbitrária ou discriminatória, com violência física ou moral, devendo o agente policial agir sempre que as circunstâncias exigirem, isto é, havendo relevância para a segurança pública, obrigando-se a justificar formalmente as causas e as finalidades da sua atuação; c. atuação decisiva e sem demora, adequada ao caso concreto, visando evitar um dano grave, imediato e irreparável (isto é, atuação baseada em um juízo acerca do risco ou perigo de dano) e com amparo nos princípios de congruência (conexão lógica entre o risco ou perigo de dano e a reação frente a eles), e da oportunidade (procedência ou não da intervenção policial em atenção às circunstâncias) e da proporcionalidade na utilização dos meios ao seu alcance.

Em decorrência do princípio da legalidade tomado no sentido alargado de princípio da juridicidade, o exercício policial de segurança pública não se descura dos princípios da igualdade, da singularidade e personalidade da intervenção, bem como do *princípio da duração provisória*.[498] De fato, as medidas de polícia são também regidas pelo princípio da igualdade perante a lei, de maneira que "as atuações policiais discriminatórias ou injustificadamente dirigidas a certas categorias de sujeitos" são havidas como violações a este princípio.[499] Extrai-se do princípio da singularidade e personalidade da intervenção que o uso da força deve ser dirigida tão somente contra o, ou os perturbadores do interesse público.[500] Por fim, no que diz respeito ao princípio da duração provisória, a medida de polícia de segurança pública deve ser aplicada a título provisório de modo a cessar imediatamente ao término da causa que a provocou. Tem-se, assim, que não pode perpetuar-se no tempo por consistir em interferência nas liberdades

---

[498] Clara contribuição do direito português ao direito brasileiro.

[499] P. 206 de LOMBA, Pedro. Sobre a teoria das medidas de polícia administrativa, *in* **Estudos de Direito Policial**. Lisboa, AAFDL, 2003. O autor dá como exemplo de ação condenável a atuação policial de vigilância focada numa determinada pessoa.

[500] P. 206 de LOMBA, Pedro. Sobre a teoria das medidas de polícia administrativa, *in* **Estudos de Direito Policial**. Lisboa, AAFDL, 2003. *in* **Estudos de Direito Policial**. Lisboa, AAFDL, 2003. O autor destaca que a doutrina suíça qualifica este princípio por princípio do perturbador: "a actuação de polícia deve ser dirigida, especificamente, para afastar os perturbadores da ordem pública". P. 206 da op. cit., valendo-se de MOOR, Pierre. **Droit Administratif**, p. 356.

fundamentais dos cidadãos.[501] As relações concretizadas pela atuação policial de segurança pública não são, pois, em regra, permanentes, devendo limitar-se, em regra, aos momentos de execução das medidas de polícia.[502]

Evidentemente, a relação de princípios e limites intrínsecos ora sugerida não é exaustiva.

---

[501] P. 207 de LOMBA, Pedro. Sobre a teoria das medidas de polícia administrativa, *in* **Estudos de Direito Policial**. Lisboa, AAFDL, 2003. *in* **Estudos de Direito Policial**. Lisboa, AAFDL, 2003.

[502] P. 207 de LOMBA, Pedro. Sobre a teoria das medidas de polícia administrativa, *in* **Estudos de Direito Policial**. Lisboa, AAFDL, 2003. *in* **Estudos de Direito Policial**. Lisboa, AAFDL, 2003. Segundo o autor, apenas nas autorizações de polícia é encontrada uma relação sucessiva.

Referências

A jurisprudência do Supremo Tribunal Administrativo – STA, de Portugal. Ac. Do STA de 27.4.1993 *in AD* 382, 989 e ss.

Acórdão do Tribunal Constitucional de nº 557/89, publicado no Diário da República, II Série, de 4 de Abril de 1990, p. 1462 e ss.

Acórdão n.º 254/99, *in* TRIBUNAL CONSTITUCIONAL PORTUGAL. **Acórdão nº 254/99.**

Acórdão do Tribunal Constitucional nº 456/93, de 12 de Agosto, processo nº 422/93, publicado no DR, nº 212, de 9 de setembro de 1993, p. 4811 e ss.

AC. Do STA de 4.7.1985 *in AD* 289, 19 e ss.

Ac. Do Tribunal Constitucional nº 583/96, de 16 de Abril, publicado no Diário da República – II Série, 15 de Outubro de 1996.

AGIRREAZKUENAGA, Iñaki. **La Coaccion Administrativa Directa**. Instituto Vasco de Administracion Publica, Civitas, 1990, 1ª ed.

ALBINO DE SOUZA, Washington Peluso. **Primeiras Linhas de Direito Econômico**. São Paulo: Ltr, 2005, 6ª ed.

ALEXY, Robert. **Teoría de los Derechos Fundamentales**. Madrid: Centro de Estudios Políticos y Constitucionales, 2007, 2ª ed.

ALFONSO, Luciano P.; DROMI, Roberto. **Seguridad pública y derecho administrativo**. Madrid: Marcial Pons, 2001. 410 p.

ALMEIDA, Cynthia Ract de. Diferenças entre a ordem pública interna e a ordem pública externa. **Revista de Direito Público**, São Paulo, ano 25, n. 99, p. 284-287, jul./set. 1991

ALMEIDA, Felipe Travassos de Almeida. Princípios delimitadores da polícia administrativa numa perspectiva luso-brasileira, *in* **Estudos de Direito Policial**. Lisboa, AAFDL, 2003.

ALMEIDA, Fernando Henrique Mendes de. **Noções de Direito Administrativo**. São Paulo, Saraiva, 1956.

AMARAL, Diogo Freitas do. **Curso de Direito Administrativo**. Coimbra, Almedina, 2001, v. II

AMARAL, Diogo Freitas. Legalidade (Princípio da), *in* **Dicionário Jurídico de Administração Pública. Lisboa, s. n., 1994.

AMARAL, Diogo Freitas; GARCIA, Maria da Glória F. P. O estado de necessidade e a urgência em Direito Administrativo. **Revista da Ordem dos Advogados**, Lisboa, ano 59, abril 1999.

ARISTÓTELES. **A Política**. São Paulo, Martins Fontes, 1998, 2 ed.

AYALA, Bernardo Diniz de. **O (Défice de) Controle Judicial da Margem de Livre Decisão Administrativa**. Lisboa, Lex, 1995.

BASTOS, Celso Ribeiro. **Curso de Direito Administrativo**. São Paulo, Saraiva, 1994

BATISTA JÚNIOR, Onofre Alves. **Princípio Constitucional da Eficiência Administrativa**. Belo Horizonte: Editora Fórum, 2012, 2ª ed., 576 p.

BENGOCHEA, Jorge Luiz Paz et al. A transição de uma polícia de controle para uma polícia cidadã. **São Paulo em Perspectiva**. v. 18, n. 1, 2004. Disponível em <http://http://www.seade.gov.br/produtos/spp/v18n01/v18n1_14.pdf>. Acesso: 7 jul. 2010.

BONAVIDES, Paulo. **Curso de Direito Constitucional**. São Paulo, 1998.

BONNARD, Roger. **Précis de Droit Administratif**. Paris, LDGJ, 1940

CAETANO, Marcello. **Manual de Direito Administrativo**. Coimbra, Almedina, 1990, V. II, 10ª ed. revista e atualizada pelo Professor Doutor DIOGO DE FREITAS DO AMARAL.

CALIXTO, Negi. **Ordem Pública**: Exceção à eficácia do direito estrangeiro. Curitiba: Universidade Federal do Paraná, 1987. 75 p.

CÂMARA, Paulo Sette. Defesa social e segurança pública. In: LEAL, César Barros; PIEDADE JÚNIOR, Heitor (coord.). **A violência multifacetada**: estudos sobre a violência e a segurança pública. Belo Horizonte: Del Rey, 2003.

CÂMARA, Paulo Sette. **Reflexões sobre segurança pública**. Belém: Imprensa Oficial do Estado do Pará, 2002. 250p.

CANOTILHO, J.J. Gomes; MOREIRA, Vital. **Constituição da República Portuguesa Anotada**. Coimbra, Coimbra Editora, 3ª ed. revista, 1993.

CANOTILHO, Joaquim J. **Direito Constitucional e Teoria da Constituição**. Coimbra, Almedina, 1998.

CARDINI, Eugenio Osvaldo. **Orden publico**. Buenos Aires: Abeledo-Perrot, 1959. 102p. A obra de BARDIN é **Etudes du droit international privé**. Paris, 1919, p. 210.

CARRAZA, Roque Antônio. **Curso de Direito Constitucional Tributário**. São Paulo, Malheiros, 2000.

CARREIRA, Carlos Porto. **Lições de Direito Administrativo**. Rio de Janeiro, 1918, *apud* CRETELLA JÚNIOR, José. **Do Poder de Polícia**. Rio de Janeiro, Forense, 1999, p. 39.

CARVALHO FILHO, José dos Santos. **Manual de Direito Administrativo**. Rio de Janeiro, Lumen Júris, 1999.

CARVALHO, Kildare Carvalho. **Direito constitucional**: teoria do estado e da constituição. Belo Horizonte: Del Rey, 2004. 812p.

CARVALHO, Welinton Sousa. **Despedida Arbitrária no Texto Constitucional de 1988**. Curitiba, Juruá, 1998.

CASTRO, Catarina Sarmento e. **A Questão das Polícias Municipais**. Dissertação de Mestrado em Ciências Jurídico-Políticas, na Faculdade de Direito da Universidade de Coimbra, Outubro de 1999

REFERÊNCIAS

CAUPERS, João. **Introdução ao Direito Administrativo**. Lisboa, Âncora, 2000

CAVALCANTI, Themístocles Brandão. **Curso de Direito Administrativo**. Rio de Janeiro, Biblioteca Universitária Freitas Bastos, 1971

CARVALHO FILHO, José dos Santos. **Manual de Direito Administrativo**. Rio de Janeiro, Lumen Juris, 1999, p. 49.

CASTRO, Catarina Sarmento e. **A Questão das Polícias Municipais**. Dissertação de Mestrado em Ciências Jurídico-Políticas, na Faculdade de Direito da Universidade de Coimbra, Outubro de 1999.

CENEVIVA, Walter. **Direito constitucional brasileiro**. São Paulo: Ed. Saraiva, 1989, p.232.

CENZANO, José Carlos B. **El orden público como límite al ejercicio de los derechos y libertades**. Madrid: Centro de Estudios Políticos Y Constitucionales, 2002. 455p.

CHAPUS, René. **Droit Administratif Général**, 1996, T.I, 10e ed., 1251 p.

Código de Processo Penal brasileiro.

Código de Processo Penal Militar.

Código Tributário Nacional.

Constituição da República Federativa do Brasil. São Paulo: Editora Saraiva, 2010.

Constituição da República Portuguesa. Lei Constitucional nº 1/2005, de 12 de agosto. Lisboa: Quid Juris, 2009.

CORREA, Alfredo Quispe. El orden interno, el orden jurídico y el orden público. **Ius et Praxis**, Lima, n. 7, p. 69-78, jul. 1986

CORREIA, Sérvulo. Polícia, *in* **Dicionário Jurídico da Administração Pública**. Separata do VI volume, Dezembro, 1994, p. 394.

CORREIA, Sérvulo. **Noções de Direito Administrativo**. Lisboa, Danúbio, 1982, v. I

CORREIA, Sérvulo. Os princípios constitucionais da Administração Pública, *in* **Estudos sobre a Constituição**. Lisboa, Livraria Petrony, 1979, v. III.

Costituzione Della Repubblica Italiana. Disponível em <http://www.governo.it/governo/costituzione/costituzionerepubblicaitaliana.pdf>. Acesso em 13.04.2012.

COUTINHO, Luíz P. Pereira. Sobre a justificação das restrições aos direitos fundamentais. In: **Revista do CEJ**. Lisboa, 2009, XII, nº 18.

CRETELLA JÚNIOR, José. (Coord.). **Direito administrativo da ordem pública**. 3 ed. Rio de Janeiro: Forense, 1998. 139p.

CRETELLA JÚNIOR, José. **Comentários à Constituição brasileira de 1988**. 2.ed. Rio de Janeiro: Forense Universitária, 1988. v.6, p. 3408-3426.

CRETELLA JÚNIOR, José. **Dicionário de Direito Administrativo**. 4.ed. Rio de Janeiro: Forense, 1998.

CRETELLA JÚNIOR, José. **Do Poder de Polícia**. Rio de Janeiro, Forense, 1999.

CRETELLA JÚNIOR, José. (Coord.). **Direito administrativo da ordem pública**. 3 ed. Rio de Janeiro: Forense, 1998. 139p.

CUDOLÀ, Vicenç Aguado. **Derecho de la seguridad pública y privada**. Cizur Menor: Aranzadi, 2007. 233p.

DANTAS, Ivo. **Da defesa do estado e das instituições democráticas na nova Constituição**. Rio de Janeiro: Aide Ed., 1989. 176p.

DE PLÁCIDO E SILVA. **Vocabulário jurídico**. Rio de Janeiro: Forense, 1963. vol. IV.

DELMAS-MARTY, Mireille. **Os grandes sistemas de política criminal.** Barueri: Manole, 2004. 562p.

DI PIETRO, Maria Sylvia Zanella de. **Direito Administrativo.** São Paulo, Atlas, 2001

Diccionario de Derecho Usual, Buenos Aires, 1953, t. II, verbete *Ordem Pública*

DINIZ, Maria Helena. **Dicionário Jurídico.** São Paulo: Saraiva, 1998. v. 2,3,4, p. 280.

DONAIRE, Juan Antonio Carrillo. Seguridad y calidad productiva: de la intervención policial a la gestión de riesgos. **Revista de Administración.** Madrid, 2009, enero--abril, n. 178, p. 89/142

DORAL, José Antonio. **La Noción de orden pública em El derecho civil** español, Pamplona, Ed. Univ. Navarra, 1967.

DROMI, Roberto. **Seguridad pública y derecho administrativo.** Madrid: Marcial Pons, 2001. 410 p.

DUARTE, Clenício da Silva. Mandado de segurança, suspensão de medida liminar, ordem pública. **Revista de Direito Administrativo,** Rio de Janeiro, v. 129, p.289-291, jul./set. 1977.

DUARTE, Maria Luísa. **A Liberdade de Circulação das Pessoas e a Ordem Pública no Direito Comunitário,** p. 212-213.

Enciclopédia Forense, Valiardi Milão, 1960, v. V.

ESTORNINHO, Maria João. **A Fuga para o Direito Privado.** Coimbra, Almedina, 2009.

FARIA, Edimur Ferreira de. **Curso de Direito Administrativo Positivo.** Belo Horizonte, Del Rey, 2000.

FERNANDEZ, Tomas Ramon. Arbitrariedad y discricionariedad *in* **Estudios sobre la Constitucion Española- homenaje al professor Eduardo Garcia de Enterria III.** Madrid, Civitas, 1991

FERNÁNDEZ-VALMAYOR, José Luis Carro. Sobre los conceptos de orden público, seguridad ciudadana y seguridad pública. **Revista Vasca de Administración Pública,** La Rioja, n. 27, p. 9-26, 1990

FERREIRA, Aurélio Buarque de Holanda. **Novo dicionário da língua portuguesa.** 1ª Ed. Rio de Janeiro: Nova Fronteira, 1975. 1499p.

FERRER, Juan de la Cruz, et al. **Derecho Administrativo.** Parte Especial. Madrid, Editorial Universitas, 1998, v. II.

FIGUEIREDO, Lúcia Valle. **Curso de Direito Administrativo.** São Paulo, Malheiros, 2001.

FIGUEIREDO, Lúcia Valle. **Curso de Direito Administrativo.** São Paulo, Malheiros, 2000.

FILOCRE, Lincoln D'Aquino. **Direito de Segurança Pública.** Limites jurídicos para políticas de segurança pública. Coimbra, Almedina, 2010.

FONSECA, Rui Guerra. **O Fundamento da Autotutela Executiva da Administração Pública.** Contributo para a sua compreensão como problema jurídico-político. Coimbra: Almedina, 2012.

GARCIA, Maria da Glória F. P. Dias. **Da Justiça Administrativa em Portugal.** Sua origem e evolução. Lisboa, 1994.

GASPARINI, Diógenes. Responsabilidade do Poder Público Municipal na segurança pública em face da revisão da Constituição Federal. **Revista de Informação Legisla-**

tiva, Brasília, ano 30, n. 117, p. 57-66, jan./mar. 1993.

GOMES, Carla Amado. **Contributo para o Estudo das Operações Materiais da Administração**. Coimbra. Coimbra Editora, 1999

GORDILLO, Agustin. **Tratado de Derecho Administrativo**. Buenos Aires, Fundación de Derecho Administrativo, 1998, tomo 2.

GUERRA FILHO, Willis Santiago. Notas em torno do princípio da proporcionalidade *in* **Perspectivas Constitucionais nos 20 anos da Constituição de 1976**, Org. Jorge Miranda, Coimbra, 1997, v. II.

HASSEMER, Winfried. Segurança pública no estado de direito. **Revista da AJURIS,** Porto Alegre: Associação dos Juízes do Rio Grande do Sul, v.21, n.62, p. 152-172, nov. 1994.

JUNIOR, José Cretella. Polícia e poder de polícia. *In* **Revista Forense**, vol. 299, ano 83, julho/setembro, São Paulo, 1987, p. 10.

LA MONICA, Mario; MAZZA, Leonardo et alii. **Manuale Del Diritto Di Polizia**. Milano, Giuffrè Editore, 1993, p. 100-101.

LAUDADÉRE, André de; VENEZIA, Jean-Claude; GAUDEMET, Yves. **Traté de Droit Administratif**. LGDJ, 1994, 3ª ed.,t. 1

LAZZARINI Álvaro. A ordem constitucional de 1988 e a ordem pública. **Revista de Informação Legislativa**, Brasília, ano 29, n. 115, p. 275-294, jul./set. 1992.

LAZZARINI, Álvaro. Segurança nacional e segurança pública na Constituição de 1988. **Revista de Direito Administrativo**. São Paulo, v. 213

LEITE, Lúcia Maria de Figueiredo F. Pereira. O princípio da proporcionalidade nas medidas de polícia, *in* **Estudos de Direito de Polícia**. Lisboa, AAFDL, 2003.

LOMBA, Pedro. Sobre a teoria das medidas de polícia administrativa, *in* **Estudos de Direito Policial**. Lisboa, AAFDL, 2003.

MAÇÃS, Maria Fernanda. Os acordos sectoriais como instrumento da política ambiental, *in* **Revista do Centro de Estudos de Direito do Ordenamento, do Urbanismo e do Ambiente**, Coimbra: CEDOUA, 2000, ano III p. 37 e segs.

MACHETE, Rui. O privilégio da execução prévia, *in* **Dicionário Jurídico da Administração Pública**. vol. IV.

Manuel Rebollo. La Policía Administrativa y su Singular adaptación ao principio de legalidad, *in* **El Derecho Administrativo em El Umbral Del Siglo XXI**. (Coord. Francisco Sosa Wagner, T. I, Tirant lo Blanch, 2000, p. 1373.

MARCELLO CAETANO. **Manual de Direito Administrativo**. Coimbra, Almedina, 1990, V. II, 10ª ed. (revista e atualizada pelo Professor Doutor DIOGO DE FREITAS DO AMARAL), p. 1145 e segs.

Marcelo Rebelo de Sousa (**Constituição da República Portuguesa Comentada**, Lisboa, Editora Lex, 2000

MATOS, Luís Salgado. Segurança. In: **Dicionário de filosofia moral e política**. Lisboa: Universidade Nova de Lisboa. Disponível em: <http://www.ifl.pt/main/Portals/0/dic/seguranca.pdf>. Acesso em 13 jan. 2009.

MAYER, Otto. **Derecho Administrativo Alemán**, Buenos Aires, Depalma, t. II.

MAWBY, Rob. **Policing Across The World** – Issues for the twenty-first century. Editora Taylor and Francis. Livro digital. Canadá. 2013.

MAZZILLI, Hugo Nigro. Regime Jurídico do Ministério Público. 2. ed. São Paulo: Saraiva,

1995.

MEDAUAR, Odete. **Direito Administrativo Moderno**. São Paulo, 1996.

MEIRELLES, Hely Lopes. **Direito Administrativo Brasileiro**. São Paulo, Malheiros, 1997.

MELLO, Celso Antônio Bandeira de. **Curso de Direito Administrativo**. São Paulo, Malheiros, 1996.

MELO, Rui César. O papel da polícia militar na segurança pública e as garantias fundamentais do indivíduo. In: MORAES, Bismael B. **Segurança pública e direitos individuais**. São Paulo: Editora Juarez de Oliveira, 2000.

MERKL, Adolfo. **Teoría General Del Derecho Administrativo**. Madrid, Editorial Revista de Derecho Privado, 1935.

MINISTÉRIO DA JUSTIÇA DO BRASIL. **Declaração Universal dos Direitos do Homem**. Disponível em <http://portal.mj.gov.br/sedh/ct/legis_intern/ddh_bib_inter_universal.htm> . Acesso em 13.04.2012.

MIRANDA, Jorge. A ordem pública e os direitos fundamentais. Perspectiva constitucional. **Revista da Polícia Portuguesa**, Julho/Agosto, 1994, n. 88, p. 5.

MIRANDA, Jorge. **Enciclopédia do Verbo**, v. 14.

MIRANDA, Jorge. **Manual de Direito Constitucional – Preliminares O Estado e os Sistemas Constitucionais**. Coimbra, Coimbra Editora, 6ª ed., T. 1.

MIRANDA, Jorge. **Manual de Direito Constitucional**. Coimbra, Coimbra Editora, 1991, T. II.

MIRANDA, Jorge. **Manual de Direito Constitucional**. Coimbra, Coimbra Editora, 2000, T. IV, Direitos Fundamentais.

MIRANDA, Jorge. Ordem Pública, *in* **Enciclopedia Luso-Brasileira de Cultura** (v. XIV). Lisboa, Verbo, 1963.

MIRANDA, Jorge. Sobre a reserva constitucional da função legislativa, *in* **Perspectivas Constitucionais: Nos Anos 20 da Constituição de 1976**. Coimbra, Coimbra Editora, 1996-1998, v. II.

MIRANDA, Jorge. A ordem pública e os direitos fundamentais. Perspectiva constitucional. **Revista da Polícia Portuguesa**, Julho/Agosto, 1994, n. 88

MIRANDA, Jorge. Sobre a reserva constitucional da função legislativa, *in* **Perspectivas Constitucionais: Nos Anos 20 da Constituição de 1976**. Coimbra, Coimbra Editora, 1996-1998, v. II

MIRANDA, Jorge. Ordem Pública, *in* **Enciclopedia Luso-Brasileira de Cultura** (v. XIV). Lisboa, Verbo, 1963.

MIRANDA, Jorge. **Manual de Direito Constitucional**. Coimbra, Coimbra Editora, 2000, T. IV, Direitos Fundamentais.

MIRANDA, Jorge. **Manual de Direito Constitucional – Preliminares O Estado e os Sistemas Constitucionais**. Coimbra, Coimbra Editora, 6ª ed., T. 1 e 2.

MONCADA, Luís S. Cabral. **A Relação Jurídica Administrativa**. Para um novo paradigma de compreensão da actividade, da organização e do contencioso administrativos. Coimbra: Coimbra Editora, 2009.

MONTESQUIEU. **O Espírito das Leis**. Disponível em <HTTP://www.dhnet.org.br/direitos/anthist/marcos/hdh_montesquieu_o_espirito_leis.pdf> . Acesso em 13.04.2012.

MORAS, Juan M. Gonzálvez. Poder de polícia de prosperidade y potestades de intervención del Estado Argentino. In: AAVV, **Actualidad en el Derecho Público 14**. Buenos Aires, editora Ad-Hoc, set.-dez.

MORAES, Alexandre de. **Direito Constitucional**. São Paulo, Atlas, 1999.

MORAES, Bismael B. Uma introdução à segurança pública e à polícia brasileira na atualidade. In: ___. **Segurança pública e direitos individuais**. São Paulo: Editora Juarez de Oliveira, 2000.

MOREIRA NETO, Diogo de Figueiredo. Direito administrativo da segurança pública. In: CRETELLA JÚNIOR, José (Coord.). **Direito administrativo da ordem pública**. 3ª ed. Rio de Janeiro: Forense, 1998.

MOREIRA NETO, Diogo de Figueiredo. **Curso de Direito Administrativo**. 8ª ed. Rio de Janeiro: Forense, 1989.

MOREIRA NETO, Diogo de Figueiredo. Revisão doutrinária dos conceitos de ordem pública e segurança pública, *in* **Revista de Informação Legislativa**, ano 25, nº 97, , jan./mar. 1988, p. 133-154.

MOREIRA NETO, Diogo de Figueiredo. A segurança pública na Constituição *in* **Revista de Informação Legislativa**, Brasília, a. 28, n. 109, jan/mar 1991.

NABAIS, José Casalta. **O Dever Fundamental de Pagar Impostos**: Contributo para a compreensão consitucional do estado fiscal contemporâneo. Coimbra: Almedina, 1998.

NERY JR, Nelson, NERY, Rosa Maria de Andrade. **Constituição Federal Comentada e Legislação Constitucional**. 2ª ed. 2009.

NIETO, Alejandro. Algunas precisones sobre El concepto de policia. *In* **Revista Administracion Publica**, nº 81, set-dez, 1976.

NOGUEIRA DE BRITO, Miguel. Direito de Polícia, *in* **Tratado de Direito Administrativo Especial**. Coimbra, Almedina, 2009, vol. I.

NOGUEIRA JÚNIOR, Alberto. **Segurança nacional, pública, nuclear e o direito à informação**. Rio de Janeiro: Univercidade Ed., 2006. 238p.

NOVAIS, Jorge Reis. **As Restrições aos Direitos Fundamentais não Expressamente Autorizados pela Constituição**. Lisboa, Coimbra Editora, 2003.

OLIVEIRA, José Ferreira de. **A Manutenção da Ordem Pública em Portugal**. Lisboa, Instituto Superior de Ciências Policiais e Segurança Interna, 2000

ORTEGA, Ricardo Rivero. **El Estado Vigilante**, Tecnos, 2000

PARADA, Ramón. **Derecho Administrativo**. Parte General. Madrid, Marcial Pons, 1991-1992, v. 1.

OTERO, Paulo. **Legalidade e Administração Pública**: O sentido da vinculação da administração à juridicidade. Coimbra: Almedina, 2007.

PARADA, Ramón. **Derecho Administrativo**. Parte General. Madrid, Marcial Pons, 1991-1992, v. 1.

Parecer do Conselho Consultivo da Procuradoria Geral da República de Portugal nº 9/96-B/Complementar, publicado no Diário da República, II série, de 29 de Janeiro de 2000.

Parecer nº 9/96-B/Complementar, publicado no Diário da República – II Série, nº 24, de 29 de Janeiro de 2000, p. 1960 e ss.

Parecer nº 108/2006 da Procuradoria-Geral da República. Diário da República, 2ª série, nº 94, de 16 de Maio de 2007, p. 12 919.

PESSOA, Mário. **O direito da segurança nacional**. São Pelo: Biblioteca do Exército, Revista dos Tribunais, 1971, p. 7 e segs.

PICARD, Étienne. **La Notion de Police Administrative**. Paris, LGDJ, v. 1, 1984

Pontes de Miranda, **Comentários à Constituição de 1967**, t. 1, p. 124.

PUIG, Manuel. La policía administrativa y su singular adptación al principio de legalidad, in **Estudios em Homenaje al Professor Martin Mateo**.

QUEIROZ, Cristina. **Direitos Fundamentais Sociais: funções, âmbito, conteúdo, questões interpretativas e problemas de justiciabilidade**. Coimbra: Coimbra, 2006.

REALE, Miguel. Lições Preliminares de Direito. São Paulo: Saraiva, 2001. 25ª Ed.

Recurso Ordinário em Habeas Corpus 1833/RHC 1992/0004861-7, de relatoria do Ministro Luiz Vicente Cernicchiaro, de 6 de abril de 1992.

RIVERO, Jean. **Direito Administrativo**. Coimbra, Almedina, 1981.

RIVERO. Jean; MOUTOUH, Hugues. **Liberdades públicas**. São Paulo: Martins Fontes, 2006.680 p.

ROCHA, Carmén Lúcia Antunes. **Princípios Constitucionais da Administração Pública**. Belo Horizonte, Del Rey, 1994.

Rogério Soares (**Direito Público e Sociedade técnica**, Coimbra, Atlântida Editora, 1969

ROLIM, Marcos. **A síndrome da rainha vermelha**: policiamento e segurança pública no século XXI. Rio de Janeiro: Jorge Zahar Ed., 2006. 311p.

RUBIN, Daniel Sperb. **Janelas Quebradas, Tolerância Zero e Criminalidade**. Disponível em HTTP://jus2.uol.com.br/doutrina/texto.asp?id=3730>, em 28.03.2010.

SAMPAIO, Jorge Silva. **O Dever de Protecção Policial Perante Direitos Liberdades e Garantias**. Relatório de Mestrado sob a orientação de Sérvulo Correia. Faculdade de Direito da Universidade de Lisboa, 2008.

Santi Romano. **El Ordenamiento Jurídico**, Madrid, Instituto de Estúdios Políticos, 1963, p. 88.

SARAIVA FILHO, Oswaldo Othon de Pontes. O princípio da moralidade da Administração Pública, in **Revista de Informação Legislativa**, Brasília, ano 33, n. 132, out./dez. 1996.

SARMIENTO, Daniel. El soft law administrativo. Um estúdio de los efectos jurídicos de las normas no vinculantes de la administración. Pamplona: Civitas, 2008. 237 p.

SÉRVULO CORREIA. Polícia. **Dicionário Jurídico da Administração Pública**. Lisboa, 1994, separata do v. VI, p. 393 e ss.

SÉRVULO CORREIA. **O Direito de Manifestação**: âmbito de protecção e restrições. Lisboa, 2006

SILVA, Jorge da. **Segurança pública e polícia**: criminologia crítica aplicada. Rio de Janeiro: Forense, 2003, 222p.

SILVA, José Afonso da. **Curso de direito constitucional positivo**. 15 ed. Cidade: Malheiros, 1998.

SILVA, Maria Aline Gago da; BRUXO, Jorge Baptista. **Princípios Jurídicos da Administração Pública**. Vila de Maia, Imprensa Nacional-Casa da Moeda, 1985.

SILVA, Vasco Pereira da. **Em Busca do Acto Jurídico Perdido**. Coimbra, 1998

SILVA, Vasco Pereira da. Verde cor de direito, **Lições de Direito do Ambiente**. Coimbra: Almedina, 2002.

SOARES, Orlando. **Comentários à Constituição da República Federativa do Brasil**. 9

ed. Rio de Janeiro: Forense, 1998. 688p.

SOARES, Rogério Guilherme Ehrhardt. **Interesse Público, Legalidade e Mérito**. Coimbra, 1955.

SOIBELMAN, Leib. **Enciclopédia do advogado**. 3.ed. Rio de Janeiro: Editora Rio, 1981. 520p.

SORIANO, Ramon. La paz y la Constitucion española de 1978. **Revista de Estudios Politicos (nueva epoca)**, Madrid, n. 45, p. 93-123, mai./jun. 1985.

SOUSA, António Francisco de. **A Polícia no Estado de Direito**. São Paulo, Editora Saraiva, 2009.

SOUSA, António Francisco de. A polícia como garante da ordem e segurança públicas, *in* **Revista do Ministério Público**, a. 23, n. 90, Abril/Junho, 2002, p. 86/87

SOUSA, Antonio Francisco de. Actuação policial e princípio da proporcionalidade, *in* **Revista Polícia**, ano LXI, n° 113, set./out. 1994

SOUZA JÚNIOR, António Umberto de. Será o Estado pós-moderno em estado neopolicial? A possível clonagem do Estado pré-liberal a partir da hipertrofia do poder de polícia, *in* **Estudos de Direito de Polícia**. Lisboa, AAFDL, 2003, v. I

SOUZA, Luís Antônio Francisco de. Polícia, direito e poder de polícia. A polícia brasileira entre a ordem pública e a lei. **Revista Brasileira de Ciências Criminais**. São Paulo: Revista dos Tribunais, ano 11, n. 43, p. 295-321, abr./jun. 2003.

SOUSA, Marcelo Rebelo de. **Lições de Direito Administrativo**. Lisboa, s. n., 1994-1995.

SOUTO, Carlos. **Poder policial y Derecho Administrativo**

TÁCITO, Caio. O poder de polícia e seus limites *in* **Revista Forense**, vol. 144, São Paulo, 1975, p. 23/28

Torres, Abelardo. **Introducción al derecho**. Editorial Perrot, Buenos Aires, 1977.

Tribunal Constitucional de Portugal, no Acórdão de nº 489/89, de 13 de Julho, processo nº 305/88, publicado no DR II, nº 27, de 1 de Fevereiro de 1990, p. 1131 e ss.

TRIBUNAL CONSTITUCIONAL PORTUGAL. **Acórdão n° 254/99**, disponível em <http://www.tribunalconstitucional.pt/tc/acordaos/19990254.html>. Acesso em 13.04.2012.

TRIBUNAL CONSTITUCIONAL PORTUGAL. **Acórdão n° 583/96**, disponível em <http://www.tribunalconstitucional.pt/tc/acordaos/19960583.html>. Acesso em 16.04.2012.

Varghese, John. Police Structure: a comparative study of policing models. Social science research network. Disponível em < http://papers.ssrn.com/sol3/papers.cfm?abstract_id=1605290>, em 15.06.2015.

VIEIRA DE ANDRADE, José Carlos. **Os Direitos Fundamentais na Constituição Portuguesa de 1976**. Coimbra: Almedina, 2009. 4ª ed.

VIRGA, Pietro. **Diritto Amministrativo, Attivitá e Prestazioni**. Milano, Giuffrè Editore, 1996

ÍNDICE

INTRODUÇÃO 7

1 – Polícia de segurança pública 9

2 – Direito Policial de Segurança Pública 47

3 – Princípios jurídicos e limites da polícia de segurança pública 111

Referências 177